【第二辑】『(朝)代』系列　吴照云 主编

近代管理思想

余焕新 著

经济管理出版社

图书在版编目（CIP）数据

近代管理思想/余焕新著. —北京：经济管理出版社，2014.10
ISBN 978-7-5096-3503-2

Ⅰ.①近… Ⅱ.①余… Ⅲ.①管理学—思想史—中国—近代 Ⅳ.①C93-092

中国版本图书馆 CIP 数据核字（2014）第 276301 号

责任编辑：杜　菲
责任印制：黄章平
责任校对：赵天宇

出版发行：经济管理出版社
　　　　　（北京市海淀区北蜂窝 8 号中雅大厦 A 座 11 层　100038）
网　　址：www.E-mp.com.cn
电　　话：（010）51915602
印　　刷：北京京华虎彩印刷有限公司
经　　销：新华书店
开　　本：720mm×1000mm/16
印　　张：17
字　　数：326 千字
版　　次：2014 年 10 月第 1 版　2014 年 10 月第 1 次印刷
书　　号：ISBN 978-7-5096-3503-2
定　　价：58.00 元

·版权所有　翻印必究·

凡购本社图书，如有印装错误，由本社读者服务部负责调换。
联系地址：北京阜外月坛北小街 2 号
电话：（010）68022974　邮编：100836

《中国管理思想精粹》丛书
总　序

自从有了人类社会，就有了人们的共同劳动、共同协作，也就出现了管理活动。但作为一个学科的管理学却出现得很晚。弗雷德里克·温斯洛·泰勒（Frederick Winslow Taylor）1911年出版的《科学管理原理》，是学界公认的世界第一部管理学经典著作，标志着管理学科的诞生，到今年正好100周年。

虽然管理学才诞生100年，其发展却异常迅速。新人辈出，新作纷呈，新理论、新方法、新工具竞相争艳，各领风骚。与此同时，各种管理理论、方法、工具枝节交错，簇叶蔓生，不同管理学派和学者众说纷纭，莫衷一是，又在历史渊源和理论内容上互相影响，形成了哈罗德·孔茨（Horold Koontz）所称的"管理理论丛林"（1961），有点杂乱，但生机盎然。

今天，当我们试图清理、穿越这片管理理论的"丛林"时，蓦然发现，孔茨等西方学者所称的"丛林"，其实也仅是世界管理理论的"部分"，并非全局。因为，在东方管理实践的肥沃土壤上，还生长着一片历史悠久、枝繁叶茂的"森林"，那就是几乎完全被西方学者所忽略、已经延续了5000多年的中国管理思想。

其实，光辉灿烂的中华文明，有着修建万里长城、开凿大运河、治理黄河等伟大管理实践与成功经验，其传世典籍中也凝聚着独具特色的管理智慧。另外，当今中国经济总量已跃居世界第二位，中国经济的崛起举世瞩目，提出了许多不同于欧美和其他发展中国家的问题，其改革和发展的鲜活实践和成功经验也为西方提供了有益借鉴。

当然，西方一直走在管理学科发展的前沿。管理理论、工具和方法的创新和变革，一直推动着西方乃至整个世界的发展和进步。然而，2008年始于美国的世界金融危机，暴露了西方发展模式和管理方式的局限，也引发了人们对西方管理理论、工具和方法的反思。

因此，系统整理中国古代管理思想，深入研究当今中国本土管理实践，科学提炼中国经济发展模式和管理方式，提出不同于西方的管理理论体系和独特视角，服务当今管理实践，已经成为时代的迫切需要，也是历史赋予当代中国管理学者的光荣使命。

正是基于以上认识，我们决定撰写《中国管理思想精粹》丛书，其核心目的有二：一是从现代管理的视角系统研究、解读中国传统文化中的优秀管理思想，以世界的眼光总结中国管理的经验与智慧，推动中国管理思想走向世界，提升中国文化软实力；二是系统总结中国本土企业经营、公共管理的实践，提炼出有别于美国式管理、日本式管理的中国管理模式，建构有中国特色、中国气派的现代管理理论体系，推动世界管理理论的创新与变革。

本丛书拟分五辑："基（础）"系列、"（朝）代"系列、"（学）派"系列、"子（书）"系列、"红色管理"系列，共20多本，计划用5年左右时间出版完成。"基（础）"系列包括《中国管理思想史》、《中国管理哲学》等著作，主要是通过对中国管理思想发展脉络的梳理和核心管理概念的创新，构建中国管理理论体系的基础。"（朝）代"系列包括《先秦管理思想中的人性假设》、《秦汉管理思想》等著作，主要是通过深入分析各个历史阶段的重要管理思想，展现中国管理思想的发展演变历史过程。"（学）派"系列包括《儒家行为管理》、《兵家战略管理》等著作，主要是通过对中国传统某一学派的某类管理思想进行专题剖析，准确传达各学派管理思想的精髓和当代运用要领。"子（书）"系列包括《孙子竞争战略》、《老子领导艺术》等著作，主要是通过对某部典籍的管理学构建，力求完整剖析和深入研究某类管理思想。"红色管理"系列包括《中央苏区管理思想研究》、《长征管理思想研究》等著作，主要是通过对中央苏区和红军长征管理实践和管理文本的深入考察，深刻总结中央苏区建设和管理以及红军长征管理中的经验和智慧。

在本丛书的构思、研讨过程中，作者就写作体例等问题进行了热烈的讨论。总体上，我们期望本套丛书能够体现以下几个特点：

第一，中西融合的研究视角。重视从中西文化差异的角度分析问题，从哲学高度来解释问题，使读者能够从更深层次去了解中国传统管理思想。

第二，专题为主的研究方法。在把握经典精神实质的基础上，进行严肃认真的现代引申，就所选专题进行深入剖析，求深、求新、求实用，不求面面俱到，做到言必有出处，不穿凿附会，不断章取义。

第三，侧重实践的管理体系。以管理实务为导向，而不是以思想解读为旨归，核心是提炼出中国古代典籍思想与现代管理体系相匹配的框架。

第四，读者导向的写作风格。关注读者的兴趣和需求，采用大量案例、故事，使得内容深入浅出，让读者能够在相对轻松愉快的情绪中不知不觉地了解传统管理思想。

本套丛书的作者，是一批对中国传统文化和传统管理思想具有浓厚兴趣和扎实功底的中青年学者。我们将本着严谨治学的原则，整理国故，弘扬中国管理文化，期望我们的努力能得到广大读者的认可。当然，由于水平有限，我们的研究成果也可能存在不足和问题，敬请读者批评、指正，以求不断完善。

吴照云

2011年6月27日

前　言

经过两千多年的平缓流淌之后，历史来到了流激潮涌的近代。中央帝国国门打开之时，人们发现外面的世界太新奇：机器生产、世界市场、工厂制度……先进的中国人跟着时代潮流上下探索：企业本质属性、政商关系定律、组织结构形态、员工培训发展、技术引进创新以及环境分析、企业文化、社会责任，等等。近代中国从传统社会的巅峰跌入谷底，又经过艰难求索而浴火重生，艰苦卓绝的实践催生了新时代的管理思想。

近代管理有着与古代管理不同的崭新内涵。近代以来，随着工厂的出现，管理成为一项专业化的工作，管理学也成为一门独立的学科。管理学作为现代商科的重要组成部分，是研究企业经营及管理的学科。所以，管理学视阈中的近代管理必是企业管理，本书也主要探讨中国近代企业管理思想。

本书的目的主要有两个：一是发掘近代重要的管理思想；二是理清近代管理思想的发展脉络。

本书认为，中国近代管理思想发展经历了四个阶段：①近代管理的开端。近代管理伴随中国近代机器工业的出现而产生。国门打开之后，在西方经济思想的影响下产生了近代工商思想，洋务企业对新经济技术条件下的企业管理进行了有益的摸索。②企业法人地位的确立。随着实践的发展及在维新新政的推动下，企业作为创造物质财富的经济组织获得了法人主体资格，对政商关系的认识也更趋理性，企业家投身实业救国，企业科学化、制度化管理水平明显提升。③步入科学管理。20世纪二三十年代，在国际科学管理潮流的推动下，伴随管理者队伍的成长，以及为了解决企业管理中出现的问题，中国兴起了科学管理。一批企业家用科学知识来取代个人的见解或个人的经验知识，把管理提高到科学层次和理性层次。④文化管理潮流。不少近代企业家具有传统文化素养，理解传统文化中刚健进取、重德修身、以人为本、注重和合等思想的丰富内涵，其企业管理打上民族文化的印迹。30年代，一些企业家自觉地将中国优秀的传统文化与现代企业制度相结合，将中国近代企业管理推向了一个新的阶段。

近代管理思想

  我们认为，对近代管理思想进行发掘和整理是有意义的，因为认识历史本身就是一种价值，何况近代管理思想可以为当代管理实践提供经验和借鉴。近代中国企业家卓有成效地拓开了通往现代化的通道，并创造了中国民族企业发展的黄金时代①，当代管理应当接续近代管理的传统。

  本书的写作借鉴了大量的已有研究成果，对此笔者深表感谢。

---

① 白吉尔：《中国资产阶级的黄金时代》，上海人民出版社，1994年。

Abstract

The arrival of the modern age brought brand-new implications for management thoughts. The aims for this book are twofold: Firstly, Excavating and classifying the management thoughts of the modern China; secondly, making a pattern out of this muddle.

The development of management thoughts in the modern age experienced four stages: (1) The initial stage of the modern management. The modern management emerged with the emergence of modern machine industry. Faced with the new technology and economic enviroment, Westernization ideologists and enterpreurs conduct an exploratory study on business management. (2) A comprehensive cognition to enterprise's nature. Promoted by social practice and New Deal, Business became generally a legal entity, while the relationship between government and business was recognized more rationally. Enterpreurs were firmly committed to engaging in industry for saving the nation, as a result, management ability in scientization and systematization was promoted. (3) Heading into scientific management era. In the 1920s and 1930s, there was a surge of scientific management in China. With scientific knowledge replacing conventional wisdom, some enterpreurs established reasonable management system and organization structure, and then their capacity about business operations and management was improved at a rapid pace. (4) Reaching culture management. Possessing traditional cultural qualities, Quite a few Modern enterpreurs married consciously excellent tradition culture to the modern corporate system in 1930s, thus modern business management in China stepped into a new stage.

Above all, the Chinese modern management thought Explored instantly the enterprise management principles, advanced gradually towards scientific management, integrated Chinese culture with the Western one, of course, it can be beneficial to contemporary management.

目 录

第一章 导论 ... 1
第一节 中国近代管理的开端 ... 1
第二节 中国近代管理思想史的内容 ... 7
第三节 近代管理思想的发展趋向 ... 9

第一阶段 近代管理的发端

第二章 风气初开之际的管理思维 ... 17
第一节 本土商品经济的早期主张 ... 17
第二节 国门打开后的工商思想 ... 23
补充材料：商政 ... 28

第三章 洋务运动中的企业管理 ... 30
第一节 洋务官办和官督商办企业 ... 30
第二节 官督商办企业的管理 ... 33
补充材料：轮船招商局章程（1873年7月） ... 39

第四章 洋务企业家的管理思想 ... 43
第一节 唐廷枢和盛宣怀的管理思想 ... 43
第二节 郑观应的管理思想 ... 46
补充资料：商务 ... 53

第二阶段 企业法人地位的确立

第五章 维新和"新政"的管理演进 ... 61
第一节 社会、政治、法律环境的变化 ... 61

第二节　严复的管理思想……………………………………… 64
　第三节　梁启超的管理思想…………………………………… 66
　补充资料：敬告国中之谈实业者……………………………… 70

第六章　周学熙的管理思想……………………………………… 77
　第一节　实业救国的思想与实践……………………………… 77
　第二节　新型"官督商办"…………………………………… 82
　补充材料：天津考工厂试办章程（1904年9月）…………… 85

第七章　张謇的管理思想………………………………………… 91
　第一节　状元实业家…………………………………………… 91
　第二节　官助商办思想………………………………………… 95
　第三节　言商仍向儒…………………………………………… 98
　补充材料：大生纱厂厂约（1897年）……………………… 102

第三阶段　步入科学管理

第八章　科学管理的兴起……………………………………… 107
　第一节　科学管理兴起的背景……………………………… 107
　第二节　穆藕初对科学管理的贡献………………………… 113
　第三节　杨杏佛和杨东莼的科学管理思想………………… 117
　第四节　曹云祥和中国工商管理学会……………………… 120
　第五节　中国科学管理实践………………………………… 122
　补充材料：增进个人效率之原理与方法…………………… 126

第九章　荣宗敬、荣德生的管理思想………………………… 131
　第一节　荣氏兄弟和荣氏企业……………………………… 131
　第二节　家族企业的组织管理……………………………… 134
　第三节　科学管理的实施…………………………………… 139
　第四节　战略管理…………………………………………… 142
　第五节　社会责任…………………………………………… 146
　补充材料：荣德生启事（1917年5月8日）……………… 150

第十章　张元济、王云五与商务印书馆的管理……………… 152

第一节　张元济的管理思想……………………………………152
　　第二节　王云五的管理思想……………………………………157
　　补充材料：组织…………………………………………………165

第十一章　刘鸿生的管理思想……………………………………169
　　第一节　实业大王刘鸿生………………………………………169
　　第二节　战略管理思想…………………………………………173
　　第三节　科学管理思想…………………………………………179
　　第四节　委托代理制的公司治理结构…………………………184
　　补充资料：在经营管理上下功夫………………………………187

第四阶段　文化管理潮流

第十二章　卢作孚的管理思想……………………………………193
　　第一节　卢作孚和他的民生公司………………………………193
　　第二节　科学管理思想…………………………………………195
　　第三节　行为管理思想…………………………………………200
　　第四节　民生精神………………………………………………203
　　补充资料：社会生活与集团生活（1934年6月16日）………210

第十三章　企业文化管理…………………………………………213
　　第一节　近代企业文化及其特点………………………………213
　　第二节　东亚公司的企业文化…………………………………215
　　第三节　"北范南吴"的企业管理………………………………222
　　补充资料：久大精盐公司二十年来之回顾及将来之展望……228

第十四章　企业家理论……………………………………………231
　　第一节　陆费逵等人的企业家理论……………………………231
　　第二节　盛在珣的商业道德论…………………………………236
　　第三节　近代企业家精神………………………………………239
　　补充材料：实业上之职业教育观………………………………242

参考文献……………………………………………………………245

Contents

Chapter 1 Introduction ·· 1
   Section 1 The Beginning of Chinese Modern Management ···················· 1
   Section 2 The Content of the History of Chinese Modern Management
              Thought ·· 7
   Section 3 The Trends of the Chinese Modern Management Thought ········· 9

The First Stage: The Beginning of Modern Management

Chapter 2 Management Ideas in the Earlier Days of
            Opening Up ··· 17
   Section 1 Early Proposal about Native Commodity Economy ················ 17
   Section 2 Business Ideas after Open Door to the Outsideworld ············ 23
   Supplemental Readings ··· 28

Chapter 3 Business Management during the Westernization
            Movement ··· 30
   Section 1 State-run Enterprise and Government-supervised and
              Merchant-managed Enterprise ····································· 30
   Section 2 Administration of Government-supervised and
              Merchant-managed Enterprise ····································· 33
   Supplemental Readings ··· 39

Chapter 4 Management Thoughts of Entrepreneurs Devoted to
            Westernization Movement ······································ 43

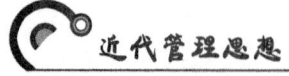

    Section 1   Tang Tingshu and Sheng Xuanhuai's Management Thoughts ··· 43
    Section 2   Zheng Guanying's Management Thoughts ·················· 46
    Supplemental Readings ··· 53

The Second Stage: Enterprise from in Name to in Fact

Chapter 5 Evolution of Management Thoughts during the Reform Movement ················ 61

    Section 1   Change of Circumstances in Society, Politics and Law ········· 61
    Section 2   Yan Fu's Management Thoughts ······························ 64
    Section 3   Liang Qichao's Management Thoughts ························ 66
    Supplemental Readings ··· 70

Chapter 6 Zhou Xuexi's Management Thoughts ················· 77

    Section 1   The Theory and Practice of Saving the Nation Through Industries ··· 77
    Section 2   A New Style of Government-supervised and Merchant-managed Enterprise ··· 82
    Supplemental Readings ··· 85

Chapter 7 Zhang Jian's Management Thoughts ················· 91

    Section 1   Industrialist as the Top Candidate ····························· 91
    Section 2   Idea of Government-helping and Merchant-managing ············ 95
    Section 3   Do Business with Social Accountability ······················· 98
    Supplemental Readings ·· 102

The Third Stage: Scientific Management

Chapter 8 The Rise of Scientific Management ················· 107

    Section 1   Background Characteristic of Times of Scientific Management ·· 107
    Section 2   Mu Ouchu's Contrabution to Scientific Management ············ 113

Section 3	Yang Xingfo and Yang Dongchun's Ideas about Scientific Management	117
Section 4	CaoYunxiang and the China Institute of Seientific Management	120
Section 5	Practices with Seientific Management in China	122
Supplemental Readings		126

Chapter 9 Rong Zongjing and Rong Desheng's Management Thoughts 131

Section 1	Rong Brothers and Their Businesses	131
Section 2	Organization Management of Rong's Businesses	134
Section 3	Implementation of Scientific Management	139
Section 4	Development Strategy	142
Section 5	Social Responsibilities	146
Supplemental Readings		150

Chapter 10 Zhang Yuanji, Wang Yunwu and the Commercial Press's Management 152

Section 1	Zhang Yuanji's Management Thought	152
Section 2	Wang Yunwu 's Management Thought	157
Supplemental Readings		165

Chapter 11 Liu Hongsheng 's Management Thought 169

Section 1	Being a Industries Magnate	169
Section 2	Thought of Strategic Management	173
Section 3	Scientific Management Thought	179
Section 4	Corporate Governance through Agency by Agreement System	184
Supplemental Readings		187

The Fourth Stage: Culture Management

Chapter 12 Lu Zuofu 's Management Thought 193

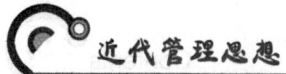

Section 1	Lu Zuofu and His Minsheng Corporation	193
Section 2	Lu Zuofu's Scientific Management Thought	195
Section 3	Behavior Management Thought	200
Section 4	Minsheng Spirit	203
Supplemental Readings		210

Chapter 13 Corporate Culture Management ... 213
- Section 1 Modern Corporate Culture and Its Features ... 213
- Section 2 The Corporate Culture of East Asia Company ... 215
- Section 3 North Fan and South Wu's Business Management ... 222
- Supplemental Readings ... 228

Chapter 14 Modern Intrepreneur Theory ... 231
- Section 1 Lu Bikui's Entrepreneur Theory ... 231
- Section 2 Sheng Zaixiang's Thoery about Business Morality ... 236
- Section 3 Modern Entrepreneurial Spirit ... 239
- Supplemental Readings ... 242

References ... 245

第一章 导 论

中国有着悠久的管理实践和丰富的古代管理思想,而随着近代机器工业出现了新的生产方式,传统管理也开始向近代管理转变。近代管理思想以组织(企业)管理为中心,中国近代管理思想的发展是对企业本质的不断探索的过程,是管理向着科学化的演进历程,也是中西管理文化的融合过程。

第一节 中国近代管理的开端

一、中国悠久的管理实践

五千年文明的中国有着悠久而卓越的古代管理实践。

万里长城的建造动用人力几十万,历时数百年。它东起河北省山海关,西至甘肃省嘉峪关,横跨河北、北京、山西、内蒙古、陕西、宁夏和甘肃七个省、市、自治区,蜿蜒于崇山峻岭之中长达6700公里。这样浩大的工程靠严密的组织,完善的管理才得以完成。万里长城不仅是古代中国人民留给世界的一个奇迹,也是古代中国人民卓越的管理实践。

秦昭襄王(约公元前256~前251年)的蜀郡郡守李冰,在今四川省都江堰市(原灌县)岷江出山口处主持兴建了中国早期的灌溉工程都江堰,因而使川西平原富庶起来。为了清除淤泥沉积,李冰父子总结出了"深淘滩,低作堰"的调节水流原则,使都江堰很好地发挥了分洪、溢洪、引水灌溉的作用,创造了世界水利技术史上罕见的奇迹。

家喻户晓的田忌赛马的故事发生在2500年前的古代中国,它运用了现代"对策论"中"零和对策"的道理。"对策论"是运筹学的一个分支,又名"博弈论",主要研究竞赛时双方对阵中胜负的问题。运筹学是第二次世界大战后逐步发展起来的一门管理科学,是一种现代企业管理中重要的定量方法,

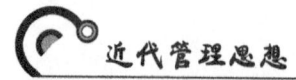

而中国古人早就加以运用了。

公元 1015 年，一场大火烧毁了宋朝皇帝的宫殿。真宗皇帝命大臣丁谓负责皇宫修复工程。丁谓接受任务后，在废墟上走来走去，他为遇到的三件难办的事而感到苦恼。一是盖皇宫需要的砖瓦；二是需要运来大批木材；三是清理废墟后，垃圾如何运出京城。可以说工程量相当大，用料多且运输距离远。丁谓经过巧妙运筹，制订了一个综合方案：将宫前的几条主要街道挖成渠道，从中取土就地烧制成修建施工用的砖瓦；同时引汴水入渠，由水路使用竹排木筏船将远道而来的建筑材料直接运到施工现场；等工程结束后，再将工程废弃物填入渠中，修复道路。按照这个施工方案，不仅节约了许多时间和经费，而且使工地秩序井然，使城内的交通和生活秩序不受施工太大的影响，大获成功，真宗皇帝龙颜大悦。

二、丰富的古代管理思想

中国古代管理实践中产生了丰富的政治、经济、军事、社会管理思想。这些思想在先秦时期基本形成，在两千年间缓慢发展。这些思想主要有儒家管理思想、道家管理思想、法家管理思想、兵家管理思想。

（一）儒家管理思想

儒家管理思想是一种从"农业—宗法"社会的土壤中生长出来的国家、社会管理思想，它的核心概念有"仁"、"礼"、"中庸"等。儒家管理思想有着强烈的伦理色彩，注重和谐的管理理念，体现积极的入世精神。

中国古代社会进入文明时代就始终带有氏族社会的遗风。等级森严的天子、诸侯、卿大夫之间，既是政治上的君臣关系，又是血缘上的大宗小宗关系，作为管理对象的"士农工商"也都紧紧维系在血缘关系的纽带上。因之，社会管理组织、经济结构、政治制度等，也都无一不与宗法血缘关系紧密结合在一起，儒家所主张的"仁"、"礼"都反映着宗法制度和宗法观念的伦理道德，并成为儒家管理思想的核心。这种管理思想注重管理主体的品质修养与健全的人格，强调处理人际关系时互以对方为重的基本原则。

儒家管理思想以和谐为管理目标，强调"以和为贵"。所谓"和"，即不同因素、不同方面的合理组合、对立统一。这是含有管理辩证思维的方法，这种管理思维促进主体在很大程度上实现自我协调、天人协调和人我协调，对于主体团结、群体稳定起到了一定的积极作用。

儒家力求经世致用、兴邦治国、教民化俗，其主要信条如"内圣外王"、"修齐治平"、"要言妙道不离人伦日物"，都要求将内在的思想外化为积极的事功。儒家管理思想不像古代西方、印度的思想家那样紧紧地盯在彼岸世界，而是注目于现实社会。儒家大多有一种深沉的"忧患"意识，以社稷国家为重、以民生疾苦为怀的抱负，以及面向管理现实、面向管理实践的主体态度。

（二）道家管理思想

道家思想的核心是"道"。"道"是宇宙的本源，也是统治宇宙中一切运动的法则，天地万物无论如何变化，还要回到它的起点——"道"。道是无形的、物质的、本原的、独立的，"道生一，一生二，二生三，三生万物"，世界所有的一切都是由道化生的。因而抓住了道就抓住了事物的根本，管理的根本在于发现大道并依道而行。

道家认为，管理者要想发现管理大道并依道而行，自身必须具备良好的德行。老子非常强调统治者、领导者自身的表率作用。他认为管理者不能私欲放纵。管理者多欲和纵欲势必要采取各种手段以求得欲望的满足，导致赋税、徭役的增加，这将激起百姓的抵制、反抗，而使整个社会陷入纷乱和不宁。《老子》把"寡欲"看作是实现无为之治的一个先决条件，提倡"少私寡欲"，"不欲以静，天下将自定"。

"为学日益，为道日损，以至于无为，无为而无不为。取天下常以无事，及其有事，不足以取天下。"（《老子·第四十八章》）道家认为，治理国家的人，要经常以不骚扰人民为治国之本，如果经常以繁苛之政扰害民众，那就不配治理国家了。《老子》从古代的历史特别是春秋、战国时期的剧烈社会变动中认识到"贵以贱为本，高以下为基"。因此，《老子》提出了统治者、领导者必须"下民"的管理思想，强调"欲上民必以言下之，欲先民必以身后之"，并且以百川归海做比喻说，"江海所以能为百谷王者，以其善下之"。

（三）法家管理思想

法家管理思想以富国强兵为管理目标，坚持"好利恶害"的人性论，主张以法为主的制度管理和因时制宜的管理权变观。

法家的核心目标是富国强兵。它一方面强调"变法"、"法治"，"以法为本"，"以法治国"，通过法治来建立高度控制化的组织秩序；另一方面注重"耕战"，奖励农耕，大力发展农业生产。与富国强兵相联系，法家还主张君权至上，将国君视为国家的人格代表，将二者有机统一起来。他们把君主视为至高无上，神圣不可侵犯的领导权威，而臣民应当是君主进行统治的工具。

法家管理思想的出发点在于他们的人性认识。与儒家管理思想不同，法家管理思想是以"好利恶害"的人性思想为基础。《商君书》中多处讨论人性。如《算地》篇说："饥而求食，劳而求佚，苦则索乐，辱则求荣，此民之情矣。""人生而有好恶，故民可治也……好恶者，赏罚之本也。"（《商君书·错法》）韩非则将"就利避害"的人性发展成为具有自利性的"自为心"，他说

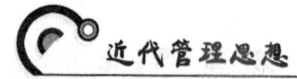

"舆人成舆，则欲人之富贵；匠人成棺，则欲人之夭死也。非舆人仁而匠人贼也。人不贵则舆不售，人不死则棺不卖，情非憎人也，利在人之死也"（《韩非子·备内》）。这种"自为"人性是人的自然本性，无所谓善恶。

法家反对儒家的礼治，主张以新的法律规范取代旧的礼制规范，以法律建立新的封建统治秩序。韩非强调，必须"以法为本"，"以法治国"（《韩非子·有度》），《管子》也主张"以法治国"，并认为，"法律政令者，吏民规矩绳墨也"（《管子·明法》）。而违背法律政令的行为则在禁止之列，"明主之国，令者言最贵者也；法者事最适者也。言无二贵，法不两适，故言行而不轨于法令者必禁。"（《韩非子·问辩》）面对礼制秩序的崩溃和建立新的法制秩序的迫切需要，法家甚至认为"法虽不善，犹愈于无法，所以一人心也"。（《慎子·威德》）汉代司马谈在《论六家要旨》中指出，法家思想的主要特征是"不别亲疏，不殊贵贱，一断于法"。这强调了法在管理实践中的至上性和神圣性。法家还强调了法治的公开性，主张打破法的神秘性，以成文的形式出现，把法向老百姓公布，让境内"卑贱莫不闻知"。与儒家所主张的为政应效仿前代圣王之道，因成理、守成法不同，法家认为古法不必然能为今人所用，要求根据形势的变化变法易政。商鞅指出，"礼法以时而定，制令各顺其宜"，"治世不一道，便国不法古"（《商君书·更法》），并认为"法古则后于时，修今则塞于势"。韩非也认为，随着时代的变化，治民治国的方法也必须随之而变化，以适应新的时代的要求。他嘲笑那些"欲以先王之政治当世之民"（《韩非子·五蠹》）的人，都是"守株待兔"的蠢人。

（四）兵家管理思想

兵家代表人物首推孙武。孙武是春秋末期齐国人，被尊称为"武圣"、"东方兵学鼻祖"，所著《孙子兵法》今存本十三篇。孙武用朴素的辩证法，总结了殷周以来特别是春秋时期几百次战争的决策、指挥、作战实例和经验，并吸收了当时各诸侯的兵家思想，构筑了一个严密的兵家管理理论体系，提出了一系列带有普遍意义的兵家管理规律。兵家的活动领域主要在于军事，它的基本原则对于任何类型的社会组织和任何类型的社会管理活动都普遍适用。

贯穿于《孙子兵法》全书的一条红线是谋略思想，而主导这一谋略思想的哲学基础就是"道"。"道"即儒家仁政学说中强调的所谓"人和"、"得民之心"。孙子说，"善用兵者，修道而保法，故能为胜败之政"。所谓"修道保法"，就是修治用兵治国之道，确保必胜的法度，实际上也就是以人为本，实行"人道"。得"道"之君主，民"可以与之死，可以与之生，而不畏危"。使民众的意愿与国君的意愿相一致，在民众和国家利益受到侵害时，心甘情愿地去为之奋斗和牺牲。这就是"道"在发挥作用。

孙武提出来的"令之以文,齐之以武"的管理策略。所谓"文",是"仁"也,是讲道理、明情理的"软"管理,把管理建立在上下级相互爱戴、信赖的基础上,建立在关系融洽的基础上。所谓"武",是指"法"也,就是辅之以法纪来统一行动,是讲法度,申纪律的"硬"管理。孙武告诫人们"譬若娇子,不可用也"。(《地形篇》)指出爱但不要溺爱,骄纵部属,放纵管教,这样会丧失战斗力。孙武在《行军篇》中讲"卒未亲附而罚之则不服,不服则难用也;卒已亲附而罚之行,则不可用也。令之以文,齐之以武,是谓必取。"因此,既要用怀柔宽仁的手段去教育部属,使其心悦诚服,又要严格法规,用军纪军法去管束部属才能取得部属的敬畏和拥戴,战之能胜。

孙武很重视和强调将帅的地位和作用,把将帅看作决定战争胜败的"五事"之一。孙子对将领的要求是:"将者,智、信、仁、勇、严也。"(《计篇》)即要有政治头脑,有智谋,有指挥才能;要讲信用,言必信,行必果;以浓厚的感情对待下属,实行民主管理;要勇敢果断,有勇有谋;要有严格的纪律和严明的法令。以上五德具备,就可以当将帅,并且是合格的将帅。这样的将帅就能成为"进不求名,退不避罪,唯人是保,而利合于主,国之宝也"(《地形篇》)。孙武反对国君对将帅的过分干涉,将帅有才能,国君就要放手让他施展才华。如果不懂得军队内部事务而干预军事行政,不懂得军事行政而干预军队指挥,则必然导致失败。

三、西方近代工业的产生和管理思想的转变

17~18世纪,世界历史经历巨大转折和变化。英国首先爆发了资产阶级革命,为资本主义制度的确立打下了基础。在社会巨变的大潮中,欧洲政治思想领域出现了启蒙运动,为资本主义社会提供了一套政治构想。在法国,爆发了轰轰烈烈的大革命,摧毁了封建专制统治,为资产阶级掌权开辟了道路。在英属北美殖民地,建立了新兴的美国。

18世纪的欧洲发生了影响深远的工业革命。首先是技术变革带来的水力机、蒸汽机的发明。英国人瓦特改良蒸汽机之后,由一系列技术革命引起了从手工劳动向动力机器生产转变的重大飞跃,最终促使工厂制这种全新的生产组织形式在英国问世了。英国的生产组织形式发生质的变化。前工业化时期的作坊制、家庭制、工场制逐步消退,以机器生产为特征的工厂制生产开始兴起。与传统手工生产相比,近代工厂制展露出一些新的特征,如资本与劳动力的集中,劳动分工的加强,生产管理的规范化与制度化等。工厂制首先出现于纺织行业,18世纪末期起逐步向其他行业扩散。

然而在相当长的一段时间内这些工厂的管理还是凭工厂主的经验进行,劳

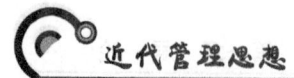

动专业化、操作标准化和程序化都没有建立起来,更谈不上工作的协调化、一体化和系统化,造成了极大的浪费,生产的潜能得不到发挥。工厂管理急需一种新的管理方法来指导生产,提高生产率。在这种背景下,很多工程师和管理实践家对此进行了研究。泰罗、法约尔等通过大量的实践或实验,积累了丰富的经验,并创造性地吸收前人的思想,终于在19世纪末20世纪初建立了自己的一套管理理论,从此管理进入科学化时代。

四、中国近代工业和近代管理的产生

先进一步的西方列强为了原材料产地和商品销售地凭借坚船利炮打开了古老中国的国门。两次鸦片战争的失败使中国人看到了中国与西方列强在技术、装备上的差距。清咸丰末年,清廷为加强封建国家机器,提高国防实力,清皇朝中一部分正视现实的官员倡导仿制西方船炮以自强,开始着手创办近代军事工业。1861年12月,两江总督曾国藩在安庆创办"安庆内军械所";1863年"苏州洋炮局"开始机器生产,仿制长炸炮、短炸炮和炮弹、枪弹。这是中国经营近代军事工业的开端。从1864年以后的30年中,由清廷直接拨款或各省督抚自筹经费,共建立了规模不同的近代军用企业共22个,其中规模较大的有5个,即江南制造总局、金陵制造局、福州船政局、天津机器局、湖北枪炮厂。

各地兴办的军事工业,经费全部由官方支出,管理人员由官方任命,企业所有权、管理经营权归官府,是典型的封建官办企业。它们生产的产品基本上不是商品,不进入市场,而是由政府调拨。生产中虽然不能不考虑成本,但基本是以满足封建统治集团的军事、政治需要为前提,价值规律不起主导作用。但是军事工业已普遍采用大机器生产,开始实现由手工生产向机器生产的重大变革,改变了传统的生产方式,极大地提高了劳动生产率。这些企业虽然还没有近代意义的资本家,却已采用雇佣劳动,产生了一批进行大机器生产的工人,并锻炼、培养了中国第一批近代科学家和技术人员,并翻译、传播了西方科学文化。

鸦片战争后,外国廉价工业品大量倾销中国,出于抵制洋货倾销,维护民族权益的需要,有识之士呼唤兴办民用工业。与此同时,正在兴办的军事工业既需要获得原料、燃料的供应以及交通运输业的配合,又需要巨额经费支持。因此,军事工业越发展,对民用工业的需求与期待越迫切。当时,我国传统的自然经济结构在外国商品冲击激烈的沿海、沿江等通商口岸地区日渐解体。城乡商品经济日渐发展,破产失业的农民和手工业者日渐增多,商品市场和劳动力市场逐步扩大。一些官僚、买办,商人在外资企业获得高额利润和本国军事

工业的刺激下，逐渐萌生投资民用工业的愿望。从同治末年开始的20多年间，清政府倡导建立的近代民用工业主要有矿业、钢铁冶炼、纺织业。民间投资的机器工业主要在投资资金少、见效快的轻纺工业。陈启源于同治十二年（1873）在广东南海创办机器生产企业缫丝厂。其后，机器生产在诸多行业逐步推广。

从咸丰末年到光绪中期，我国机器工业从无到有，从小到大，门类日渐增多，地域日渐扩大。机器工业的出现使得管理方式发生质的变化。以往的工场手工业或者是把从事不同劳动的手工业者组织在一个工场里实行分工协作共同生产一种产品，或者是把从事同类劳动的手工业者组织在一个工场里实行分工协作共同生产一种产品，而机器工业广泛使用机器代替手工劳动，以自觉应用自然科学来代替从经验中得出的成规。

伴随着中国近代机器工业的出现，产生了新的生产方式，传统管理也开始向近代管理转变。

第二节　中国近代管理思想史的内容

一、古今"管理"之差异①

作为"指挥"、"协调"等"一般职能"的管理是伴随着人类最初的共同劳动或劳动协作就出现了，并贯穿人类社会的始终，诚如马克思所说："一切规模较大的直接社会劳动或共同劳动，都或多或少地需要指挥，以协调个人的活动，并执行生产总体的运动——不同于这一总体的独立器官的运动——所产生的各种一般职能。"然而在不同时代背景、不同学科领域，"管理"的含义又是特定的，古代管理思想中的"管理"与现代管理学中的"管理"就大异其趣，表现在如下四个方面。

（一）管理的组织不同

管理是组织的活动。古代管理思想阐述的是国家的管理，诸子百家、历代圣贤的著述莫不是治国思想，正如司马谈在《论六家要旨》中所说："天下一致而百虑，同归而殊途。夫阴阳、儒、墨、名、法、道德，此务为治者也。"近现代管理学中的管理主要是指工商企业的管理。自泰罗的科学管理理论始，

---

① 余焕新：《论管理思想的古为今用》，《江西教育学院学报》2010年第4期。

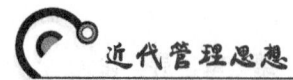

历经管理科学的丛林时代,乃至学习型组织、企业再造、核心能力等理论,莫不是为工商企业献计献策而来。简要地说,古代管理思想中的管理指的是宏观的治国安邦,现代管理学中的管理是组织(主要是企业)的资源配置活动。

(二)管理的目标不同

应该说管理作为一项职能活动,其本身是没有独立目标的,管理的目标隶属和服务于具有特定使命和目标的组织。一般来说,对中国两千年来的封建王朝来说,稳定是压倒一切的,稳定和秩序是国家统治者的最高利益所在。以治国安邦为使命的古代管理的目标就是社会的安稳与和谐。企业则不同,英语中企业(Enterprise)一词由两个部分构成,"enter-"和"-prise",前者具有"获得、开始享有"的含义,引申为"盈利、收益";后者则有"撬起、撑起"的意思,引申为"杠杆、工具"。两个部分结合在一起,表示"获取盈利的工具"。企业是经济组织,其最根本的使命是创造物质财富,获得利润是它的天职。所以泰罗直言不讳,管理的主要目的应该是使雇主实现最大限度的富裕,同时也使每个雇员实现最大限度的富裕。为获取尽可能多的利润,企业管理就必然效率优先,即用尽可能少的投入,得到尽可能多的产出。可见现代管理的目标是效率,或者说,管理的主要本质是追求效率。

(三)管理环境不同

在中国两千多年封建社会的历史长河中,虽然也多次经历朝代兴衰和各种社会思潮的更迭,但总体上管理环境是确定的和可以预期的。现代企业管理面对的是复杂多变的市场环境,不断变化的经济环境、技术环境、社会环境、政治与法律环境及国际化环境等都对管理产生着影响。

(四)管理围绕的核心不同

在一个相对稳定的环境里,以国家和社会的安稳与和谐为目标的古代管理必然把关注点放在对人的管理上。中国国学精髓可以说是为人处世之道,它强调管理就是修己安人的历程,由"致知格物"而"诚意正心",由"修身齐家"而"治国平天下"。而现代企业管理虽然也认为管理中最关键的因素是人,但其落脚点是把事做好,管理人是做好事的中介。

古代管理思想与现代管理学有明显不同的特征,总体上看,就是重"道"与重"术"的区别,即一个是治国安邦之道,一个是谋求经济利益之术。对于在一个稳定的环境里以追求安稳为目标的管理,没有比价值观、理念更重要的了。古代管理思想主要是一种管理哲学,是一种价值观,一种形而上的理念,而很少有形而下的方法和规则。而为了对付日益激烈的市场竞争,不断地降低成本,科学管理理论的创立者泰罗对制造流水线上的工人进行了一系列科学的试验,细致地测算工人将某一个零件从A点搬运到B点所要使用的时间、胳膊在流水线上所要经过的距离。他将这些试验数据进行归纳整理，将工作中的每一个流程数据化，从而进行有效的管理。泰罗开始的现代管理学虽也都是在一定的价值观基础上建构起来的理论大厦，但它们主要是管理技术和管理方法体系。

二、近代管理思想以企业管理为中心

近代社会最重要的特征之一就是近代企业这种新型组织的出现。近代企业不仅带来了生产技术和经济力量的提升，而且还带来了新的组织生产的制度和理念。管理学是一门新兴的学科，从管理学的产生看，管理学是现代商科的重要组成部分。管理学上的管理专指企业商务管理，它与古代的宏观社会经济管理不同，也跟公共管理如城市管理、教育管理、卫生管理、文化管理、治安管理、宗教管理因学科基础差异而相异。不管是泰罗的"确切地知道你要别人来干什么，并使他用最好的方法去干"，哈罗德·孔茨的"通过他人完成任务的机能"，还是赫伯特·西蒙的定义的"管理就是制定决策"，所说的管理都是组织，尤其营利性组织——企业的管理。本书在管理学领域内探讨中国近代管理思想，特别是中国近代企业管理思想发展史。

第三节　近代管理思想的发展趋向

一、对企业本质的探索

中国人自办公司开始于洋务运动期间的官督商办企业。一般认为，1872年成立的轮船招商局是中国最早实践股份制的企业。在19世纪末20世纪初至1920年前后，中国资本主义获得了较大发展，大批近代企业出现，规模也不断扩大。1920年以后，虽经历过某些挫折，但仍然在1936年发展到了历史最高水平。以后由于抗日战争爆发，企业失去了继续全面发展的条件。

洋务民用企业在当时可谓开风气之先，它以市场为导向，有经济效益内在要求，凭契约关系聘用工人，初步具备近代工业企业雏形。洋务民用企业虽"仿西国公司之例"，但多数并不直接以"公司"命名，而以"局"命名。定期召开股东大会是股份公司的制度特征，官督商办企业亦有所仿行，但普遍并不重视，多数企业没有召集股东会议的规定。官督商办企业是由官员奏请开

办、由朝廷特许成立，受制于官权，因而其法人资格是残缺的①。这一时期尚未颁布相应的公司法律，因此实际上并没有从法律上赋予企业民事法主体的资格。洋务企业更类似等级森严、不讲效率的衙门，还远不是具有独立财产的社会组织、能够以自己的名义参加民事活动，享受合法权益，承担民事责任的法人。

洋务运动后期，有思想家明确主张采用西方自由雇佣制度及自由企业制度。戊戌变法前后，康有为（1858~1927）在继承和总结前驱者思想的基础上创立变革理论，提出"定为工国"、"成大工厂以兴实业"的全面发展资本主义经济的纲领，强调工业化作为"富国"、"强兵"的物质前提。在理论上做出划时代贡献的严复不仅通过翻译赫胥黎的《天演论》（Evolution and Ethics），引进了进化论思想，还将亚当·斯密的《原富》（An Inquiry into Nature and Causes of the Wealth of Nations）翻译介绍到中国，直接用西方古典经济自由主义思想作为自由办新式工商企业的理论依据。这样，中国人对近代企业的理解就从对其外在形态的粗略感知，逐步进入到对其关键要素的把握。

甲午战后，清政府将部分洋务企业转为民营。在世纪之交，又有新一代的商人登场，他们创办经营的近代企业数量较之前远为可观，范围也更加广阔。1904 年清政府颁布《商人通例》和《公司律》，基本确立了公司注册的准则主义原则，此后，中国人的自办公司真正被赋予了法人资格。《公司律》颁行后不久，晚清商部颁行了《公司注册试办章程》。晚清至整个民国时期，公司数量在不断增长之中。1904 年到 1911 年底，全国登记注册的公司大致在 410 家，其中股份有限公司比重最大。

20 世纪二三十年代，中国近代企业成就了自己的最高发展水平和最终形态②，公司制企业成为中国近代企业中占主导地位的企业组织。企业家们致力于追求利润，专心致志企业经营、尽力改善经营管理和技术，把人才、物资、资金、情报等有限的经营资源有效地组织起来，以组织化方式推进事业的发展。

二、管理科学化的演进

企业管理的目的是谋求最高的工作效率，而要达到最高的工作效率的重要手段是用科学化的、标准化的管理方法代替经验管理。为此，科学管理理论指出，要对工人操作的每个动作进行科学研究，用以替代老的单凭经验的办法；

---

① 李玉：《晚清公司制度建设研究》，人民出版社，2002 年。
② 李岫：《论中国近代企业家的特点》，《中国经济史研究》1994 年第 3 期。

要科学地挑选工人，并进行培训和教育。中国近代企业在组织管理、技术创新、战略决策、人员培训等方面不断探索，经历了由粗浅到严密，由经验到科学的过程。

从20世纪20年代后期开始，一场名为"科学管理改革"的运动席卷了当时的中国企业界。这是中国企业家一次大规模地主动寻求改造企业内部秩序的努力，它对企业管理制度的发展、对劳资关系的塑造都产生了重要影响。改革大大加强了管理人员和技术人员在企业里的权力和地位，并建立了良好的劳资关系和生产秩序。经过这场改革，现代工厂制度在中国真正确立起来，科学管理的理念由此深入人心。

三、中西管理文化的融合

中国近代管理一开始就"仿西国公司之例"，学习西方技术和管理经验。先进的中国人以西方经济管理模式为范本改造中国经济社会。严复翻译介绍的达尔文进化论，其"优胜劣汰"、"竞争进化"、"适者生存"的进化论思想几乎成为有志之士的人生信仰；穆藕初引进的科学管理引起20世纪20年代的科学管理运动。这些都反映了西方文化和管理思想对中国的巨大影响。

中国企业在学习西方的过程中不只是单纯地引进和吸收，而是体现了可贵的创新精神。他们以开放的心态学习西方，在技术、产品、管理等方面不断地创新。刘鸿生说："在国际竞争非常激烈的时候，决不能关起门来办工业。"他每年都要出国，"不是为游历，而是为了学习"①。学习新技术，调查新产品，引进新设备，改进产品质量，提高企业在市场上的竞争实力。近代企业从引进、仿造、改造到创造的技术发展之路有力地展示了他们对技术创新的强烈意识和积极主动的精神。

近代管理在受到西方思想文化深刻影响的同时，并没有抛弃传统，而是继承了优秀的中国传统文化。

忠君报国是中国历代知识分子的信仰。近代企业家在创办企业、从事工商经营之初，往往并不是为了求生存，他们有更深层的追求。他们深刻地体会到列强对中国企业的排挤和威胁，认为中国的根本出路在于振兴实业，增强国家经济实力，"实业关系着国家的兴替存亡"②；还认识到，只有"跻国家于富庶之地位，然后可以图强；国力充实，方可以御侮，可以雪耻"③。他们是用企业来作为实现自己社会政治理想的工具，在民族存亡高度关注中外差距，谋求

---

① 刘念智：《实业家刘鸿生传略》，文史资料出版社，1982年。
②③ 《藕初五十自述》（上册），上海书店1991年影印本。

奋进之道，试图将西方先进国家的经验、技术和管理与儒家文化传统相结合，去实现其实业报国、实业救国的目标。他们还通过办企业的盈利做社会公益，并直接参与许多公共事务，以有力的姿态介入到推动社会变革的进程中，因此赢得了社会的尊重。

"自强不息"是中国传统文化的精神内核，这一精神一直在激励着仁人志士历经磨难，孜孜奋进。许多中国近代企业都是在同外国资本的竞争中发展起来的。企业家们的"精明和进取心"和"坚韧、顽强和勤劳"品格，使"他们能抓住政治动荡年代的每一次间歇，恢复元气，重建产业，利用每一次机会发展和前进"，[①]"这比马克斯·韦伯称道的西方资本主义精神毫不逊色"[②]。火柴大王刘鸿生曾在致友人的信中坦言："弟对于火柴一项，处心积虑，必欲使其达到瑞制火柴同等地位之目的"[③]，"力图把这一特殊行业发展成为一个巨型的民族工业"[④]。这种"创办企业不仅仅为盈利，更在于创立自己事业，为成功而成功"的理念[⑤]，体现了包含中国传统文化有着鲜明民族特色的企业家精神。

以人为本，中国传统文化的特征之一，也体现在近代管理思想之中。作为资本主义发展产物的福利思想及其社会实验，最早在19世纪初罗伯特·欧文时代的英国已现端倪，到俾斯麦时代的德国初具政策形态。但作为一种社会制度，却是在20世纪30年代以后才逐步建立。而在20年代，无锡荣氏企业自愿投资建设较为系统的福利设施，组织具有一定民主色彩的劳工自治。1928年申新首创同仁储蓄部，就带有让职工参与分享红利的愿望，企业所办福利事业体现了维护职工基本人权的宗旨。申新三厂的劳工自治实验区在一定程度上把职工及其家属的命运与企业发展联系在一起，意在工人中形成"视厂如家"的氛围，让职工产生"只要工厂大烟囱冒烟，自己家里的小烟囱就不会断烟"的共识。这些思想走在了当时世界的前列。

企业只有处理好与外界环境的关系，营造一种宽松和谐的外部环境，才能有利于自己的发展。中国文化讲求以和为贵，这也是近代企业家经营中协调企业同各方面关系的原则。刘鸿生把"和"作为其广泛的处世哲学，它是一种对待顾客的和气态度，又是处理企业经营中各方面的关系的协调原则，还是在

---

① 徐雪筠等：《上海近代社会经济发展状况》，上海科学出版社，1985年。
② 杜恂诚：《经济环境与企业家精神》，转引自纪霖、陈凯达：《中国现代化史》（第一卷），学林出版社。
③④ 上海社会科学院经济研究所：《刘鸿生企业史料》（上），上海人民出版社，1981年。
⑤ 张远鹏：《从刘鸿生对大中华火柴公司的经营看企业家的主体作用》，《南京师范大学学报》1992年第1期。

企业竞争中提倡一种合作的精神。"有饭大家吃","你要发大财,一定要让你的同行、你的跑街和经销人发小财","最愚蠢的人,就是想着一个人发财,叫别人倒霉"①,等等,正是这种观念表达。

中国文化特别推崇道德修养,近代企业家也十分注意个人品德在管理中的作用。范旭东在创办久大公司时为自己规定了三个原则:不利用公司的钱财谋私利、不利用公司的地位图私益、不利用公司的时间办私事②。在几十年的创业活动中,他忠实地履行了这些信条,作为一个资产巨万的实业团体的领导人,范旭东的个人生活毫不阔绰。他"当公司总经理30余年,出门不置汽车,家居不营大厦,一生全部精力集中于其事业,其艰苦卓绝,稍知其为人者,胥能道之"③,公司同仁对他"无不有亲切钦敬之感,故追随工作二三十年者比比皆是"④。这并非个案,近代企业家普遍地凭借个人品德提高了其在属下人员心目中的地位,增强了对职员的吸附力。

20世纪30年代形成的企业文化思想、商业道德理论具有明显的中国传统文化的特点。它试图通过道德的导向和约束功能改善商业经营者的内在素质,规范其市场行为,并以单个企业经营效益的提高和整个社会经济、文化进步的综合效益为追求目标。

近代管理思想的发展表明,东西方管理思想是殊途同归、互补整合的。

---

① 刘念智:《实业家刘鸿生传略》,北京文史资料出版社,1982年。
② 张同义:《范旭东传》,湖南人民出版社,1987年。
③ 侯德榜:《追悼范旭东先生》,《科学》1946年第28期第5卷。
④ 李金沂:《范公旭东生平事略》,《海王》1946年第2期。

第一阶段

近代管理的发端

近代以前的中国传统社会，商业和手工业都有着悠久的历史，商品经济在许多时期曾相当繁荣，但是没有出现资本与雇佣劳动的交换关系。传统社会中的官府手工业、官营商业，还是民间作坊、工场、商号，都不是企业形式。中国真正意义上的企业形式出现于鸦片战争以后。相对于古代管理来说，近代管理不仅是管理方式的创新，更是一场总体性的社会生产方式的变革和社会转型。这场变革始于观念的改变，近代管理植根于商品经济观念，明清以降的商品经济观念对于近代管理的产生起到了预热作用。国门打开之后，在西方工商思想的冲击下，一批率先睁眼看世界的人所宣扬的商务思想为近代工矿企业兴办和发展提供了思想前提。

第二章 风气初开之际的管理思维

中国古代长期奉行的是基于重义轻利的重农抑商的思想，随着经济社会的发展和商品经济的发育，传统的义利观不断受到质疑。明清时期黄宗羲、顾炎武等思想家颠覆性地主张"私"的真实价值。其后，包世臣的经世理论、龚自珍"人性怀私"论为新兴的商品经济活动提供了理论，被称为"睁眼看世界"第一人的魏源倡导学习西方先进科学技术。鸦片战争打开国门之后，冯桂芬、王韬、薛福成、马建忠等先进人士的思想开启了近代管理的新思维。

第一节 本土商品经济的早期主张

一、古代重农抑商思想

中国古代关于农商关系的思想源远流长，战国时期就有李悝的"重农抑奢"、商鞅的"重农限商"、荀况的"重农省商"、韩非的"重农抑商"等。尽管在秦汉以后长期存在着抑商与反抑商的论争，司马迁的《货殖列传》还为商人树碑立传，肯定了货殖家获取合理利润的正当性，但"重农抑商"在中国两千多年的封建社会中一直居于主导地位。

工商业者在传统社会中地位低下，甚至规定工商业者三代以上皆不准仕宦为吏，更甚至把他们等同于刑家之子、罪犯、罪吏及负罪逃亡者看待。创建"贞观之治"的唐太宗在初定官品时，亦把"工商杂色之流……止可厚赐财物，必不可超授官秩，与朝贤君子比肩而立，同坐而食"[①]。直至宋代，虽然商品经济有了长足发展，但一般士人还是难以从传统贱商观念的束缚中解脱出来。陆游一生忠君爱国，但他训诫诸子一可读书，二可事农，三可做官，唯独

---

① 《唐会要》卷28，上海古籍出版社，1991年。

不可以为商贾之业,"但切不可迫于食,为市井小人之事耳,戒之,戒之"。倘若子孙不幸"流为工商,降为皂吏",那将是"辱先之甚"的羞耻行为。①

贱商的重要原因之一是传统思维中把义和利看作是舍此存彼的对立关系,由此引出对商人逐利行为的歧视和误解,把货通有无的正当商业活动贬斥为"市井小人之举"。《孟子》说,"王何必曰利?亦有仁义而已矣"。《汉书·董仲舒传》亦说,"正其谊不谋其利,明其道不计其功"。这几句话为以后一千多年的经济社会管理奠定了基调。顾炎武曾经说过:"古人以财为末,故舜命九官,未有理财之职。周官财富之事,一皆领之于天官冢宰,而六卿无专任也",所有一切制度安排,都体现出"重教化后财货之意"②。

"重农抑商"的观点对古代中国封建经济社会管理起到促进作用,在当时的历史条件下,推动了社会的发展。但是,就经济发展的总体趋势而言,"重农抑商"思想毕竟是片面的。

二、义利再辩

随着经济社会的发展和商品经济的发育,传统的义利观不断受到质疑。到了南宋时期,"重利轻义"思想有所松动。朱熹在浙中见诸葛诚之,就解释说:"仁人正其谊不谋其利,明其道不计其功,仲舒说的不是。只怕不是义,是义必有利;只怕不是道,是道必有功。"③ 陈亮更是扭转董仲舒的说法,改为"正其谊以谋其利,明其道而计其功"。陈亮认为王道与霸道、仁义与功利、天理与人欲是统一的,没有什么本质区别,"功到成处便是有德;事到济处便是有理"④。朱熹就把陈亮的意见归为"义利双行、王霸并用"八字。

明清时代,商品经济的发展引发了对商人社会价值的再认识。永嘉学派的叶适说:"古之人,未有不善理财而为圣君贤臣者也。"⑤ 清代的颜元和李觏推崇事功,颜元说:"广土众民,君子欲之;圣贤之欲富贵,与凡民同。"⑥ 他们的学说影响广泛,被称为"颜李学派",在民间和地方官员的行动实践中起到极大作用。

明末启蒙思想家李贽借用"穿衣吃饭,即是人伦物理"的命题,论证了人人都应具有追求自身利益的自由,而好的社会制度理当实行"各遂千万人

---

① 叶盛:《水东日记》卷15,中华书局,1980年。
② 顾炎武:《日知录》卷6,商务印书馆,1933年。
③ 《朱子语类》卷137,中华书局,1999年。
④ 李幼武:《宋名臣言行录》外集卷16,《四库全书》文渊阁本。
⑤ 叶适:《叶适集》卷2,中华书局,1961年。
⑥ 颜元:《颜元集》,中华书局,1987年。

之欲"的"无为政治"。

王阳明作为一代儒学宗师在《节庵方公墓表》中提出了"四民异业同道"说,"士以修治,农以具养,工以利器,商以通货,各就其资之所近、力之所及者而业焉,以求其尽心。其归要在于有益于生人之道"。王阳明的立论继承了司马迁《货殖列传》中"农而食之,工而成之,虞而出之,商而通之"的四民分业说,但他特别把士放在与农工商同等的位置,并强调四民存在的意义都是为了"有益于生人之道",既然目标一致,各自尽心去做,也就无所谓贵贱了。

明清的思想家还颠覆性地主张"私"的真实价值。黄宗羲认为,人的自私自利是天经地义、自古有之的,"有生之初,人各自私也,人各自利也。"顾炎武也认为,"天下之人各怀其家,各私其子,其常情也"。

三、包世臣的经世思想

包世臣(1775~1855),安徽泾县人,致力于经世致用之学,对于漕务、盐政、货币、农政、河工、赋税、律例、兵事、中外贸易等有着广泛的涉猎,在许多问题上形成了自己的独特见解,提出了改革的主张。在经世学者群体中,他是上承顾炎武,下开龚自珍、魏源的一个重要人物。①

漕运是封建统治阶级实行的南粮北调政策。清王朝建都于北京,为了解决集中于京畿一带的皇室、官僚、贵族、军队的食粮问题,每年由山东、河南、江苏、安徽、江西、浙江、湖北、湖南等省征集数百万石粮食,通过运河调运北上,这就是漕粮。为了保证漕粮能够安全、及时地运送到位,上自漕运总督、巡漕御史、各省督粮道,下至负责漕粮收储事务的各级管粮官员、押运官员以及负责保护漕粮的漕标官兵,清政府设置了一整套的封建官僚机构。在漕粮征集、储藏、运送的过程中,运输的费用,沿途的损耗,再加上各级贪官污吏的盘剥、勒索,往往一石漕粮需要花费几石粮食的代价。"夫运河剥浅有费,过闸过淮有费,催攒通仓又有费。上既出百余万漕项,下复出百余万帮费,民生日蹙,国计益贫。"② 漕运是清代最大的弊政之一,早已引起封建统治阶级的广泛注意。

1803年,包世臣著的《海运南漕议》一文,提出"海运南漕"的办法:雇用往来于上海到东北海道的商船,把江苏、浙江等漕粮负担最重的省份所征收的一部分粮米,由海道运送北上,以节约运输耗费。这本是一个有关封建粮

---

① 吴则虞、余滋兰:《包世臣的学术思想》,《光明日报》1962年5月11日。
② 《清史稿》,中华书局,1977年。

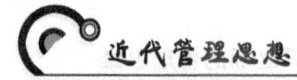

食工作和国家财政的改革计划,但值得注意的是,包世臣在这里提出了依靠一般商人的经营活动来代替封建官府的漕运机构的思路。

包世臣的这项改革主张实际上包含了两方面的内容:其一是漕粮的运输路线由河运改为海运;其二是漕粮运输的经营方式由官办改为商办。他极力强调商运的优势,称赞海商熟悉航运业务、遵守商业信用、效率较高,并且驳斥了一些封建官僚所宣扬的那种雇商船"非政体"的说法,公开宣称"官与民为市"是完全正常的事情。他看到往来这一线的商船,由南往北行驶常因货运量不足而有放空现象,认为海运南漕可以大大增加它们的北行载货量,对船商也大有好处。除此之外,他还注意从其他一些方面来照顾海商的利益,如主张运费必须合理,要估计到海上的风险,应规定适当的运输损耗率,以免造成他们的损失,以及在装运漕粮的同时准许免税附载一定数量的商货等。从这些方面看,包世臣的海运南漕主张在一定程度上已经超出了漕粮运输途径、方式等技术性问题的范围,而体现了他重视私人商业活动的经济观点。[①]

包世臣在《庚辰杂著二》一文中提出了本末皆富说。通过考察农业、手工业和商业的社会功能,包世臣借用中国古代学术中的本、末概念,简要地说明了它们之间的基本关系。包氏虽然强调"天下之富在农",却不像封建正统思想那样敌视工商业的发展,他不主张"抑末",而是认为"本末皆富",无论是农业,还是(手)工业、商业,都是国民财富的重要渠道。大体而言,包世臣的本末皆富说与黄宗羲的意见是一致的。包世臣认为,只要农业、(手)工业和商业正常发展,本富和末富协同并进,无论是国家还是百姓,理论上都能获得比较丰厚的物质条件。充分肯定工商业在社会经济中的巨大作用,重视私营商品经济的发展也成为包世臣某些改革主张的基本出发点[②]。

四、龚自珍"人性怀私"论

龚自珍著有《论私》一文,文章阐述了"私"的必然性、正当性。龚自珍认为天地日月都有私,人情怀私更是自古以来就有的现象,是人性的自然流露,而"私"并不意味着人类的贪婪与道德败坏,私无所谓善恶,"民饮食则生其情矣,情则生其文矣。"就是说,先有经济生活,然后才有礼义制度。道德应与人们物质需求的满足相一致,并不排斥功利欲求。龚自珍为人"私"的正当性和合法性做了辩护,认为只有基本的物质利益得到保证,人的道德自律才可能建立。

他认为,"情"是属于人的"自然"本性中的东西,是与生俱来的,是一

---

①② 赵筱侠:《包世臣经济思想研究》,《鲁东大学学报》(哲学社会科学版)2008年第6期。

种自然、真实的感情,因而也是"无善无不善"的。他认为情是客观世界在人心中的反映,人是无法抗拒的,他描述道:"外境迭至,如风吹水,万态皆有,皆成文章,水何拒之哉?"人对外界的一切刺激不能无动于衷,也做不到"心如止水"。在他看来,对于这样一种自然的、真挚的感情,不应当抑制它、铲除它,相反应当宽容它、尊崇它。"情之为物也,亦尚有意锄之矣;锄之不能,而反宥之,宥之不已,而反尊之。龚子之为长短言者何为者耶?其殆尊情者耶!"

龚自珍的"人性怀私"论打破了道义与功利的二律背反,强调物质利益追求是自我发展的内在向度①。他的这一观点与传统的圣人观迥然有别。传统观点认为圣人是"大公无私"的,具有纯粹的德行;在道义与功利相冲突的时候,择道义而弃功利是君子的高尚之举。他认为,一味地鼓吹"大公无私",违背"人之情",会造成"以墨之理,济杨之行"的社会现实,导致自然人性的压制、人类生命活力的扼杀、个人合理利益的损害,造成阴阳分裂、名实背离的不良社会效果。龚自珍认为,一个正常的社会,应该承认、宽容乃至尊崇合理的"私"。他欣赏"公私并举"或"公私互举"。②

在人性问题上,龚自珍认为人性有私,人欲合理,肯定人的价值与尊严,倡导个性解放与人格独立。龚自珍这些"宥情"、"尊情"的思想在一定程度上包含有尊重个性,解放个性的意义。所以他十分反对对个性的强制束缚,认为这样会严重损害个性,压抑人才的成长。这种思想与近代资产阶级提倡"自由、平等、博爱"的思想解放的潮流相契合,龚自珍不自觉地充当了资产阶级改良思想的先驱,开了一代新风。这一点得到了梁启超的充分肯定,他说"晚清思想解放,自珍确与有功焉,光绪间所谓新学家者,大率从皆经过崇拜龚氏之一时期"③。

五、魏源的管理思想

魏源(1794~1856),湖南省邵阳县人,倡导学习西方先进科学技术,总结出"师夷之长技以制夷"的新思想,是近代中国"睁眼看世界"的人之一。魏源的管理思想相当广泛。

他极力推崇西方近代科技。造船是他所宣扬的"师夷长技"的重要内容。造船不仅是造战舰也要造商船,并顺利用造船厂的机器设备以生产军械火药和民用品,如"量天尺、千里镜、龙尾车、风锯、水锯、火轮机、火轮舟、自

---

① 潘树国、孔苏婧:《龚自珍人性论思想浅析》,《盐城工学院学报》(社会科学版)2008年第4期。
② 龚郭清:《价值重建与制度改革——论龚自珍政治改革思想》,《天津社会科学》2012年第2期。
③ 梁启超:《中国近三百年学术史》,东方出版社,1996年。

来火、自转碓、千斤秤之属,几有益于民用者,皆可于此造之"。这里,他不独提出了传统社会产品目录中许多前所未见的项目,并提出了一个与传统的反奇技淫巧思想相对立新观点,即所谓"有用之物,即奇技而非淫巧"。这是对三千年来一贯被信奉的反奇技淫巧思想的根本否定。

他歌颂新兴的私有财产制度,指出"使人不敢顾家业,则国必亡"。宣扬富人的社会作用,他借用《周官》保富之说,把富民说成是"一方之元气",坚决反对专事损害富民的政策,并断言"土无富户则国贫"。关于生产经营方式,魏源极力反对官营而力主私营。自两宋以来,主张将盐、茶政府专卖商品改由私商经营者日渐增多,这是封建经济内部的商品经济长足发展的必然反映。但魏源所主张的私营范围则相当广泛,凡他所提到的官营事业如采矿、盐业、造船及机械制造、屯垦,乃至于漕运,无不主张鼓励或委托私商经营。他列举例证说明官营之"弊"和由私弊经营之"利",他甚至建议军用民用机械均可让私商设厂仿造。他的建议在当时是一个极为大胆而又彻底摆脱了传统陈说局限的新观点。总之,在他的心目中,生产经营的私有形式已是无可置疑的完美形式。魏源一再提到商人及商业资本的利益,如谓:"海运之事,其所利者有三:国计也,民生也,海商也";又说:"是役也,国便、民便、商便、官便、河便、漕便,于古未有";还说:"其优于河运者四:利国、利民、利官、利商"。像他这样把商业的利益以同等的重要性与国计民生并列提出的人,可谓从来所未有①。这种重视商业的精神为创造一个适应工商业发展的社会气氛做了铺垫。

在私营商业的组织方面,他又鼓吹采用"公司"的组织形式。他说:"公司者,数十商辏资劳动,出则能力合作,归则计本均分,其局大而联",并将买办性质的广州十三行也比作公司,与英国东印度公司等同起来。他对于近代资本主义的公司组织形式的理解似是而非,但在我国提及资本主义公司组织形式的当以魏源为最早。他力主工矿事业采取私商经营方式,因而宣扬雇佣劳动制度。海运私商所用纤夫"令自雇以免勒索"。至于官营或私营船厂、火药局更必须采取雇佣劳动形式。所以,在农工商各行业中,他一律强调要采用雇佣劳动,体现了极强的资本主义经营方式的倾向。

特别值得指出的是他对生产经营成本问题的重视,在他所提建议中,不论盐务、漕运、造船或对外贸易,无不以减低成本为其主要内容之一。改革漕运的出发点在于采取雇用商船的海运方式,可以节省河运所必不可少的数百万公私靡费,以极低的运输成本即可完成每年的漕运任务;造船造炮首先要了解

---

① 尹乐永:《论魏源的变革思想》,《湘潭大学学报》(社会科学版)1986年第1期。

第二章 风气初开之际的管理思维

"工料之资,工食之资",然后才能确定船与炮的价格。一向被认为老大难的盐务问题,他的改革建议也以解决成本问题为核心。他认识到淮盐的主要困难为"邻私"与"滞销",只有降低淮盐价格才能抵制邻私和使盐畅销。但降低盐价就必得首先降低淮盐的运销成本(因盐的生产成本不大),而淮盐的运销成本之大主要由于纲商(即政府特许的盐商)所支付的浮费和勒索太多。如果废除纲商专卖制度以散商(即一般私商)凭证票自由运销方式代替,即能大大降低成本从而降低盐价。这样既可抵制走私又可使食盐销路不致停滞,并能增加封建财政收入。总之,降低销售成本即可解决盐淮的一切问题。魏源把淮盐成本高低的原因及其对价格与财政税收的影响作了一定的分析,这在我国19世纪中叶以前的经济思想中是极为罕见的。官营民营争论自西汉以后是经常出现的问题,但以往反对官营的主要论点多集中在"质低"、"摊派"等弊端上,而魏源却从成本高低的角度来衡量官营私营的优劣,这才算初步进入了经济分析的领域。可以说在他积极宣扬商业精神的理论依据中,成本考虑应为很重要的方面①。

第二节 国门打开后的工商思想

一、由"自强"到"求富"

两次鸦片战争以后,中国人眼见西方的军事力量比中国强大,认识到《北京条约》签订后的"中外和好"局面"非信约所能坚,非羁縻所可结,尤非姑息迁就所能了。"列强是否再次侵略,"总视中国之能否自强为定准"②,因此,"自强"是抵御外侮的唯一有效的手段。他们认为要救中国就必须学习西方的军事技术,引进西方的军事工业,以使中国强大起来。于是,"求强"、"自强"就成了鸦片战争后中国人士首先提出的奋斗目标。"自强"一词越来越频繁地出现于时人的奏折、文集和日记中,当时"人人有自强之心,亦人人为自强之言"③,中国社会的"自强"思想已经由先前只有林则徐、魏源等个别有识之士的呐喊转向整个社会范围的讨论。"自强"思潮的兴起,为中国

---

① 胡寄窗:《中国近代经济思想史大纲》,中国社会科学出版社,1984年。
② 中国史学会编:《洋务运动》(第一册),上海人民出版社,1961年。
③ 《筹办夷务始末·同治朝》卷98。

的近代化变革提供了一个舆论氛围,近代化推进者以"自强"作为"治国之道"与"探源之策",确立起洋务近代化的思想纲领,显示了面对西方的挑战,中国开始从本能的抵抗转变成一定程度的自觉学习。

1864年,李鸿章致函总理衙门,提出十分重要的建设性意见:"中国欲自强,则莫如学习外国利器,欲学习外国利器,则莫如觅制器之器,师其法而不必尽用其人。欲觅制器之器,与制器之人,则或专设一科取士,士终身悬以富贵功名之鹄,则业可成,艺可精,而才亦可集。"① 建立自己的机器制造业,培养自己的人才,这是李鸿章的两项主张。这表明,他在一定程度上抓住了学习西方的根本,用他自己的话说,找到了"御敌之资、自强之本"。其后相当长的时期内,李鸿章用自己的权势和影响,在建立军事工业、民用工业方面,在培养人才方面,作了很大努力,从而使中国初步建立了近代机器工业体系,造就了一大批掌握现代科学技术的专门人才。

洋务派官僚在兴办军事工业时,发觉没有大量经费是办不成功的。有识之士在19世纪70年代后批判前人以"求强"为主要目标的看法,认为这种看法颠倒了富和强之间的关系,"至于富强之术,宜师西法,而二者宜先富而后强,富则未有不强者也。"② 基于这种认识,他们就把"求富"、"富民"作为国民经济的主要管理目标。他们认为,英法等国之所以强,是由于它的富,富又来自近代工商业的发展,由此"强与富相因"成了他们的一般认识。自此至19世纪末,对管理目标的认识大体上是循着这种思路发展的。于是,洋务运动成为"富强相因"的运动,洋务派官僚李鸿章等人把"求富"作为"自强"的补充,并以"官督商办"的形式办起了若干民用工业。

二、冯桂芬的人才观

冯桂芬(1809~1874),李鸿章的幕僚,1861年他完成了政论代表作《校邠庐抗议》40篇。"抗议"是位卑言高之意,他提出一个学习西方的原则:"以中国伦常名教为本原,辅以诸国富强之术。"即本辅论,成为以后"中体西用"说的源头。

冯桂芬在人才问题上的认识突破了传统认识。他主张,在人才上,要像外国那样,重视"制器"、"尚象"技艺人才,"重其事,尊其选"。冯桂芬指出:"中华之聪明智巧,必在诸夷之上,往时特不之用耳。"要"上好下甚,风行响应,当有殊尤异敏,出新意于西洋之外者"。他主张,应分一半读书

---

① 《筹办夷务始末·同治朝》卷25。
② 王韬:《弢园文录外编·中外合力防俄》,上海书店,2002年。

人，从事"制器"、"尚象"，追赶西洋先进技艺。中国历来轻视"制器"、"尚象"人才，技艺被视为"奇技淫巧"，被认为不是儒者所为，而是工匠们的事，被排斥在儒学大门之外，"虽中才不屑为也"。从技艺制造上发现中国人才的缺陷，由此主张"师夷"，"驾而上之"，并认为这才是真正的"自强之道"，这是对传统人才观的重要突破①。

冯桂芬对行政官僚体制的弊端深有体会。他认为，清政府官体制弊端主要有四：一是官僚机构臃肿，人浮于事；二是官场腐败，以权谋私；三是例案太繁，官吏难以照例行事；四是君民悬隔、上下不通。冯桂芬了解中外大势，了解中西差别，他以西方资本主义民主政治制度为参照系，提出了较为全面系统的行政官僚体制改革主张：一是改善官僚升降机制。他根据"取才、取德、取千百人之公论"的原则，设计了一种有限的民主荐举办法，实行保举权力下移。这实际上是借鉴了民主的多数原则和代议制的选举方式，对于君主专制下官员任用大权操之于上的习惯性做法，无疑是一种巨大的历史进步。二是改善民意上达机制。冯桂芬通过中西文化的对比，认为中国受制于西方国家的一个重要原因是"君民不隔不如夷"。冯桂芬试图借助诗歌这一社会舆论形式来解决。这与西方资产阶级所主张的思想言论自由有着吻合之处。三是压缩官僚编制。针对机构臃肿、人浮于事的现象，冯桂芬建议清政府根据《周礼》设官分职的原则，裁汰冗员，进行官制改革。四是提高行政效率。冯桂芬认为，官吏之病根在于《则例》规定"例案太繁"，对官员束缚过多，不利于提高官员行政效率。五是提高官吏素质和行政能力，以厚养廉遏制官吏贪污。

冯桂芬的行政官僚体制改革思想，第一次以西方资本主义民主思想为参照系，对晚清官僚体制中存在的问题，进行了较为系统全面的剖析，提出了一些较为合理的具有建设性的方案②。

三、王韬的"恃商为国本"

王韬（1828~1897），是政论家和新闻记者，曾游历法、俄、日诸国，在香港创办了《循环日报》，并一度主编《申报》。

王韬主张"宜先富而后强，富则未有不强者也。"他指出"商富即国富"，须"恃商为国本"。他认为当时世界的商务已发展到"越乎境外"的时代，"此古今贸易之一变化"，并指出通商之益有三：工匠之娴于技术者得以自食

---

① 郑剑顺：《传统人才观向近代人才观转型的思想先驱——略论冯桂芬的人才观》，《世纪桥》2001年第4期。
② 张顺昌、冯桂芬：《近代中国行政体制改革第一人》，《中共贵州省委党校学报》2010年第3期。

其力;游手好闲之徒得有归;商富即国富,一旦有事可以供输"糈饷"。他认为"贸易之利开则公私并裕","煤铁之利开则不独机器船舶局中自饶于用,即以供诸国之用亦无不足"。王韬主张,应该先发展贸易,开矿山、修铁路、办工厂、造轮船,要允许民间开办公司,这才能致富。他主张机器生产,"事半而功倍,巧捷异常,而其利无穷"。他进一步指出"商"不仅可以使国富,并可以强"兵"。"泰西诸国以通商为本,商之所至,兵亦至焉……商力富则兵力裕",所以与泰西各国通,"必如西国兵力、商力二者并用,方无意外之虞"。王韬所谓"恃商为国本"的"商"将工业包含在内。"恃商为国本"的思想在当时是比较突出的。宋明以来重视商业的观点虽在进步思想议论中不时出现,最多只是对传统的"抑末"思想的批判。明清之际的黄宗羲曾称"商"为本,也是将农工商三者并列为本,并非独重商业。王韬这样"恃"商业为"本"而且是为"国"本之思想,的确非常独特。

关于企业组织形式,强调"民间自立公司",推行雇佣劳动制。他说:"若开掘煤铁五金诸矿,皆许民间自立公司……又如制造机器,兴办铁路,建置大小轮船,其利皆公之于民,要令富民出其资,贫民殚其力,利益溥沾。"

关于官商关系,他首先认为官办不如商办,"官办费月浩繁,工役众伙顾避忌讳之虑甚多,势不能尽展其所长。商办则以殷实干练之人估价承充。初开之时,由商禀请委员督理矿务,设兵防卫。费由官助,试办一两年,然后按其多寡加征矿税"。他还认为,最要者莫如官商相为表里,其名虽归商办,其实则官为之维持保护,这样"各富商无不踊跃,咸尽其心力,所以其事易集……衙署差役自不敢妄行婪索,地方官吏亦无陋规名目私馈苞苴,而委员与商人自能和舟共济,不至稍有挟制"。王韬在这里提出的"官办不如商办"的主张,不能等同于19世纪末期反对官督商办的论点。因为王韬发表这一议论时,中国还只有几所官办的军事工业如"江南制造总局"、"马尾船政局"等,当然谈不上民营之可能;官督商办的"轮船招商局"又刚成立1年多,营业尚称顺利;轻工业的"上海机器织布局"的筹建还是以后几年的事。故王韬的"官办不如商办"尚不是针对官督商办后来所暴露的弊端而发①。

四、薛福成的商"握四民之纲"

薛福成(1838~1894),曾做曾国藩、李鸿章幕僚。1879年薛福成在《筹洋刍议》中已认识到,"西人之谋富强也,以工商为先","然论西人致富之术,非工不足以开商之源,则工又为其基而商为其用"。1889年5月担任出使

---

① 胡寄窗:《中国近代经济思想史大纲》,中国社会科学出版社,1984年。

第二章 风气初开之际的管理思维

英、法、意、比四国大臣。到了海外,耳闻目睹,使他提出商"握四民之纲"说(《庸庵海外文编英吉利用商务开辟荒地说》),认为有了商则"士可引其所学","农可通其所植","工可售其所作"。西方就是"恃商为创造国家、开物成务之命脉,迭著神奇之效者"。他还提出"藏富于商"说,"使人人得以遂其私,人人之私利既获,而通国之公利寓焉"。他后来又发现西方是"工体商用","则工实尚居商之先"。薛福成所说的"工"是机器生产,代表生产力。薛福成主张把发展工商业摆在最突出的位置上,他认为,"工商业不振,则中国终不可以富,不可以强"。他希望"振百工",建立和发展中国的新式工业。

薛福成对股份公司制度十分推崇:"官商绅民各随贫富为买股多寡。利害相共,故人无异心。上下相维,故举无败事。由是纠众智以为智、众能以为能、众财以为财,其端始于工商,其究可赞造化。"他说:"今日西洋诸国开物成务,往往有千万人之力尚虞其薄其弱者,则合国之力为之。官、商、绅、民各随贫富为买股多寡。利害相共,帮人无异心。上下相维,故举端始于工商,其究可赞造化。尽其能事,移山可也,填海可也,驱驾风电、制御水火亦可也。"针对中国公司"气不厚,势不雄,力不坚",他强调"风气不变,则公司不举"。公司还要有拳头商品,于是他赞颂创造发明"为斯民辟妙用,为天下扩美利"。他批评中国"此兴一艺而彼效之,此营一业而彼夺之",使得人民对发明没有积极性。他主张政府加强专利保护,核定发明的价值,可以让其出售转让甚至卖与外国,对重大发明者政府还应赐予官爵。

五、马建忠的管理思想

马建忠(1845~1900)曾被李鸿章派往法国学习国际法,同时兼任中国驻法公使郭嵩焘的翻译,精通英、法文及希腊文、拉丁文。他可能是直接从原文学习过西方19世纪经济学课程的最早的中国学者。他说:"初到之时,以为欧洲各国富强专在制造之精、兵纪之严;及披其律例,考其文事,而知其讲富者以护商为本。求强者以得民心为事……他如学校建而智士日多,议院立而下情可达,其制造、军旅、水师诸大端,皆其末焉者也。"这说明他从思想上突破了洋务派以船坚炮利这样的器物层面看待西方富强之本的局限性。

马建忠一直主张官督商办或官商合办企业。在1897年写《铁道论》时,他分析了欧洲国家的几种做法:某类企业,如商人无利可图,"于是官自办立,则德、俄概行此法";有的"官先创造而交商经理,或商先创造而官为经理,则德国参用此法";有的由于"利入甚微,制造经理之费难以取偿,始有官商合办之一法,则法人创行之而德奥仿行之"。这里又分几种情况:"有官租地与商而取其值,权其利息之厚薄以定租地之久暂,限满归官者;有商自造自理而官为津贴者；有商股难集而官代为偿其息以鼓舞之者；有需股甚厚难以纠集，而告贷于人难以取信，于是官为具保者。"他以这些情况为依据，认识到应从实际出发选择官商合办企业的方式。

马建忠认为上海机器织布局产量"仅当进口洋布八十分之一"，而李鸿章规定10年内不准另行设厂，很不妥当。因为"织布机器费用浩大，少织则费重而本有所亏，多织则费减而利可稳收"。应当扩大生产规模，以降低成本，满足市场需要。又如丝茶等货，若将"散商股归并为数则采办价易于会商，无高抬之虞，资本既厚，贷款少而利息轻，货到各口不必急于售，自无须仰承洋商鼻息，待时而沽则亏本者鲜矣"。"外洋商务制胜之道在于公司，凡在大兴作大贸易，必纠集散股，原有资本，设有亏累，则力足持久，不为外商牵掣"。

补充材料：商政

昔商君之论富强也，以耕战为务。而西人之谋富强也，以工商为先，耕战植其基，工商扩其用也。然论西人致富之术，非工不足以开商之源，则工又为其基而商为其用。迩者英人经营国事，上下一心，殚精竭虑，工商之务，蒸蒸日上，其富强甲于地球诸国。诸国从而效之，迭起争雄。泰西强盛之势，遂为亘古所未有。夫商务未兴之时，各国闭关而治，享其地利而有余；及天下既以此为务，设或此衰彼旺，则此国之利，源源而往；彼国之利，不能源源而来，无久而不贫之理。所以地球各国，居今日而竞事通商，亦势有不得已也。今以各国商船论，其于中国每岁进出口货价银在二万万两上下，约计洋商所赢之利，当不下三千万，以十年计之，则三万万，此皆中国之利，有往而无来者也。无怪近日民穷财尽，有岌岌不终日之势矣；然则为中国计者，既不能禁各国之通商，惟有自理其商务而已。商务之兴，厥要有三：

一曰贩运之利。自各口通商，而洋人以轮船运华货，不特擅中西交易之利，抑且夺内地辗迁之利。自中国设轮船招商局，而洋商与我争衡，始则减价以求胜，继因折阅（亏本之意）而改图。彼之占我利权者，虽尚有十之四，我之收回利权者，已不啻五之三，通计七八年间，所得运费将二千万，虽局中商息，未见盈余，而利之少入于外洋者，已二千万矣。所虑者，一局之政，主持不过数人，控制二十七埠之遥，精力已难遍及；又自归并旗昌之后，官本较多，万一稍有蹉跌，其势难图再举。夫事之艰于谋始者理也，而人之笃于私计者情也。今夫市廛之内，商旅非无折阅，而挟赀而往者踵相接，何也？以人人之欲济其私也。惟人人欲济其私，则无损公家之帑项，而终为公家之大利。为

第二章 风气初开之际的管理思维

今之计,虽难用众建少力之法,骤分数局,他日如必有变通之势,或即用局中任事之商,兼招殷实明练者,量其才力资本,俾各分任若干埠,无论盈亏得失,公家不过而问焉。此外商人有能租置轮船一二号,或十余号,或数十号者,均听其报名于官,自成一局。又恐商情之相轧也,则督以大员而齐其政令;恐商利之未饶也,则酌拨漕粮而弥其缺乏。但使商船渐多,然后由中国口岸,推之东南洋各岛,又推之西洋诸国。经商之术日益精,始步西人后尘,终必与西人抗衡矣。其利岂不溥哉?

一曰艺植之利。今华货出洋者,以丝茶两款为大宗。而日本、印度、意大利等国,起而争利,遍植桑茶。印度茶品,几胜于中国;意大利售丝之数,亦几埒于中国。数年以来,华货滞而不流,统计外洋所用丝茶,出于各国者,几及三分之二。若并此利源而尽为所夺,中国将奚以自立?是不可不亟为整理者也。整理之道,宜令郡县有司劝民栽植桑茶。盖种桑必有高亢之地,而种茶恒在山谷之中,非若罂粟之有妨稼穑,是在相其土宜,善为倡导而已。其缫丝之法、制茶之法,有能刻意讲求者,宜激劝而奖进之。至于丝茶出口,十数年前,以加税为中国之利,今则各国起而相轧,一加税则价必昂,价昂则运货者必去中国而适他国,而税额必为之大减。夫西洋诸国,往往重税外来之货,而减免本国货税,以畅其销路。今中国丝茶两宗,虽不必减税,亦不宜加税。但使地无闲旷,则产之者日益丰,而其价日益廉,即出口之货日益多,不特于税务有裨,亦为民兴利之一大端也。

一曰制造之利。英人用机器织造洋布,一夫可抵百夫之力,故工省价廉,虽棉花必购之他国,而获利固已不赀,每岁货价之出中国者数千万两。中国海隅多种棉花,若购备机器,纺花织布,既省往返运费,其获利宜胜于洋人。然中国虽有此议而尚无成效者,何也?创造一事,人情每多疑沮,其才足以办此者,苦于资本难集,而一二殷商,又以非所素习而不为,此大利所以尽归洋人也。窃谓经始之际,有能招商股自成公司者,宜察其才而假以事权,课其效而加之优奖,创办三年之内,酌减税额以示招徕,商民知有利可获,则相率而竞趋之。迨其事渐熟,利渐兴,再为厘定税章,则于国课必有所裨,推之织毡、织绒、织呢羽,莫不皆然。夫用机器以代工作,嫌于夺小民之利。若洋布以及毡绒呢羽,本非出自中国,中国多出一分之货,则外洋少获一分之利,而吾民得自食一分之力,夺外利以润吾民,无逾于此者矣。

是故中国之于商政也,彼此可共获之利,则从而分之;中国所自有之利,则从而扩之;外洋所独擅之利,则从而夺之。三要既得,而中国之富可期,中国富而后诸务可次第修举。如是而犹受制于邻敌者,未之有也。

资料来源:(清)薛福成《筹洋刍议》(1879年)。

第三章 洋务运动中的企业管理

19世纪60~70年代，以曾国藩、李鸿章、左宗棠、张之洞为代表的清政府"洋务派"官员，以"自强"为名先后举办了一系列的近代军事工业。70年代以后，又在"求富"的名义下举办了大量的近代民用工业。洋务企业创办和经营过程中，洋务大吏、洋务派思想家和企业家积累了丰富的企业管理经验和思想，这些思想涵盖了企业经营决策以及生产、技术、财务等多方面。

第一节 洋务官办和官督商办企业

一、官办工业企业

在"自强"思想支配下，曾国藩、李鸿章、左宗棠、张之洞等人从1865年起先后办起了金陵制造局、江南制造局、福州船政局、天津机器局、湖北枪炮厂等一系列以军工为代表的洋务企业，从而开始了近代历史上洋务运动。在短短几年中，就已经具备了铸铁、炼钢以及机器生产各种军工产品的能力，产品包括大炮、枪械、弹药、水雷和蒸汽轮船新式武器，用于装备近代化的军队。到1894年，洋务派共创办了24个军工企业。

洋务派近代军事企业都是仿效西方资本主义机器大工业的生产方式建置的，采用了机械化程度相当高的近代生产技术。如江南制造局，其设备除了收购美商旗记铁厂的全部机器设备外，其他的都是从国外陆续采购的，至1891年，已有车床、刨床、钻床等工作母机662台，蒸汽动力机361台，可以说是一座机械化程度很高的军事工厂。其他如福州船政局、天津机器局等，机器设备也都比较齐全。所以，从洋务军事企业的机器设备和技术看，已经是资本主义机器大工业的生产力了，体现了生产技术的重大变革。江南制造局由当时最有炮局管理经验和才干的丁日昌负总责，下设财务、物料收发、生产监督等部

第三章 洋务运动中的企业管理

门,各有专人负责。这种划分成为以后各厂的样板。洋务官僚都十分重视科技和科技人才,李鸿章就说:"中国欲自强,则莫如学习外国利器,欲学习外国利器,则莫如觅制器之器,师其法而不必尽用其人。欲觅制器之器与制器之人,则或专设一科取士。"左宗棠认识到要实现科技强军,就要对引进技术进行消化和吸收,为此,必须培养驾驶和造船人员。用他的话来说"兹局之设,所重在学造西洋机器以成轮船,俾中国得转相授受,为永远之利,非如雇买轮船之徒取济一时可比。"

洋务派所办的军事工厂采用了新型的雇佣劳动制度。洋务企业的工人不再是封建的服徭役,而是从社会上招募来的而且付给工资的。李鸿章曾对清政府试图减少天津机器局工人工资时说:"该局所雇华匠……若停减制造,量予半价,在彼不足自赡,势仍散归洋厂",这说明当时洋务企业内的工人是以工资来决定去留,是一个自由出卖自身劳动力的无产者。

洋务军事企业机器大生产方式的采用,客观上必然促使洋务派采用近代化的一套生产经营原则和管理制度,如江南制造局在收购旗记铁厂后,除吸纳了旗记的原班人马外,原旗记铁厂的若干管理制度和生产组织形式也移入了江南制造局。在官办企业的所有行政管理层中,人员的来源有三种:一是在职官员;二是地方士绅;三是洋人。他们一旦进入就被授以官品,即成为政府官员,但都是属于聘用制,负责主持企业的官员可随时予以解聘。从这一点看,洋务的官办企业也不同于封建机构,而是属于一种资本主义性质的企业。

但是,洋务军工企业较多地留有封建衙门式的遗留,普遍经营混乱,人浮于事,贪污腐败相当严重,致使产品质量粗劣,企业效益低下。官办企业在管理组织上是一种高度集权制形式。每个企业都有政府委派的总办具体负责管理,总办对企业的组织结构设置、人事安排、生产管理等具有较大的权限,但由于总办是一亦官亦商的身份,所以总办的任免以及相应权限,都是由政府官员直接控制和操作的。而且,企业的生产计划、资本运作、产品流向等,总办(管)也没有权力进行构设,都是取决于政府官员的决策。官办企业每两三年由主管官员开列清单,写上"毫无浮冒"字样,向清朝廷"实报实销"。朝廷在审核中,虽然有时也对其中某些项目的支出提出疑问或不准报销,但是,经主管官员申辩,最终还是获准报销。这种"实报实销"的"造办"就"非真帐也"。据披露,江南制造局购买物料,经总办议定价值后订立承揽合同时,"照原价加二五(如价10两者书作12.5两之类,余类推)。此二五为总办及亲信人所得,其余库房及经手人等又于原价之内索回佣"[①]。又如汉阳铁政局,

---

① 《中国近代工业史资料》(第三辑),三联书店,1961年。

"综计官办时代,用银五百六十余万,除厂地、机炉可作成本二百余万两外,余皆系浮费,于公司毫无利益"。

时人胡燏棻分析官办工业之所以失败,"推其病原厥有三故:各厂之设也,类依洋人成事",而洋匠"往往仅晓粗工,不知精诣";"厂系官办,一切工料资本每岁均有定额,即有自出心裁,思创一器者,而所需成本,苦于无从报销",而且技术创新本是风险事业,需大量的投入,"今中国之工匠,既无坚忍之力,国家又别无鼓舞之途,遂事事依样画葫芦,一成不变";而"外洋各厂之工头匠目均系学堂出身,学有本源,而其监督总理之人,无不晓畅工艺,深明化重光电算学之学,故能守法创法,精益求精"①。这说明洋务官办企业在管理上存在严重不足。

二、民用企业兴起

随着洋务运动的发展,到19世纪70年代"求富"便成为洋务运动的中心目标。其原因在于,一方面,随着洋务运动的发展,洋务派逐渐感到财政的困难,兴办军事工业和建立新式军队所需要的巨额经费、原料和燃料供给、新式陆海军的后勤保障以及近代交通运输与电信等项建设的配合均不能得到满足。洋务派逐渐认识到西方国家的富强除船坚炮利外,还在于他们拥有雄厚的经济实力,为此李鸿章提出了洋务的发展"非铁不成,非煤不济","今日当务之急,莫若借法以富强,强以练兵为先,富以裕商为本"②。所以,继创办军工企业以后,洋务派又创办了机械、炼铁、采煤和交通等民用工业。另一方面,外资在华非法开办工厂获得高额利润,也使洋务派十分羡慕。李鸿章认为,"洋轮攘利已久,当筹抵制,今倡为华轮,洋布洋纱为大宗,苟不自仿造何以塞漏卮,而利民用"③,可见他们创办民用工业既为巩固军事工业、增加财政收入、开辟兵饷来源,又有抵制外国资本主义入侵并与之竞争的意图。

基于这种认识,从19世纪70年代开始,洋务派在继续"求强"的同时,又着手兴办以"求富"为目的的民用工业。轮船招商局、矿务局、电报局等于是相继出现。1872年,李鸿章主持在上海建立了轮船招商局,并在天津、牛庄、烟台、汉口、福州、广州、香港、横滨、神户、吕宋、新加坡等地建立了分局。这是洋务派创办的第一个民用企业。招商局开办仅三年时间,就为清政府回收了1300多万两银子,打破了外国航运公司的垄断局面。中国近代矿业是从机器采煤开始的。1875年5月,清政府同意李鸿章等人分别在直隶和

---

① 《变法自强事宜》,《光绪政要》第十七册第21卷。
②③ 中国史学会编:《洋务运动》(第五册),上海人民出版社,1961年。

第三章 洋务运动中的企业管理

台湾试办煤矿，后来台湾基隆煤矿成效显著，年产量达到5.4万吨，它是中国第一座近代化煤矿。1877年，李鸿章派人筹建开平矿务局，于1879年开始使用外国机器开采，产量逐年激增，至1889年已达24.7万吨，有力地抵制了洋煤的进口。1890年，两广总督张之洞为了抵制洋铁入口，开工兴建汉阳铁厂，至1893年全部竣工，该厂设备先进，拥有10个工厂，3000多名工人，所生产的铁除了供应本国外，还出口到美、日等国。

此外，电报业、轻纺工业也在此期间得到大力发展。到了19世纪90年代，洋务派共创办民用企业29个（含煤矿11个，各种金属矿12个，钢铁厂2人，纺织厂4个），兴办了一批交通运输业。总之，在洋务运动的推动下，中国的民用工业得到了迅速发展。

第二节 官督商办企业的管理

一、官督商办

李鸿章于1872年在上海创办的轮船招商局就规定招商局的性质是官督商办企业。所谓"官督商办"，就是以招商的方式，在政府监督下，利用商人资本，创办民用工业。官督商办企业的经营方针一般公认是李鸿章在倡办轮船招商局时提出的"由官总其大纲，察其利弊，而听该商等自立条议，悦服众商"①和"所有盈亏全归商认，与官无涉"②。官督商办企业在其创办初期除得到政府部分垫款外，还曾得到减免税收、贷款补贴、加工订货等不同形式的支持。官督商办的出现在早期适应了中国资本主义发展的需要。对于它早期的历史作用，郑观应当时评述说"全恃官力，则目资难筹；兼集商资，则众擎易举。然全归商办，则土棍或至阻挠；兼倚官威，则吏役又多需索。必官督商办，各有责成，商招股以兴工，不得存心隐漏，官稽以征税，亦不得分外殊求。则上下相维，二弊俱去"③。官借商资，商倚官助就是官督商办形式的基本内涵，也是其创办初期官商双方的理想。

"官督商办"的基本原则包括两层含义：首先，界定了分配原则，即"官

---

① 《李文忠公全书·译署函稿》第1卷。
② 《李文忠公全书·奏稿》第20卷。
③ 《郑观应全集》（上册）。

督商办"企业没有政府的股份,因此,不承担企业风险,但由于企业创建时缺乏资金,政府以借贷资本的形式垫付了大量的款项,不论企业盈亏,都以官利的形式按期付息。其次,界定了经营管理原则,即"由官总其大纲",而盈亏由商人负责,经营管理大权掌握在官府委派的洋务派大官僚手中。

不过,除了这些总的原则之外,无论是李鸿章还是其他官方创办人,对官督商办组织都没有任何明确的制度上的总体规划。官督商办的具体方法是先由官方提供部分官款作为垫借款拨给企业,用于购买机器设备和作基建经费之用,同时指定官僚或与官方有某种联系的商人出面承办,向民间募集资本并经营企业,待企业经营有所得后,再陆续归还政府垫支的官款。1872年开始筹办的轮船招商局是近代中国第一个官督商办企业。80年代前后官督商办企业普遍发展起来,至甲午战败(1895)以前,中国共有官督商办企业30余家,主要集中在采掘、航运、保险等方面。

二、官督商办企业的性质

官督商办企业和官办军工业具有本质的不同,它已经具备了初步的企业性质。

首先,这些企业的生产主要是根据市场需求而组织的,其产品的全部或大部分用于供给市场。官督商办企业虽然经由洋务派官僚发起创办,其最初目的往往也着眼于军事需要。但是企业在创立之前,都经过了较为慎重的市场分析,这一点已不同于军事工业。1883年开平煤矿开掘前,李鸿章派唐廷枢并邀英国矿师马立师(Morris)去唐山开平实地勘测,并带回煤块铁石的样品进行化验,确认含量较高,同时唐廷枢作了一份详细的有关煤矿的筹建预算、开采、运输等方面的报告。另外,企业的经营主要是按照市场规则来运行的,产品的成本、价格都要经过核算。商品生产已经成为企业的主要经济活动。开平矿务局"虽系官督商办,究竟煤铁仍由商人销售",一切"仍照买卖常规","所有生熟铁至津,按照市面价值,先听机器局取用,煤照市价先听招商局、机器局取用。其余或在津售,或由招商局转运别口销售"[①]。

其次,企业的组织形式已具备了初步的股份制企业性质。企业资产以股份为单位,发行股票。从企业初期资本构成看,官款居于主要地位,但官款只表现为贷款而非企业自有资本。随着招股活动的发展,私人资本已在企业资本中居于主要地位。既为股份制企业,就得考虑股东在企业中的权益。开平章程明

---

① 《察复遵批议开平矿务设局招商章程》,孙毓棠:《中国近代工业史资料》(第一辑下册),科学出版社,1957年。

文规定大股东可派代表入局,"股份一万两者,准派一人到局司事","所有各厂司事必须于商股中选充。"在利润分配上,"每年所得利息,先提官利一分,后提办事者花红二成,其余八成按股均分"①。在股票的发行方面,有三种方式在发挥作用:一是通过人际关系游说或人与人之间利益关系进行的招募或推销,这种方式在早期即企业的收益前景不明朗时尤其显得重要。二是利用分布于各地的钱庄票号和招商局在各地的分局作为股银的代收点。三是登报公开招募。

在洋务运动中,创办"官督商办"的企业有20多家,包括银行、煤矿、电报、铁路、纺织厂等。从形式上看,这些企业已经具备了现代股份公司的某些特征,正如轮船招商局在其章程中明定:"轮船之有商局犹外国之有公司,原系仿造西商贸易章程集股办理";上海机器织布局为"中国试行西法"而创立的公司;漠河金矿则"仿照西国公司之法,召集股本二十万两"等。这些"官督商办"也确实采取了许多西方股份有限公司的做法,如发行股票,公布公司章程,并在章程中规定公司的运作方式及股东的权利和义务。从《轮船招商局局规》中也可以看出,洋务派创办的"官督商办"式股份公司,已初步体现了现代股份公司的股份均等、账目公开、定期召集股东大会、设置商董等基本原则。

另外,官督商办企业完全采用雇佣劳动方式,聘洋技、雇华工,按照机器化大生产方式从事生产劳动。企业的生产目的是为了赚取利润,并通过利润的积累来实现企业的扩大再生产。所有这些都表明,官督商办企业已经初步具备了近代企业的性质。

三、官督商办企业在管理上的有益探索

对官督商办企业,洋务官员强调要仿照西法进行管理。如李鸿章在对唐廷枢草拟的《开平矿务局招商章程》的批示中指出:对厂章,必须"详考西洋各厂章程办法,悉心查核,参酌定议,会详核夺,以期经久无弊"。他强调:"摒除官场习气,悉照买卖常规",是办企业"最为扼要"之事。并指出,在用人上,"各厂司事人等,应于商股内选充,不得引用私人。除稽查税厘专派委员外,其余无须添派委员、文案及书差人等,以节糜费";在财务上,"煤铁银钱出入,即派司事随时登注流水簿,每月一结,每年总结。必应清楚明晰,俾众周知,勿任含糊";在开支上,"厂内督工司事工匠人等均量材酌给薪水,除薪水、饭食、油、烛、纸张等项开销公帐外,无须局费、公费等名

---

① 《察复遵批议开平矿务设局招商章程》,孙毓棠:《中国近代工业史资料》(第一辑下册),科学出版社,1957年。

目；其余酬应一切，无论何人皆不准擅用公款分文，违者议罚"。漠河金矿"章程"也经李鸿章改定。"章程"中对招股办法、经营管理、财务管理、利润分成等都作了规定。其中规定："司帐宜公举也。钱财出入为金厂之根本，况属公司，尤宜公办……拟将收支事务，由股本最大者公举保荐平素诚实有望之人，然后延订。将来如有亏空舞弊等情，一经查出，惟原荐主理直认赔，即在股本内扣还。凡经理银钱，非任劳任怨者不能称职，倘有人商借挪移，自当破除情面，一概回绝。即如总办员司等，除每月初二日给领薪水外，亦不得透支分文，以重公款。"这种仿效西方"公司"的经营办法，对企业经营起了维护和促进作用。轮船招商局、开平煤矿、漠河金矿在创办初期取得一定成效，正是履行"章程"有关管理规定的结果。

部分洋务官员意识到企业经营中的市场导向作用。张之洞在《劝学篇》中说："工学之要如何？曰：教工师"；"商学之要如何？曰：通工艺"。他还指出"精会计"还只是"商之末"；知道"工有成器，然后商有贩运"，也只算常识；他推崇的是："其精于商术者，则商先谋之，工后作之，先察知何器利用，何货易销，何物宜变新式，何法可轻成本，何国喜用何物，何术可与他国争胜，然后命工师，思新法，创新器，以供商之取求，是商为主，工为使也。"这超越了"工为体，商为用"的认识，强调按市场供求规律办事，了解市场信息市场居于工的主导地位。这样以市场导向来"思新法，创新器"，蕴含技术创新的意识。

一些官督商办企业也为追求效率作过不懈的努力。沈葆桢任船政大臣的福州船政局，将工人分成几类：有技巧的、无技巧的和体力劳动者，对最后一类实行最严格的控制。他们每50人编成一组，每10人编成一小组，由可靠的军官任组长。沈葆桢一开始就坚持，全体工人都要服从"军法"，这对沈葆桢来说，几乎是实现效率的手段。每个车间，工人被置于1名委员和2名监工之下。劳工必须遵守时间，监督办公室前钟楼上的一口大钟宣告时刻。工作完毕他们便一群群地被送回宿舍，分为三区，每区内排成两三行，消除了拥挤现象。每一区有高墙环绕，天黑之后禁止他们之间走动，以防止动乱。

洋务派还主张利用工资杠杆来管理企业的人力资源。沈葆桢注重物质的刺激，以此提高生产效率。所有工人都得到较高的报酬，更重要的是能够按时给付。无技巧工人一天干11小时，每月得到4.5~7两，有技巧工人待遇更好，而得到最高报酬的是那些领班，每月有21~49两，这在当时的劳动者中是相当可观的。沈葆桢的做法产生了预期的效果。正如一个法国海军工程师指出的，由于工人拿到了较高报酬，他们在官员指挥下"干得很出色"。当时不少的洋务派人士都意识到善用工资杠杆可刺激生产。如光绪三年，唐廷枢在

《通盘核算开平煤矿成本总论》一文中指出："中国每人每日工食银一钱有零，可挖煤千斤"，若提高他们的工资为"每人工食二钱，可取煤两吨半"。正因为此，随着企业生产效率的提高，不少行业里的工人工资也在逐步增长。

四、官督商办企业管理中的问题

（一）官夺商权

官督商办企业虽然是"仿西方之法"设立和运营的，但西方股份制企业普遍具有的一些特点，这些企业却并没有"仿"。如股东除按持有股份的多少相应承担企业的风险和收益外，还应有对企业经营情况的知情权、监察权和重大事项的决定权。这些权利在西方股份制企业中，一般通过设置和建立股东大会、监事会等机构得以实现。但中国企业没有设置这些机构，章程中没有提到这些内容。股东权利的体现除了获取"官利"一分以及在有"余利"时分得相应的一份收益外，参与权和监督权都无从谈起。李鸿章一开始并不打算把官督商办企业的经营决策权交给商人投资者。尽管他明白"官督商办"的"商办"即"商人管理"之意，却不希望股份公司中的商人投资者举行股东会议并组成董事会任命他们自己的管理者。19世纪70年代，李鸿章按官督商办模式倡办了三大企业，即1872年的轮船招商局，1877年的开平矿务局和1878年的上海机器织布局，这些企业开始都由商人经理主持，但官方的监督人很快就干预公司的事务。

这些企业首先服务于官方需要，如轮船招商局首先要保证运载漕粮，有事时还要运载兵员、军火甚至要迎送官员等；煤矿所产煤主要供应各官办机器局及海军舰船需煤，而且供应的必须是好煤，只有一部分次等煤在市场出售；电报局首先要拍发官报等。所以，除机器织布局产品体现"民用"外，其他营利性企业并非完全面向社会、适应社会的需求。这些企业首先不是"民用"，而是"官用"。由于首先服务于官方需要，没有真正按"买卖常规"办事，受官价限制，甚至还要无偿"报效"官府，影响利润和资金周转。

（二）官僚体制

虽然洋务官员对官督商办企业一再强调"商为承办"、"听商董等自立条议"、"商务应由商任不能由官任之"，但"官总其大纲"、"官为维持"的总方针决定企业始终都受政府大官僚的支配和控制，而非完全由商人经营管理。企业的用人、理财及经营方针都严格掌握在官方手中，总办虽具体负责经营，但诸凡章程议定、召集股本额、置办机器设备、财务收支、盈余分配和亏损处理等，都须向洋务派官僚察准。遇有揭控，官府还要随时派员整顿清理。官督商办企业大多是采取总办（或督办）、会办制度。总办由政府委派的官员充任,是代表官方的,实行集权专制;会办虽原则上说是由股份较大的股东中"公举"产生,但总办在决定会办人选时并不一定关注商情。1883年李鸿章在批准轮船招商局的"用人章程"时就明定:"专派大员一人,认真督办,用人、理财悉听调度","会办三四人,应由督办察度商情,秉公保荐。"按西方企业制度,既然商人入股组建企业,经营管理权当由股东行使权力,或由股东委托经理管理,股东是经济活动的主要参与者,他们有生产的决策权和经营的自主权。但在"官督商办"企业,决策权、监察权、高级经理人的任免权都不在企业,而在官府,由它总揽其大纲。

官督商办企业背离了民主管理原则,实行官僚衙门式的管理体制与家长式统治。这种管理体制的核心是"权利"的划分与运用,即以维护"官权"、"官利"为建立企业管理体制的最高准则,一切管理机制与职责的划分也以保障官权的顺利运用为准。官督商办的管理体制都具有"政企合一"的基本特征,而这种"官"和"政"又基本上是封建性质的,并以独裁的家长统治来维护官权的权威。

机构臃肿,用人唯亲,是洋务企业官僚管理体制的通病。洋务企业实际上都为封建官僚军阀所把持,成为他们各自捞取政治资本、壮大割据势力、摄取财富的阵地。如李鸿章之于江南制造局、上海机器织布局、电报局、招商局与开平煤矿等;张之洞之于湖北枪炮厂、汉阳铁厂、湖北纺织官局;左宗棠之于福州船政局、兰州织呢局等,从而形成了以企业为经济基础的各种政治派系。在这种格局下,任人唯亲习以为常,资本主义的用人、考核制度根本无法建立,造成企业机构臃肿,人浮于事。

官僚体制造成严重的官商作风。表现在企业管理人员严重脱离生产实际,脱离基层。主要负责人多在衙门做官,很难到厂。汉阳铁厂专任督办(盛宣怀)一旦到厂,"全厂必须张灯结彩,陈设一新,厂员翎顶衣冠,脚靴手本,站班迎迓"。企业决策全凭察报,"举措无当,全凭私臆"。较有成效的轮船招商局亦有"账目太浑"、"用人太滥"、"举措无当"、"假公济私"四大弊端[①]。在企业员工之间只有上下官阶等级之分,唯命是从,无民主协商的机制和气氛。重权力,轻管理与技术,忽视经济核算与劳动生产率的提高,造成管理无定制,材料消耗无定额,致使贪污成风,浪费惊人。

(三)官僚决策

企业决策官僚主义盛行,没有认真进行科学论证、遵循经济规律、讲求经济效益。丁宝桢在创办山东、四川机器局时,"其志务自强,是以仿用西法,

---

① 《洋务运动》(第六册)。

第三章 洋务运动中的企业管理

不用西人",结果因未得制造"真诀",引进机器不全,用手工代替,生产出来的洋枪"枪筒大小不能划一,后门枪弹多有走火,又多不能合膛",成为废物,"以更贵之价,铸无用之枪,殊不合算"。张之洞把筹办中的炼铁厂,随着他的调任,从广东移到湖北。湖北有大冶铁矿,却没有可提供炼焦炼铁的大量煤矿。在此情况下,张之洞不是把厂址选在原料产地大冶,而是选在汉阳,不仅使煤炭从开平远途运送,铁矿也要从大冶运到汉阳,使炼铁、炼钢成本大大提高。反之若把厂址选在大冶,即可节省许多运费,成效将大不相同。再如进口炼钢炉,张之洞也没有根据铁矿含磷量进口适宜的炼钢炉,而是随意引进了英国造的酸法炼钢炉。这种炉不适宜炼大冶开采的含磷量多的铁矿,结果,炼出的钢含磷量多,容易脆裂,不能作钢轨之用。

(四) 官利制度

"官督商办"企业普遍采取"官利"形式,公司规定自股东入股之日起,不论盈亏,每年都必须按规定向股东支付固定利息,股东亦由此变为债权人。官利制度的特点在于,只要购买了企业的股票成为股东,就开始享有从该企业获取固定的利率即官利的权利;如果企业经营得好,股东还分得余利。由于官利的这些性质,股东对于公司而言不仅是投资人,而且是债权人。股票不仅是投资证券,而且具有公司债券的性质。官利制度的存在对于中国近代公司制度的演进而言,是一把"双刃剑",它一方面是企业经营的负担,另一方面,它迎合了中国人传统的投资心理和传统的筹资方式,使得具有制度创新性质的股份公司在近代中国的发展、演进具有更为现实的基础。"官利"制度虽然一时鼓动了商人的投资热情,但从长远来看,却贻害无穷。它扭曲了商人的投资意识,将公司当作旱涝保收、毫无风险的存钱机构,淡化了股东的股权意识和参与意识,不利于建立有效的内部治理结构;同时也妨碍了公司的自身积累和发展,使企业背上了沉重的债务包袱,从而导致公司营运资金长期不足,以致亏折、倒闭。①

补充材料:轮船招商局章程(1873年7月)

一、办事商董拟请预先选定,以专责成也。商局设于上海,议交唐丞廷枢专管,作为商总以专责成。再将股份较大之人公举入局,作为商董协同办理。

---

① 邹进文、姚会元:《近代股份制的"中国特色"——试论清末股份企业的"官利制"》,《中国经济史研究》1996年第4期;朱荫贵:《引进与变革:近代中国企业官利制度分析》,《近代史研究》2001年第4期;张忠民:《近代中国公司制中的"官利"与公司资本筹集》,《改革》1998年第3期。

兹查有候选州同朱其莼、候选郎中徐润均寓上海，拟为上海局内商董。天津分栈则拟举宋缙为商董。汉口、香港、汕头三处，皆将来轮船分赴揽载之区，拟举刘绍宗、陈树棠、范世尧三人充当商董，分管汉口、香港、汕头三处事务，俾期联络。以后如另有别口贸易或遇附入股份较大者，再行酌量选充。

二、轮船归商办理，拟请删去繁文以归简易也。查商人践土食毛，为国赤子，本不敢于官商二字稍存区别，惟事属商办，似宜俯照买卖常规，庶易遵守。兹局内既拟公举商董数名，协同商总料理，其余司事人等必须认真选充，不得人浮于事。请免添派委员，并拟除去文案、书写、听差等名目，以节糜费。其进出银钱数目，每日有流水簿，每月有小结簿，每年有总结簿。局内商董司事公同核算，若须申报，即照底簿录呈，请免造册报销，以省文牍。

三、局内需用经费，拟酌定数目以示限制也。事无撙节，断难经久。兹拟局内商总董事人等，年中辛工饭食以及纸张杂用，拟于轮船运粮揽载水脚之内，每百两提出五两以作局内前项经费。其栈内经费则酌将耗米开支，船内经费则将所定船内月费开支，统俟年终核计。一年所得水脚银两，除每百两提去经费五两，又照各股本银每百两提去利银十两之外，如有盈余，以八成摊归各股作为溢利，以二成分与商总董事人等作为花红，以示鼓励。其分派花红之处，随时公同核议。

四、兑漕交漕请分任以资熟手也。查交收漕粮向来朱守其昂经理多年，情形熟悉。兹轮船运粮，所有在沪收米在津交米各事，仍归朱守一手办理。拟将运粮所得水脚，每百两提出五两，专为朱守办公之用。似此交收粮米之事，系朱守其昂专司。而轮船各务，凡局内船内之事，系唐丞廷枢专司。各尽各职，庶免掣肘而专责成。

五、轮船应领中国牌照，归新关完税，以免洋商借口也。查中国船只向归老关完税，惟此时创办轮船，若非统归新关，洋人必定借口。前经总理衙门议有轮船夹板章程，自应按照定章办理，赴本口监督衙门请领牌照，遵用中国旗号，归新关按照洋商税则完税。

六、栈房轮船均宜保险以重资本也。栈房原为轮船利于装卸起见，客商货物应由原人自行保险。惟所存漕粮一时未能运竣，万一失火，关系匪轻，应由商局向保险行保火险。至海面水险一层，保费较重，虽经人奏有案，并未奉准。应请仿照沙宁船定例，遇风沉没，准商局禀请豁免。至轮船船价甚巨，亦应保险。惟每年每船约需保费万金，决非长策。应请俟三年之后，将所得余银除提利息花红外，另列一保险公款，自行保险。俟保险资本积有巨款，不但可保自船，即他船亦可兼保，一起两得，其利自溥。

七、海运局交收漕粮，拟请仍照沙船向章办理，以免歧义也。查沙船领运漕粮，在上海则由沪局交米到船，及船抵天津，由津局收米过驳。是沙船只管运米之事，不管交米收米之事。今漕粮酌拨轮船领运，自应仍照沙船向章。凡漕粮在沪时，由沪局交至上海栈房码头，迨轮船抵津，则由津局在津栈房码头验收。过驳轮船专责，亦系只管运米，倘粮米在船在栈，未经海运局验收，遇有短缺，自应惟轮船商局是问。至运粮水脚以及耗米麻袋，并准免成税。均请仿照沙宁各船向章办理，俾示体恤。

八、轮船宜选择能干之人学习驾驶，以育人才而免掣肘也。夫不精于针盘、度线、风潮、水性者，不足以当船主。大伙不识机器水器者，不能管机器。此辈中土不多，即中土有可用之人，洋行亦不保险。开办之初，似应向保险洋行雇用外洋人船主大伙等项三五人，仍派能干华人副之，俾可留心学习。将来学有成功，商局所提保险资本又积有巨款，则可全用华人驾驶矣。

轮船招商局规

一、招股合资置办轮船、起造码头栈房、为装运漕粮及揽载各口客货而设。其资本以一百万两为率。先收五十万两，作为一千股，每股五百两。俟生意畅行，船只需加，或按股添赀，或另招新股，届时再行集众商办。

二、总局设立上海，名曰轮船招商总局，其各口为分局。如天津名曰轮船招商津局，其他仿此。除中土通商口岸之外，东洋、吕宋、安南、暹罗各国，将来均可体察生意情形，添设分局以扩充之。

三、选举董事，每百股举一商董，于众董之中推一总董，分派总局各局办事，以三年为期。期满之日公议，或请留或另举。仍由总局将各董职衔、姓名、年岁、籍贯开单，禀请关宪转详大宪存查。

四、商总为总局主政，以一二商董副之。如商总公出，令商董代理。其余商董分派各分局任事，仍归总局调动。商董若不称职，许商总禀请大宪裁撤，另行选举。商总倘不胜任，亦应由各董联名禀请更换。

五、总局、分局、栈房、司事人等，由商总商董挑选精明强干朴实老成之人，查明来历，取具保结方可任用。设有差池，惟经董原保是问。其轮船之主、大伙、铁匠、司事、水手人等，归总局选用，仍须查明来历，取具保结，毋得徇情。

六、总局分局逐日应办事宜，应照买卖常规办理。遇有紧要事件，有关局务以及更改定章，或添置船只、兴造码头栈房诸大端，须邀在股众人集议，择善而行。弗得偏执己见，擅动公款，致招物议。

七、各分局银钱出入数目，按船逐次清釐，开列细账，连应解银两一并寄交总局核收。每届三个月结小总，一年汇结大总，造册刊印，分送在股诸人存查。平时在局收付诸账，任凭在股诸人，随时到局查阅。

　　八、总局银钱，由商总会同商董选择殷实钱庄，存放生息。务宜格外留心，以免疏虞。倘有拖欠短缺，惟经手是问。

　　九、本局专以轮船运漕载货取利，此外生意概不与问。毋论商总商董司事人等，均不准借口营私，任意侵挪。即薪水工食，各按定章，毋得逾越分文，亦不准丝毫挂宕。如有违规，一经察出，立即撤退并向原保追偿。

　　十、本国机器局如有商轮船，发给本局领用，应当按船议租。如华商中有轮船托本局经管，照所得水脚，每百两扣五两，以充局费。惟海运漕米，非本局在股船不装。

　　十一、本局刊立股分票取息手折，每股各收一纸，编列号数，填写姓名、籍贯并详注股分册，以杜洋人借名。其股票息折，由商总商董会同画押，益用本局关防以昭凭信。如有将股让出，必须先尽本局。如本局无人承受，方许卖与外人。一经售定，即行到局注册。但不准让与洋人。设遇股票息折遗失，一面到总局挂号，一面刊入日报，庶使大众咸知。俟一月后，准其觅保出结，核对补发。

　　十二、本局各账，以每年六月底漕米运竣之后，截止总结。凡有股分者，定于八月初一日午刻到总局会议。所有官利余润，亦于是日分派。其有在股者，或宦游他省，或经商别处，即将所给息折，或由总局或至分局，核数派付，听随其便。

　　十三、股分人内，或有年老归山，或因修短不测，其亲属人等欲将股票更换名号，必须先觅殷实之人，赴局出具保结方准。

　　十四、将来生意畅旺，必须添购轮船，增立栈房码头。除官利股息，其余溢之项，公同会议，酌量提留，以充资本。若生意平常，毫无余溢可提，或按旧股多招二成，或另招新股二成。倘仍复清淡，不敷缴费，势须停歇，邀集有股者会议，除官款缴清，按股派回。

　　资料来源：轮船招商局档案。

第四章 洋务企业家的管理思想

从事洋务运动群体中，既有奕䜣、曾国藩、李鸿章、左宗棠、张之洞这样的政府要员，也有冯桂芬、马建忠、薛福成、陈炽等政论家，还有一个重要的群体——洋务企业家。洋务企业家是洋务活动的执行者和实践者。本章介绍唐廷枢、盛宣怀、郑观应等洋务企业家的管理思想。

第一节 唐廷枢和盛宣怀的管理思想

一、唐廷枢的管理思想

唐廷枢（1832~1892），广东香山人。1851年开始在香港殖民政府中担任翻译。1858年，唐廷枢由香港来到上海，先在海关担任"副大写"，次年升任"正大写"兼总翻译。1861年，经人推荐，唐廷枢开始参与英商怡和洋行在长江一带的生意。此后10年间，唐廷枢积极从事各项贸易活动，提出了一些开拓性的建议，大大拓宽了怡和洋行的经营范围。这段经历，使唐廷枢积累了丰富的经营管理近代企业的经验，成为中国人中首屈一指的近代经营管理人才，同时也拥有了可观的财富。

经盛宣怀举荐和李鸿章邀请，唐廷枢1873年5月辞去怡和洋行买办职务，进入轮船招商局，同年6月被任命为招商局总办。当时轮船招商局因资金周转不灵而陷入困境。唐廷枢重新制定了《轮船招商局局规14条》，又草拟了一份"预算节略"，声称：轮船招商局现有4艘轮船，每年三个月运输漕粮，一个月维修船只，八个月揽载客、货，大致可以获利七八万两，利润相当可观。希望能够"多集二三百万资本，广购轮船，往来各口"，以广开利源。为此，他大声疾呼："各帮联络，共襄大局，使各口转运之利尽归中土"①。为了解决资金短缺问题，唐廷枢在召集商股方面下了很大功夫。他自己现金不足，便将南浔号轮船折价入股，又"因友及友，辗转邀集"，招商局的集股工作很快便大有起色。当年7月底，李鸿章在写给沈葆桢的信中说：轮船招商局近"又招致精习船务生意之粤人唐丞廷枢为坐局商总，两月间入股近百万，此局似可恢张"②。《申报》也刊载消息说：轮船招商局"近殊盛旺，大异初创之时，上海银主多欲附入股份者"。他还大胆开辟上海至日本长崎、神户等地的航线，筹办货运事宜，轮船招商局的运输业务也有了较大的改观。

唐廷枢还参与了开平矿务局的创办与经营。1877年9月，由唐廷枢、丁寿昌、黎兆棠三人会拟《直隶开平矿务局招股章程十二条》，准备在开平设局，名"开平矿务局"。章程规定了煤矿的性质、集资办法、经营方式、按股分成比例等内容。开平矿务局创建了一整套近代企业的规章和管理制度，如《煤窑规条三十三则》、《煤窑专条六十六则》、《煤窑要略巧则》、《洋人司事专条十二则》、《煤井规条十二则》、《开平矿务局规条》、《工厂规条十四则》、《窑工规条三十一则》等。开平矿务局的这些经营管理方法，直接影响着周学熙以后经办实业的思路。

开平矿务局大力引进西方先进技术和人员。开办之初，开平矿务局即引进西方国家先进的采煤技术和设备，使用西法凿井，在提升、排水、通风等环节上引进了以蒸汽为动力的机械设备。同时，还从国外高薪聘请工程技术人员到煤矿任职，到1878年底，矿局即"雇用了九个英国矿师与工头"。开平矿务局建有焦炭厂、砖厂、细绵土厂、开办了机器垦殖的农场，还在永平金矿、承平和建平银矿、中国铁路公司、天津煤气公司等企业中投股参股。

轮船招商局和开平矿务局是李鸿章主持创办的两个主要的民用企业，也是洋务运动时期两个规模较大、成效最为突出的企业，它们的成功都是在唐廷枢苦心经营下取得的。

唐廷枢经营招商局，"纯用西法管理"③；经营开平煤矿，他真正关心的是西法采煤可能获得的利润。在开采计划中，他对机器、器材、工资、运费和税收等项开支和产品的可能产量与市场的价格进行了详备的估算④。这些都体现了唐廷枢卓越的经营管理能力。

---

① 张国辉：《洋务运动与中国近代企业》，中国社会科学出版社，1979年。
② 吴汝纶：《李文忠公全集·朋僚函稿》，光绪三十一年至三十四年刊本。
③ 《上海远东月报》1878年6月，转引自《洋务运动》第八册。
④ 许涤新、吴承明：《中国资本主义发展史》（第二卷），人民出版社，1990年。

二、盛宣怀的管理思想

盛宣怀（1844~1916），江苏武进县人，1870年入李鸿章幕。1876年参与轮船招商局，1885年由其接办，此后经营管理长达18年之久。他主持创办的企业还有：中国电报局、山东内河小火轮航运公司、芦汉铁路、中国通商银行、汉冶萍煤铁厂矿公司以及湖北煤铁开采总局、华盛纺织总厂等。在清朝最后的10余年间，他还一度控制了铁路修筑的决策权，成为清末政治经济舞台上举足轻重的人物。

盛宣怀以官督商办为指导，谋求政府的支持，"以中国之官权，行西国之商法"。他认为在当时的情况下，"非商办不能谋其利，非官督不能防其弊"。盛宣怀经办的洋务企业得到了封建政府的大力保护和支持，享有许多优惠和特权。这些特权包括：享有清政府借贷款项的便利，以作为企业开办的资金；缓息免息的优惠；免税减税；经营垄断的特权。盛宣怀从政府那里争取到个别行业或特定领域、范围的经营垄断权。如轮船招商局在漕运上的专营权，以及上海机器织布局在纺织业内享有十年之内不得有人"另行设局"的特权等。① 这些特权的享有，使盛宣怀经办的企业能够在当时极为不利的环境中开办并发展起来。

在主张"官督"的同时，他也强调"商本商办"的重要性。盛宣怀始终坚持着"商本商办"、"筹国计必先顾商情"的思想②。他说："惜乎办商务而不从商字着力，终非持久之计"。在他受命草拟招商局的章程里，他明确提出可"委任宜专"、"商本宜充"、"公司宜立"等条。他强调商人的利益和"为商人设身处地"，认为商人在企业中的作用十分重要，只有发挥商人的积极性，才能做到"息息相通，生生不已"，从而使"利不自散，兵可自强"。

盛宣怀一贯主张召集民间资本办洋务企业，轮船招商局议办之初，他就极力提倡召集商股并为此而与朱其昂发生矛盾。1889年，张之洞倡办汉阳铁厂时，把他从烟台请到上海面议，盛与张的很大一个分歧就是用官本还是集商本的问题。看到招商局不断盈利，许多官员提出由政府将它收归国有。盛宣怀极力反对并努力争取李鸿章的支持，终于使招商局经营管理的独立性得以保持，商人的投资得到了鼓励，其结果不仅使招商局的资本扩充两倍，而且许多商人还被吸引去投资国内其他的近代企业。盛宣怀积极招徕商人入股洋务企业，原因是商人入股，其目的是"将本求利"，追求最大的利润，这样，商人势必将企业看作是"身心性命之图"，对于技术改造、生产成本、销售市场、交通运

---

① 吴汝纶：《李文忠公全集》（第19卷），文海出版社，1980年。
② 夏东元：《盛宣怀传》，四川人民出版社，1988年。

输等必然会"处处打算"，力求使产品"争胜于市场"。这是单纯的官办企业很难做到的。而且，盛宣怀在经营企业的过程中，也坚持按照"利商务"的原则。在经营轮船招商局时，建议仿照外国公司办企业的原则，官方客货一律收取水脚；在创办电报局之初，他也说："是以仿照轮船局章程，无论官商一律取资"。盛宣怀的这种做法，符合资本主义企业经营的要求。因此，正如费惟凯先生所说："就像现在一样，官僚政治、经营管理和经济效益的问题都是重要的变项。但是与同时代的其他企业相比，这些因素在盛氏企业中的消极作用比其他企业中少一些。"①

他重视人才的选拔、培养和使用。他与李鸿章在通信中明确表达了对人才重要性的认识，他说，"办事以得人为主"，"非有后起之人，亦必旋得旋失"。他坚持培养本土人才的重要性，"必候华人能自驾驶者，方能俯首听命"。他主张改革传统的科举制度，鼓励知识分子学习新学，创办新式学堂，培养新式人才。从1895年秋创办北洋大学堂起，在以后的10多年里，他先后创办了南洋公学（1896）、南洋师范学校（1897）、商务学校（1901）、东文学校（1901）、高等商务学校（1903）、铁路法文速成学校（1905）、商船学校（1911）等，其中尤以北洋大学堂和南洋公学最具特色。北洋大学堂，即今天津大学的前身，它的办学经费全由盛宣怀领导下的"招商轮船、电报两局捐集解济"。它是中国第一所工科大学，为后世中国新式大学的创办，提供了可供借鉴的范本。南洋公学，即今上海交通大学的前身，每年10万两经费同样来自轮船招商、电报两局的捐银，南洋公学的突出特点是对师范教育和基础教育的重视。这两所学校不仅培养出如蔡锷、邵力子、黄炎培、王宠惠这样的名人，而且培养出大批社会需要的人才。他还主张派遣留学生。为了缩短中西差距，解决社会急需的人才问题，盛宣怀认为派遣留学生是一条捷径。

第二节 郑观应的管理思想

一、对官督商办体制的认识

郑观应（1842~1922），广东香山人。16岁起赴沪经商，先后任英商宝

---

① [美]费惟凯：《中国早期工业化——盛宣怀与官督商办企业》，虞和平译，中国社会科学出版社，1990年。

第四章 洋务企业家的管理思想

顺、太古洋行的买办。因得到李鸿章赏识，被委以重任，位居上海机器织布局总办，又以商股身份参加洋务派企业管理。他还与他人合资兴办煤矿、金矿、缫丝、印刷、玻璃等新式企业。从1870年起宣传自己的主张，将自己与"中外达人"广泛接触中"侧闻绪论"和"时阅中外日报"所得的"安内攘外之道"发表出来。他先后出版《救时揭要》（后增删改名《易言》）、《盛世危言》、《盛世危言后编》等，阐明自己的经济管理思想和改革主张。

郑观应对官督商办体制的认识有一个从疑虑到肯定中饱含不满，再到尖锐抨击的发展过程①。

当初郑观应在太古洋行当买办，洋务派请他脱离买办，专任招商局帮常办时，郑"心若辘轳，殊难臆决"，一个重要的原因就是"虑官督商办之局，权操在上，不若太古知我之真，有合同可恃，无意外之虑。"②郑观应在这里对比官价商办的权操在上与太古洋行的有合同可依，透露出他对官督商办体制的疑虑之心。

郑观应专任招商局会办的一段时间里，他对官督商办体制基本上持肯定态度，对其弊病也作了一定程度的揭露和批评。郑观应认识到在洋货充斥，利权丧失的时代，若仅依靠商力兴办近代企业，与外人"商战"是十分困难的，必须要有官方的全力维持。"商务之战，既应藉官力为护持，而工艺之兴，尤必藉官权为振作"，"用官权以助商力所不逮"③。他明确指出采矿应用官督商办，"全恃官力，则巨费难筹；兼集商资，则众擎易举。然全归商办，则土棍或至阻挠，兼依官威，则吏役又多需索。必官督商办，各有责成：商招股以兴工，不得有隐漏；官稽查以征税，亦不得分外谋求。则上下相维，二弊俱去。"④

郑观应希望在李鸿章这样的实力派官僚的倡导、呵护之下使工商企业得到顺利发展。然而他对该体制的弊病也作了一定程度的揭露和批评。在《盛世危言》中，他多次谈及官对商人的侵夺、官对商务的危害。他说，中国的士大夫积习太深，不屑工商，其不贪肥者，则遇事必遏抑之，惟利是图者，必借端而朘削之，"于是但有困商之虐政，并无护商之良法"。

由于官督商办体制本身的弊端，官督商办企业并没有沿着洋务官员最初设计的轨道运行，实际运作中企业受到多方掣肘。1902年以后，最有成效的三大洋务民用企业开平煤矿被英商吞并，电报局收归国有，招商局被北洋袁世凯

---

① 杨华山、王辉：《郑观应论近代企业管理体制及其成本思想》，《台州师专学报》1999年第4期。
② 郑观应：《郑观应集》（下册），上海人民出版社，1988年。
③④ 郑观应：《郑观应集》（上册），上海人民出版社，1988年。

攘夺。郑观应个人也遭受打击，他对官督商办体制给予了尖锐的抨击，在其《商务叹》长篇叙事诗中，郑观应历数了官夺商权的情况。"总办商董举自官，不依商律由商举"，"名为保商实剥商，官督商办势如虎"①。历史发展到20世纪，官督商办体制早已失去了它对中国资本主义工商业的催生和推动作用，相反成为民族资本主义发展的桎梏。关于如何解决官督商办问题，郑观应提出了"全以商贾之道行之，绝不拘以官场体统"的总原则。②

资料：商务叹③

富强由来在商务，商出农工须保护。
商律颁行宜认真，精其事者管商部。
农工学生虽卒业，未经历练毋轻雇。
中华矿产冠五洲，自然之利天所与。
取之不竭用不穷，矿路宏开国自裕。
可惜民间习气深，开采每为风水阻。
风水岂能阻外人？徒为外人守其土。
试看奉天可类推，不识时务惟泥古。
且叹开者资本轻，用然举办无次序。
不先钻穴验矿苗，往往无效失资斧。
虽闻漠河获利厚，无如饷重贼难御。
轮船电报开平矿，创自商人尽商股。
国家维持报效多，试看日本何所取。
办有成效倏变更，官夺商权难自主。
开平矿股价大涨，总办擅自合洋贾。
地税不纳被充公，利失百万真乳腐。
电报贬价归国有，不容商董请公估。
轮船局权在直督，商欲注册官不许。
总办商董举自官，不依商律由商举。
律载大事应会议，三占从二有规矩。
不闻会议集众商，股东何尝岁一叙。
不闻岁举查账员，股息多少任所予。
调剂私人会办多，职事名目不胜数。
不洽舆情无是非，事事输入糜费巨。

---

①②③　郑观应：《郑观应集》（上册），上海人民出版社，1988年。

第四章　洋务企业家的管理思想

用非所学弊端多，那得不受外人侮。
名为保商实剥商，官督商办势如虎。
华商因此不及人，为丛驱爵成怨府。
忆余会办轮船局，龙旗两换安海宇。
代购沪东两码头，获利百万非无补。
宏羊底事受排挤，嫉恶如仇性愚鲁。
熟读中外平准书，感慨时艰告君父。

二、经营管理思想

郑观应经营企业有着明确的成本效益观念。他说："商务一端必须统筹全局，果有把握而后可行。"所以，创办企业之始，必须小试其端，先立于不败之地，然后逐渐推广，方可有功。如果"亟求速效，务广而荒，必至一蹶不振。"① 又说凡创办一事，无论大小，必须计其出入有盈无亏方可举办。他在致彭汝琼请辞上海机器织布局会办的信中述说了类似的理由："如欲创设商业大公司，应预筹成本，邀股商富绅集议、研究核算有利可图"，手续俱全时才可"登报招股"②。即使有利可图，在企业生产、销售过程中还要加强经营管理，采取多种措施杜绝无谓省耗，以降低成本，获取尽可能多的利润。

郑观应深知洋务企业人为的糜费现象非常严重，不解决这一问题，企业很难获取应得的利润甚至亏本。在这些糜费中，除"报效"官府之外，还有官吏的侵剥，支付众多的督办、总办、会办、提调等人的商额薪酬，外加他们的挥霍浪费、贪污中饱、还要负担各级官僚、主管人员荐举的许多闲人，企业类似官府衙门，成为人们争名逐利之所。"我国创一厂，设一局，动称官办，既有官，又有总，更有会办，提调请名目，岁用正欲以数百万计，其中浮支冒领供挥霍者不少，肥私囊者尤多，所以制成一物价比外洋昂率过半。"③郑观应在《商务叹》一诗中说：招商局"调剂私人会办多，职事名目不胜数"，他对此解释说，"改归直隶总督管辖，札委会办、坐办、帮办共八人，提调、稽查、监事共十三人。"④要革除这一恶劣现象必须改变企业的管理体制，不用官办而用商办，悉听民间自行开设厂矿，企业无冗工，无滥食，计工授食，不仅成本降低，而且制造日精，也就是他所说的"全以商贾之道行之，绝不拘以官场体统"，这样自然可以增加企业利润。

他重视引进先进技术，采用机器生产。当时中国企业的设备和生产技术普遍较西方落后，无法与外国用先进机器生产的商品竞争。泰西"无物不用机

---

①②③④　郑观应：《郑观应集》（上册），上海人民出版社，1988年。

器,既事半而功倍,亦工省而价廉,一切所制又复精巧绝伦,故能运之来华,推行尽利"。而中国"苦于无机器,以致窳劣不精,难于销售"。①丝、茶本为中国出口货物的最大宗,但外国制茶"用机器以代人工,力匀而工省,精制而易成";外国又用显微镜检查病蚕而去之,故所养之蚕较中国出丝恒多三倍,由于制茶、养丝之法不如外国,致使丝茶出口日减。郑观应认为:"商务之盛衰,不独关物产之多寡,尤必视工艺之巧拙。有工以翼商,则拙者可巧,精者可精。"②因此他强调必须讲究工艺,提高生产技术,以改变"制造不如外洋之精,价值不如外洋之廉"的不利局面。要达此目的,必须"以制造为急;而制造之法,以机器为先"。郑建议设立专厂仿造外国机器,各种机器能够自造,则各种货物也能自造,有机器替代人工,生产出价廉质美的产品与洋货竞争。郑观应主持上海机器织布局期间,聘用美国人丹科为总技师,主持购机建厂事宜,丹科对中国原棉进行科学的试验,根据中国棉花纤维较短的特点,让美国厂家对纱机进行改进,使其更适合中国原料,成效显著。郑观应还较早地派人去美国学习棉花的种植和加工。

郑观应重视健全账目查核制度。加强核算,建立健全近代会计、审计制度,这是企业近代化的一个重要标志,也是近代企业管理的一项重要内容。洋务企业成本高、利润低的重要原因之一是会计、审计制度不健全,账目混乱,有名无实,公私不分,任意挪欠甚至损公肥私、贪污中饱现象严重。郑观应晚年感叹招商局"不闻岁举查账员,股息多少任所予。"他指出,招商局所存各船一切器皿及动用物件虽系总船主经营,但无进出殊目,而栈租仅由管栈者自收,往往以多报少甚或私吞。他建议收栈租之单宜出联票,由总局账房核准,加盖图记。他推崇西方公司的会计审核、账目公开制度。董事、总办举定之后,"另举一极精书算之人,按月一查账目",每年总办将账目生意情形刊成清册,登诸日报,俾众周知。③他说这是西方公司的通例,中国工商企业应仿行此制,以加强财物管理。

郑观应对企业用人问题有深切的思考。晚清洋务企业最大的弊端,是冗员充斥,人浮于事,从而人为地带来产品成本的提高,严重地削弱了企业的市场竞争力。对此,郑观应以银行业的发展为例尖锐地指出:"银行既设,各处皆设分行,其中账房需人,司事需人,书契需人,招徕商客又需人,大行数百人,小行数十人,用人既多,钻谋必众。附股有荐举,亲友有恳求,达官显宦有嘱托,远近踵至,良莠不齐,偶有疏虞,即生弊窦。薪水或支用过度,钞票或作伪混行。甚至荐托愈多,无众位置,推而却之,恐碍情面,乃提送干脩,

---

① ② ③ 郑观应:《郑观应集》(上册),上海人民出版社,1988年。

第四章 洋务企业家的管理思想

少则数金,多至数十金,年复一年,漏卮无底。是皆有损于银行而贻无穷之弊者也。"① 他认为:"西人胜于我者,以能破除情面,延揽人才,官绅属托有所不顾,亲友推荐有所不受,是以所用司事人等不但事情熟悉,且为守兼优。董事由股东而举,非商务出身者不用。"鉴于西方国家的做法,郑观应认为在人事管理上,有必要从以下几个方面着手:

(1) 由股商公选他们信任的、能维护其利益的人进董事会。郑观应提出:"一切应办事宜,由股商中慎选一精明干练、操守廉洁之人,综计出入;另举在股董事十人,襄赞其成。"为督促董事会努力工作,维护股商利益,郑观应还提出对董事会诸公,应"重其事权,丰其禀饩,激以奖劝,警以刑诛,庶利多而弊少耳"②。

(2) 公司用人实行保荐人连坐法,督促保荐人推举优秀的人才。郑观应指出,若保荐人"荐而作弊,举主作之,倘有亏蚀,荐主罚赔"③。

(3) 用人应坚持能力主义,反对任人唯亲。当时企业倾向于在亲朋好友中选择管理人员。郑观应被委派主持经营上海机器织布局时,强调要"求声誉素著之人以联众志",也就是甄选确有真才实学、众望素孚的企业人才。他后来担任轮船招商局帮办,曾针对这该局存在的弊端,亲手制定《救弊大纲》十六条,强调"救弊必变法,法不徒行,贵在得人"。他主张对人才的选拔和使用,一是任人唯贤,量才录用。凡属有才学者,一经任用,便"重与事权";"有不肖者,虽总办之至亲至友,立即辞去"。他认为用人要按功过明定赏罚,"勤核功过,责任必分而始专,考察则合而愈显,赏罚所在,荣辱系之。上下联属,巨细毕贯"④。

三、商战思想

郑观应强调商业的地位和作用,提出"以商立国"。郑观应曾说:"商务者,国家之元气也;通商者,疏畅其血脉也",认为"商贾具生财之大道,而握四民之纲领"。郑观应把商务提到如此高的地位,主要是基于对时代变化的认识。他说:"中国以农立国,外洋以商立国……古之时,小民各安生业,老死不相往来,故粟布交易而止矣。今也不然,各国并兼,各图利己,藉商以强国,藉兵以卫商,其订盟立约,聘问往来,皆为通商而设。英之君臣,又以商务开疆拓土,辟美洲,占印度,据缅甸,通中国,皆商人为之先导。彼不患我之练兵讲武,特患我之夺其利权,凡致力于商务者,在所必争。"他分析了世界经济和政治形势的变化,认识到必须摒弃陈旧的"崇本抑末之旧说",切实

---

①②③④ 郑观应:《郑观应集》(上册),上海人民出版社,1988年。

认识到"商之义大矣";大力"振兴商务",像"泰西各国"那样,实现"商务日振,国势日强,民生日富"①。

以"商"立国是郑观应"商战"思想的核心。郑观应认为整个国家要强大,就必须以"商"立国,以实际行动来保护商务,商业壮大了,才能对外进行商战。"西人以商为战,士、农、工为商助也,公使为商遣也,领事为商立也,兵船为商置也,国家不惜巨资,备加保护商务者,非大有益民生,且能为国拓土开疆也。"②也就是说,商业应是整个国民经济的核心,应处于主导地位,其他部门只能围绕商业来进行,只能作为商业的辅助手段。这种观点为洋务运动的进行提供了理论依据。郑观应"商业"包括资本主义生产及流通中的一切部门,而不仅仅指流通领域的商业。

他主张振兴商务,进行商战。

郑观应在长期的经济活动中,亲眼看到"洋货销流日广,土产运售日艰","华生民计,皆为所夺"③,认识"我之商务一日不兴,则彼之贪谋亦一日不辍,纵令猛将如云,舟师林立,而彼族谈笑而来,鼓舞而去,称心厌欲,孰得而谁何之哉!"⑤他力主发展商务,扩大出口,限制入口,堵塞漏卮,挽回利权,抵制外国资本主义的经济侵略,摆脱中国成为列强"取材之地"、"牟利之场"的处境,实现"国势日强"、"民生日富"⑥的局面,从而达到"固本"之目的。

关于商战的措施,他认为,首先,国家政权应革除"困商之政",实行"保商之法",像"西人"那样"士农工为商助也,公使为商遣也,领事为商立也,兵船为商置也"。国家政策应以"商战"为基点,"商力或有不足,则多出国帑倡导之;商本过虞过重,则轻出口税扶植之"⑦。同时还应从制度上予以保证,设议院,兴商学,重奖励,设商部、商局、商务公所,实现"上下之情通,官商之势合"。

他认为,要"减内地出口货税","加外来入口货税",提高华商在国内外市场上的竞争能力;要以关税改革为杠杆,促进对外贸易的健康发展。应在国内营造一个安定自由的行商环境。他提出,国家政权存在的目的即是为商业做庇护的,国家政权须实行"保商之法"来革除"困商之政"。立"励商之法",包括设立专利局,保护专利权,举办商品竞赛会,鼓励发展企业,裁抑厘卡,减轻商业捐税及负担等措施。

---

① 郑观应:《盛世危言》,华夏出版社,2002年。
② 郑观应:《商战·盛世危言》(初编)(卷二),中州古籍出版社,1998年。
③④⑤⑥⑦ 郑观应:《郑观应集》(上册),上海人民出版社,1988年。

第四章 洋务企业家的管理思想

郑观应认为,要提高商品质量,增强市场竞争力,以保商战之成效。他说:"独是商务之盛衰,不独关物产之多寡,尤必视工艺之巧拙,有工以翼商,则拙者可巧,粗者可精。"① 他认为生产质优价廉的产品是与外国商战的重要条件。

郑观应还多次谈到西方国家在扶助和保护私人工商业方面的成功经验。他说西方重视商务,其君、相惟恐他国夺其利益,"特设商部大臣以提挈纲领。远方异域恐耳目不周,鉴察之不及,则任之以领事,卫之以兵轮",如商力不足,则官出国帑倡导;若成本过重,则国家减轻出口给以扶持。② 他还以英国和日本为例,具体说明国家扶持工商业所获得的成功和利益。他说,西方以商为战,不仅士、农、工为商之助,而且"公使为商遣也,领事为商立也,兵船为商置也。国家不惜巨资,备加保护商务。"③ 中国应向西方学习,发展工商实业,国家对工商业应大力扶助。为此,郑观应提出在全国自中央到地方建立一套专职管理工商企业的组织机构。在中央专设商部,各省省会设商务总局,工商汇集之地设商务分局,各府、州、县设立商务公所。这些机构管理商务,维护商利,"如是,则兴废当,谋画同,上下之情通,官商之势合,利无不兴,害无不革,数十年后中国商务之利有不与欧西并驾者,吾不信也。"④

补充资料:商务

商以贸迁有无,平物价,济急需,有益于民,有利于国,与士、农、工互相表里。士无商,则格致之学不宏;农无商,则种植之类不广;工无商,则制造之物不能销。是商贾具生财之大道,而握四民之纲领也,商之义大矣哉!

中国袭崇本抑末之旧说,从古无商政专书。但知利权外溢,而不究其所以外溢之故;但知西法之美,而不究西法之本原。虽日日经营商务,而商务总不能兴。凡大小学堂,只知教习举业,不屑讲求商贾、农工之学?故读书不能出仕者,除教授外,几至无可谋生。岂知西人读书各专一艺,如算学、化学、光学、电学、矿学、医学、农学、律学及一切制造各务,皆足以荣身富国乎?中国今日虽振兴商务,要当取法泰西。

盖西人尚富强最重通商,其君相惟恐他人夺其利益,特设商部大臣以提挈纲领。远方异域,恐耳目之不周,鉴察之不及,则任之以领事,卫之以兵轮,凡物产之丰歉,出人之多寡,销数之畅滞,月有稽,岁有考。虑其不专,则设

---

①②③④　郑观应:《郑观应集》(上册),上海人民出版社,1988年。

学堂以启牖之；恐其不奋，则悬金牌以鼓励之。商力或有不足，则多出国帑倡导之；商本或虞过重，则轻出口税扶植之。立法定制必详必备，在内无不尽心讲习，在外无不百计维持（各国每埠皆设有商会，京都设商务总会，延爵绅为之领袖，其权与议院相抗，如有屈抑，许诉诸巴力门①衙门。故商人恃以无恐）。

昔年英吉利僻处一隅，闭关自守，曾不百年，其兴勃焉！则以极力讲求商政故也。京都皆开商务学堂，教习通商规例，以便贸易远方：时有精于商务之人特著一书，谓商学之要有五：曰地学、金石学、地理学、植物学、生物学。书分四册，首言货物来源，次言工艺制造，三言古今商务兴衰、沿革、更变，四言近今商务。凡欧洲通商之地，植物、生物、金石内所得各物，所生材质，皆分门别类，言之綦详，以教本国学生，并教导他处商人，获益非浅。

或谓商贾之事，只须略知贸易情形，即可逐蝇头之利。岂知商务极博，商理极深，商情极幻，商心极密。欲知此道，不但须明旧日所传商政，并宜详求近日新法（近人思得新法，先视本国土宜，上占天时，下穷地力，究货产之盈亏，何物最饶，何产最良，或注意一种，或若干种，宜制何器，意有专属，其业始精，能使乍见者必生欣爱，欣爱者必须购用，庶得其道矣）！如各种货物增出愈多，则新法更为繁琐。盖懋迁有无之事，匪独一家之利钝，并关一国之盈虚。

古者交易，但贵布帛菽粟；后世工艺，大半弓冶箕裘。此其中但有工于会计，识见过人者，则获利较优。故知市面之兴衰，货物之增益，销路之宏远，须仗聪明才智之士思深虑远，而后操奇计赢，胸有成竹。况商业至今日而愈繁，商术至今日而愈巧。此格致之学，言商务者不可不知也（外国新植一物，新得一法，必笔之于书，以俟考究。据英商云：同治十一年，有英国医士在新加坡游玩，见土人手持一斧，其柄非木非皮，不知何物。遂询之土人，略知出处，即购此柄寄回英国，由博学士考求，知为橡树所制，其质柔脆，可以伸缩自如。于是用橡树所制之器甚多。印度格克得海口有油铺主，一日见油盆之外，盘有树根丝，缕缕明晰，主人大奇之。适制绳工匠某亦来同视，皆以为见所未见，遂将此物寄呈英国考究。知此根丝可以织布、作袋、制衣，倘与蚕丝拼合同制，乍见者竟莫辨其为真丝、为根丝也。嗣后日益讲求，采根丝组织布疋，通行国中。今北鄙苏格兰一带，根丝一项亦为入款大宗。一百年前美国有贩木棉赴英者，其时尚不能将棉花制物，后有艺术之士明制造之法，乃能以棉纺纱，以纱织布，于是制布分棉，成功极易。棉花销数极多，英国织布之业独胜他国，商务又为之一新。近年西人不独购中国鸡毛、羊毛、骆驼毛，且购猪

---

① 巴力门即 Parliament。

第四章 洋务企业家的管理思想

鬃毛、黄麻、乱丝头、柏油、五棓子等物运至外国，用机器制成绒毯、台布、窗帘、缎布、蜡烛、洋墨水，出售中国者甚多。我国如就地制造，以省运费，获利必厚。且闻四川有煤油井，有沙石，可以自制玻璃；当道者欲辟利源，胡不令商民仿而行之）。

中国不乏聪明才智之士，惜士大夫积习太深，不肯讲习技艺，深求格致，总以工商为谋利之事，初不屑与之为伍。其不贪肥者，则遇事必遏抑之；惟利是图者，必借端而脧削之。于是但有困商之虐政，并无护商之良法。虽欲商务之兴，安可得哉？

日本自明治维新后，其大臣游历各国而归，洞识通商利害，谓祛其害，得其利，则国富兵强；失其利，受其害，则民穷国困，究其避害受利之故，在讲求格致，制造机器，种植矿务诸学而已。是以仿行西法，特设商部，通饬各处设立商务局，集思广益，精益求精（日本自设商务局后，如有洋商买卖不公，即告知商务局，集众联盟，不与交易。华商人心涣散，各自怀私挟诈，致使外人乘瑕蹈隙，坐收渔利。若茶价跌，则说货不对样，非退则大割价，所磅斤两吃亏尤多。凡华商买洋商之货，无不先银后货；洋商买华商之货，则先货后银。竟有延至日久不清者。商务种种吃亏，皆由人心不齐，亦地方官无以鼓励之所致也。事无大小，情同一辙）。不独仿造中国土货，更仿造西洋各货，贩运外洋，价廉工巧，人争购之。如有亏折，商部大臣设法为之欣助（闻昔年日商仿西法制造之货亏耗过重，不能销者，官为之拍卖，或运售他处。拍卖者，西法也，授意拍卖之人先登告白了，订期招人，当众出价，以价最高者得之），俾再营运，无令中道气沮而业废，故二十年来，商盛课增，竟以富商者增国帑，而其捐资报效之多，固无论焉。

今中国虽与欧洲各国立约通商，开埠互市，然只见彼邦商舶源源而来，今日开海上某埠头，明日开内地某口岸。一国争，诸国蚁附；一国至，诸国蜂从。滨海七省，浸成洋商世界；沿江五省，又任洋舶纵横，独惜中国政府未能惠工恤商，而商民鲜有能自置轮船，广运货物，驶赴外洋，与之交易者。或转托洋商寄贩货物，而路隔数万里，易受欺蒙，难期获利。

前顺德黎召民方伯曾集股创设肇兴公司，开庄伦敦，卖买货物，举余出洋总办，并请郑玉轩京卿、邓小赤方伯相劝。余答曰：商务一端，必须统筹全局，果有把握而后可行。若预先买货待涨，非熟悉该处市情消长，货色盈虚不可。似宜先往外洋设一茶叶磁器行号，兼代买卖丝、茶，或附搭殷实可靠之行。俟开办三年，熟悉该处贸易情形，然后大举。倘能奏请朝廷，所有各省军械悉归我行承办，聘一素精枪炮、轮船、机器之人考究，止收经手用费，不致洋行浮冒，以旧充新，则必两有裨益。况承办军械洋行，上海计有数家，岁须

55

缴费二三万金，其利之厚可知（闻中日之战，天津信义洋行承办军械，该行买办尚分得二十余万。其获利之厚，更信而有征矣）。我公司得此利息，亦可赖以维持。奈方伯急于开办，谓所议难行，茶叶磁器生意过小。乃大张旗鼓，请刘述庭观察、梁鹤巢司马开办，名肇兴公司，不及三年，已停闭矣。由此观之，可知创办一事，必须小试其端，先立于不败之地，逐渐推广，方可有功；若亟求速效，务广而荒，必至一蹶不振。然则名曰通商，于通之一字，总未能实践力行也。

近日朝廷虽有通饬各省督抚振兴商务，及各制造局准招商承办之谕，惟官商积不相能，积不相信久矣！纵使官吏精明，愿为保护，恐继之者贤否莫卜，或有要求不遂，更速其祸。孰肯以自有之利权，反为官长所执？故殷商大贾更事多者，明知有利，亦趑趄而不敢应召；即有应之者，恐其假托殷商认办某事，实则别有所图：十余年来，时有劣员串同奸商，或禀请当道承领某行捐费（广东各业炮台捐费，皆招商承办），或仿西法创办一事，托词业已集股若干，奉札到手，始设局招股，以公济私，既非殷实，亦无长技，事终难成，而为其所累者已不鲜矣。

按西例：由官设立办国事者谓之局，由绅商设立为商贾事者谓之公司。无论绅商设立商贾公司，必须悉照其国家颁发官商所定商贾公司条例而行。公司总办由股董公举，各司事由总办所定。若非熟识商务，不谙其中利病，股份虽多，官秩虽大，亦不准滥厕其列。如有希冀，必为众所讥。

今中国禀请大宪开办之公司，虽商民集股，亦谓之局。其总办稍有牵涉官事者，即由大宪之札饬，不问其胜任与否，只求品级较高，大宪合意即可充当。所以各局总办、道员居多（所学非所用，西人无不讪笑）。迨至关防、札副次第到手，即全以官派行之，位尊而权重，得以专擅其事，假公济私；位卑而权轻，相率听命，不敢多言。公司得有盈余，地方官莫不索其报效，越俎代谋。其小公司之总理，虽非大宪札委，亦皆侵蚀舞弊。股商畏其势，因无商律，不敢上控。是以数十年来获利者鲜，亏累者多也。今欲整顿商务，必须仿照西例，速定商律。余曾购译各国水陆商政比例、通议，香港商贾公司条例（各国皆有商贾条例。其属埠各例，由官商公定。香港条例甚繁，计共一百五十八条：兹将英领事哲美森所译简明公司条例，附刊本论五篇之后，以备当道采择施行。惟东西国例：公司虽官助厚资而成，亦无官督商办之例），请盛杏荪京卿奏议，并咨取各国商律（中国只有刑律，无民律、商律、报律、航海诸律，故商民讼事律多未载，地方官与胥吏随意判断，商民负屈甚多。国家非有商律，如篇中所论，商务必不能旺），择其善者编定若干条，颁行天下。凡创商贾公司，必须具禀，列明股董何人，股本若干，所办何事，呈请地方官注册。如不注册,有事官不准理。庶几上下交警,官吏不敢剥削,商伙不敢舞弊。公司所用之人,无论大小皆须熟悉利弊,方准采用,当道不得滥荐,举从前积弊一律扫除。更开学堂以启商智,减厘税以恤商艰,设银行以输商力(西例凡集股创设公司,譬如股银十万两,提存银行五万。既经注册登报,公司办货贩运他处,即将提单及成本清单向银行押七八成,买两三个月汇票,货到埠期内沽出,将银交银行,取提单出货。转输易,故贩运多:中国亟宜劝谕银行仿照办理,裨益不少),派领事以卫商权,建博物院、赛珍会以为考究之所。凡物产工艺不如人者,商务大臣通饬地方官及商务局,随时随地极力讲求,务探精意,分条剖晰,普告众商;或有多财善贾,能延聘奇才异能之工师创立公司;或制造机器,或矿务,或轮船,或电报,岁获厚利,报效国家千两之上者;或著书阐发中外商务之利弊;或捐资倡办商务学堂,是皆养育人材,启迪来兹,其功不惟贸迁有无,平物价,济急需,而大有益于国计民生,商务大臣宜酌量奏请朝廷,给予匾额或宝星,以示鼓励。诚若此,则商贾中人材辈出,将见国无游民,地无弃物,商务自日有起色矣!

资料来源:郑观应:《盛世危言》,华夏出版社,2002年。

第二阶段

企业法人地位的确立

魏源早在1842年就提出公司的概念，洋务企业多采取股份制形式，但这些企业仅有公司制的外形。正如当时舆论所指出的："夫公司之设学西法也，乃学其开公司，而不学其章程，但学其形似，而不求夫神似，是犹东施效颦矣。"① 当时股份制企业组织制度建设不完善，即徒有西方股份制企业之外表，而无西方股份制企业之实质。

鉴于洋务企业日益陷入困境，有人主张中国股份企业学习西方董事会制度，要求商会在审查企业成立资格时把董事会制度是否健全、完善作为一必要条件，"凡立公司，必须经商会派人查考，酌定章，务使总办不能独操其权，而悉以各股东公论为断，则凡铁路、电报、开矿、制造诸务，胥可借众力以成矣"②。对于如何进行公司资格审查，有人认为"凡创商股公司，必须具禀列明：股董何人，股本若干，所办何事，呈请地方官注册，如不注册，有事官不准理。庶几上下交警，官吏不敢剥削，商伙不敢舞弊"③。这样，洋务企业思想家把设立股份制企业组织制度的条件提得更明确了，使开办工作更具有操作性，向西方现代企业的组织结构靠近了一步。

---

① 1887年7月30日《申报》社论：《书织布局章程后》，载陈真：《中国近代工业史资料》（第三辑），科学出版社，1957年。

② 钟天纬：《扩充商务十条》，载邵之棠：《皇朝经世文统编》，文海出版社影印本。

③ 郑观应：《盛世危言·商务二》，载夏东元：《郑观应集》（上册），上海人民出版社，1982年。

戊戌变法之际，清政府出台了一系列鼓励工商业创办的政策法令，提倡民间兴办工矿企业，一些洋务企业也纷纷转归商办。随后，清政府1904年颁布《公司律》，公司法人地位得到确立。这一时期的企业与洋务企业有着明显不同的特征。以张謇、周学熙为代表的企业家出于对利润最大限度的追求，其企业的生产与管理成为一更自主、自觉的活动。

第五章 维新和"新政"的管理演进

历史的车轮驶入20世纪，中国人对近代企业制度有了更深入的认识，出现"由民自立公司"的呼吁。随后一系列新型的经济法规、条例、章程、办法相继出台。思想家严复翻译出版的赫胥黎的《天演论》和亚当·斯密的《国富论》成了国人新的实践的理论依据。梁启超极力鼓吹垄断组织托拉斯，对中国经济社会环境进行批评，提出要培养近代企业发展所需要的各类人才。这些显示近代管理思想有了新的内容。

第一节 社会、政治、法律环境的变化

一、社会环境的变化

甲午战争后，国人掀起实业救国热潮和"设厂自救"运动。一些商人、买办、华侨等积极投资办厂，在1895~1898年以及1905~1908年中国出现过两次投资建厂的热潮。"国人于是争相认购股份，引起了全国到处创办起股份、合伙或独资经营的新企业。"[①] 同时国人公司意识越发觉醒，对公司的性质认识深化，出现"由民自立公司"，力戒官督商办名目的呼吁，到20世纪初完成了公司由官办到民办的态度转变。

从1902年起的10年中，全国大小商会发展到近千家，1912年成立了全国商会联合会。商会作为一种为振兴中国资本主义而奋斗的资产阶级社团，把整个资产阶级组织起来，在促进中国资产阶级自身现代化，和近代中国的资本主义工业化、民主化、民族化方面，显示了它的历史价值。

社会风气的转变，工商业者地位的提高，投资者对投资的倡导、奖励，民

---

① 汪敬虞：《中国近代工业史资料》（第二辑）（下册），科学出版社，1957年。

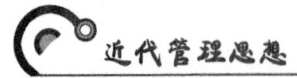

间自治团体的推广,使企业的发展环境大为改观。

二、政治环境的变化

1895年,甲午战争惨败,宣告了洋务运动的破产。救亡图存的举国忧患,迫使清政府进行变法图强的改革。清政府开始试图借鉴西方式的企业制度来调整和规范企业,让某些官办军工办企业同时生产民用产品,并将其推向市场。洋务企业转为商办的方式不一,有的企业转租给商人经营,逐年付清官款;有的官办企业因收商股而为官督商办,再进一步转为商办;有的官商合办企业随着商股的增加,官股地位下降,逐渐转为商人经营。1905年将江南船坞从江南制造总局划出,完全"依照商坞办法,扫除官场习气,妥筹改良",改为从事民用船只的生产。江南船坞产量和盈利大幅度上升,生产经营进入了良性循环阶段。四川机器局于1903年后,除生产军火外,开始铸造银圆、铜圆,次年又装机发电,为成都提供街市照明。对某些官办民用企业,则租与商人经营,或直接转归商办。汉阳铁厂因资金周转困难,由盛宣怀出面招商股成为官督商办企业后,1908年又增招商股,成立汉冶萍煤铁厂矿公司,归为商办。

洋务企业改归商办后,减少了决策环节,建立了适应市场的决策机制,从而提高了决策效率和效益,同时也刺激了人们投资办企业的热情,进一步壮大了民族资本主义的力量。由于商办企业更多地考虑企业的经济效益,在投资设厂时总是对原料供应、运输、市场等做一番深入细致的调查研究,他们在那些原料丰富、交通便利、市场广阔的地区设厂投资,从而带动了这些地区工商业的发展,不少地方因之成了新兴的重要工业城市,如青岛、汉口、唐山等。

清政府设立新型经济行政部门,政府职能出现了某些变化。1903年9月,商部正式成立。此外,还设立了律学馆、商报馆、商务学堂、工艺局、注册局、京师劝工陈列所等机构。商部还制定了一系列的新型经济法规和奖励章程,使清政府的经济政策在法规化、规范化上迈出了较大步伐。[①] 1906年9月,清廷将工部并入商部,改为农工商部;另设邮传部主管交通、邮电业。

清政府还改革旧的教育制度,增加实业和技术教育。基础教育制度的重大改革,实业、技术教育的讲求,对开通民智、推广工商知识起到积极作用。

三、法律环境的变化

这一时期,有一系列促进工商业发展的经济法规、条例、章程、办法的相继出台。

---

① 徐卫国:《论清末新政时期的经济政策》,《中国经济史研究》1997年第3期。

第五章 维新和"新政"的管理演进

1898年，清政府首次议定了《振兴工艺给奖章程》，1904年颁布了《公司律》。《公司律》共11节，131条。规定公司的组织形式有合资公司、合资有限公司、股份公司和股份有限公司四种；公司的创办呈报办法主要是按规定呈报商部注册；又规定洋商股份权利与华商一律；等等。这是中国近代第一部公司法，它首次从法律上确定了"股份有限公司"的企业组织形式，使中国公司组织第一次取得了合法的地位。

清政府颁布了一系列工商业规章和奖励实业办法，如《公司注册试办章程》、《钦定大清商法》、《商会章程》、《铁路简明章程》、《奖励华商公司章程》、《矿务章程》、《公司注册章程》、《试办银行章程》等。《公司注册试办章程》规定："无论现已设立与嗣后设立之公司局厂行号铺店，一经注册，即可享受一体保护之利益。"有限责任制的实行，减少了投资风险，注册制的实行，减少了创办公司时的不必要环节，原则上保护了华商的设厂经营权。这些章程规定，允许自由发展实业，奖励兴办工商企业，鼓励组织商会团体。这些形成了相对宽松有利的工商业发展环境，从而也迎来了我国民族资本与近代工业第一个快速增长的时期。

1912年12月5日，北京临时政府工商部颁布《暂行工艺品奖励章程》，规定凡发明或改良制造品称为工艺品，经部考验合格者应分别等差给予奖励。奖励办法分为名誉上与营业上两种，前者发给执照，许其制造品在5年内专卖；后者则给予褒奖以示奖励。该章程既便利于筹集资金广泛兴办公司，并且鼓励新办企业对工艺技术及产品质量的创新与改进。北洋政府时期接续了晚清已经产生的国内工业增长势头，出现了经济史学家所称的民族工业发展的"黄金时期"。1914年1月13日北京政府农商部颁行了《公司条例》，对公司的各种组成形式、设立的条件、集股手续、股东人权利和义务、对外营业的法律责任、公司章程、变更乃至解散与债务清算等方面各阶段事项，都作了详尽细致的规定，推动了公司制度的发展。确定公司这一新兴企业制度的形态与范围，有助于维护公司的信用，保障投资者的权益，以往"无公司法，则无以集厚资，而巨业为之不举"的法制状况得到扭转[1]。以法制建设方式表现的鼓励倡导和规范作用，有益于中国近代企业制度的形成和规范化，其意义深远而重大。公司数量显著增加，1913~1915年全国平均每年注册的厂矿为4113家，1916~1918年，全国平均每年注册企业高达12416家，公司资本规模也随着业务的扩展和增资扩股而不断扩大。

---

[1] 沈家五：《张謇农商总长任期经济资料选编》，南京大学出版社，1987年。

第二节 严复的管理思想

一、听民自谋

严复（1854~1921），福建侯官人。1867年考入左宗棠创办的福州造船厂附设的船政学堂学习海军，1876年被派往英国留学。后任北洋水师学堂总教习（教务长）、会办（副校长）、总办（校长），在该校任职20年之久。1898年出版了他所翻译的赫胥黎的《天演论》，1901年翻译出版了以《原富》为名的亚当·斯密的《国富论》。严复的《原富》对原书作了删节，并撰有6万余字的按语《译事例言》。

严复指出，社会群体是由各个个人构成的。个人的状态如何，决定一个国家和一个社会的面貌。只有使群体中每个人都积极求智求强求富，士农工商各业才能兴旺发达。人民要求于政府的，是能保护他们的身家性命和财产，而不是代他们经营其生计。除了兵刑二者应由国家负责外，其他一切事情，如礼教、营造、工商、树畜之事，"只宜听民自谋，上惟无扰，为神已多。"①"凡一切可以听民自为者，皆宜任其自由也。"②

严复对国家干预经济的各种理论和做法，都进行了批驳。"盖法术未有不侵民力之自由者，民力之自由既侵，其收成自狭，收成狭，少取且以为虐，况多取乎?"③严复认为，财富是靠民力生产的。国家的支持和限制，必然要影响百姓生产力的自由发挥，从而影响财富的生产。所以国家用法术干预的结果，只能减少，而不会增加财政收入。他指出，政府通过行政干预平抑物价，所造成的平价实际也远远高于自然形成的水平价格，实际上是官府垄断高价。只有自由竞争，才能不仅使物价真正趋平，而且能使物价趋廉。他批判国家干预经济，尤其洋务派对新式工业的垄断政策，指出："夫所谓富强云者，质而言之，不外利民云尔。然政欲利民，必自各能自利始；民各能自利，又必皆得自由始。"并指斥政府："商家有经营之事，为官者往往多方阻挠，百计剥削，商或以此败家破产。"他直言："凡事之可以公司民办者，宜一切诿之于民，而为上者特谨其无扰足矣。"

---

①③ 严复：《原富》，商务印书馆，1933年。
② 严复：《严复文选》，上海远东出版社，1996年。

第五章 维新和"新政"的管理演进

严复还批判了行业垄断行为，认为这种垄断虽然可使该行业产品价高利厚，但却有损于整个国民经济的发展。对国与国之间的贸易往来，严复也主张任其自由。

严复在宣传经济自由主义的同时，也承认在有些领域，国家干预不能完全取消，取消了反而对经济发展不利。他认为有三种特殊领域应官方经营，即分散私营耗资巨大而国营较为节省的邮政、电报；社会效益大而私人不愿投资的学校、地产和对技术发明的奖励；私人一时无力联合举办的而需要"在上者为之先导"的大型企业。即使是这些行业也要严格控制，"必至不得已而后为之"①。他又构想政府"当一公司方起之时，诚宜付之警察之吏，必力副所图而后许其之从事，否则禁之"，以制止投机行为。

严复曾向友人解释选择《国富论》加以翻译的原因：其一，"选译特取是书，非不知后来作者之愈精深完密也"，只是由于，它作为经济学的开山之作，"后事之师，断在于此。"其二，"又因其书所驳斥者，多吾国自古以来言利理财之家病痛。"②从这里我们可以看出，严复翻译《国富论》，一是由于对斯密的经济自由主义理论核心表示赞同，并认为它是经济学的基础理论；二是出于他对中国现实的观照，认为此书所阐发的经济理念，对国人经济观念的改造有着至关重要的价值。

二、"开明自营"的义利观

严复对"经济人"的理论假定做出解释。他认为"经济人"说是一个学术上作为出发点的假定，与人实际上的道德水准无关。经济人的意义，在于确定人追求利益是正当的，而追求正当利益的人，不一定是道德水平低下的人。他批判了孟子"亦有仁义而已矣，何必言利"和董仲舒"正谊不谋利，明道不计功"之说，指出："此其用意至美，然而于道皆浅，几率天下祸仁义矣。"③ 他对"义"与"利"的关系进行了重新地梳理，认为"义与利"偏向人的道德、与人之为"小人"和"君子"无关，相反，正当的利和义是不能分割的。

严复进而提出了"开明自营"的义利观。他一方面肯定人追逐自身利益的正当性，另一方面又反对极端的"自私自利"。他的"开明自营"指的是顾念道义的"利己"，即"合理的利己"。严复认为，"开明自营"不会与公利发生冲突，相反，公私"两利"是相互促进的："今夫群之所以成群，未必皆

---

① 严复：《原富》，商务印书馆，1933年。
② 王栻：《严复集》（第3册），中华书局，1986年。
③ 王栻：《严复集》（第4册），中华书局，1986年。

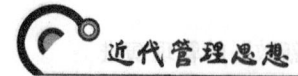

善机也,饮食男女,凡斯人之大欲,即群道之四维,缺一不行,群道乃废,礼乐之所以兴,生养之所以遂,始于耕凿,终于懋迁。出于为人者寡,出于自为者多,积私以为公,世之所以盛也。"因此,"开明自营与道义必不背"。

严复追随着斯密,但不同于斯密肯定人的逐利本性。斯密认为逐利本身就是一种价值,并以此证明资本主义经济的正当合理性。而严复虽然反对"义利"对立,肯定逐利是"斯人之大欲",但他讲到"私利"之时,时时不忘与"公利"的协调,即所谓:"唯公乃有以存私,唯义所以为利",他将"自营"与道德紧密相连,反对自私自利。这一观念依然带有浓厚的儒家色彩。①

三、民富必基于政美

斯密在《国富论》中,曾多次论及中国经济停滞的现象,在分析原因时把这一现象与中国法律制度联系在一起:"中国似乎长期处于静止状态,其财富也许在许久以前已完全达到该国法律所允许有的限度,但若易以其他法制,那么该国的土壤、气候和位置所可允许的限度可能比上述限度大得多。国内所经营的各种行业,都不能按照各行业的性质和范围所容纳的程度,投下足够多的资本。"②

这一议论使严复深受启发。他说:"总之,生财之术多门,而民富必基于政美。"作为国外现代企业制度的公司制,移植到了中国就变成了"淮北之枳",这与社会制度相关,"欧美商业公司,其制度之美备,殆无异于民主,此自以生于立宪民主国,取则不远之故。专制君主之民,本无平等观念,故公司之制,中国亘古无之。"因此,他把对经济自由的寻求落实到制度的层面上,提出了一种新型的政府与民众之间的关系。这种关系应当是一种契约式的关系:"一切上之所应享,下之所宜贡者,则定之以公约,如此则上下相安而以富。"

第三节 梁启超的管理思想

一、托拉斯和股份制的思想

梁启超(1873~1929),广东省新会县人,中国近代维新派代表人物,近代中国的思想启蒙者。

---

① 冯英:《析严复的经济自由主义思想》,《黑龙江社会科学》2002年第5期。
② 亚当·斯密:《国民财富的性质和原因研究》(上册),商务印书馆,1982年。

第五章 维新和"新政"的管理演进

梁启超极为赞赏垄断组织托拉斯。他认为近代经济学说最基本的法则是效率观,"生计学有最普遍最宝贵之公例一焉,曰以最小率之劳费易最大利益"。而托拉斯就是达到这一效果的最好手段,托拉斯的出现就是"物竞天择自然之运"。梁启超对规模经济的原因作了分析:托拉斯因规模大"购买原料以多量而价廉","可以得廉价之原料品","可以善用机器而尽其所长","利用大机器故制物多而良",可以使"分业之学理日赴精密",而"分业精密故制物良而费省",也就是说大批量生产能推动生产的专业化和简单化,从而提高产品质量、降低产品成本。托拉斯"可以制造附属副产物使无弃材";"能淘汰冗员节减薪费",淘汰"监督事务冗员",这就导致管理费用的相对节约;"可以节省运输费用",这是因为"恒择各要区,分置工场",就地销售,从而节省了转运费,以及"货少则运费必昂,货多则运费必省"①。

与工业托拉斯类似,梁启超极力鼓吹发展"大农业"。梁启超曾对大规模农业与小农经济下过定义:"所谓大农小农者,不当以其耕地面积之广狭定之,宁自经济的观点类别批评之……大农,谓有一教育经验兼备之农业家立于其上,以当监督指挥之任,而使役多数劳动者以营业农也……小农,营业者自与家族从事耕作,而不雇用他人者也。"他相信,大规模农业"能为种种设备,以从事于农业改良"②,生产效率要比小农经济高数倍。

梁启超认为股份资本和新式技术两者结合起来,企业方能发展,故"惟有奖励资本家,使举其所储蓄者结合焉,而采百余年来西人所发明之新生产方法,以从事于生产,国家则珍惜而保护之,使其事业可以发达,以与外抗。使他之资本家闻其风羡其利,而相率以图结集,从各方面以抵挡外竞之潮流,庶或有济"。他说:"盖自机器骤兴,工业革命,交通大开,竞争日剧,凡中小企业,势不能图存,故淘汰殆尽,而仅余此大企业之一途也。"③他预计"不及五十年,全世界之生计界,将仅余数十大公司"。他认定:"今日欲振兴实业,非先求股份公司之成立发达不可。"④

梁启超认为理想的文明社会应是由经济组织全面统治的社会。"文明之极则,岂惟武备机关为然耳。乃至政治一切机关,悉为保障生产之一附庸"。他还论证了私有制存在的"合理性",认为它是现今社会所承认的"适于正义之权利",是社会经济发展的动力、文明的源泉。

---

①③ 梁启超:《二十世纪之巨灵托拉斯》,《饮冰室合集》文集之十四。
② 梁启超:《驳某报之土地国有论》,《饮冰室合集》文集之十八。
④ 梁启超:《敬告中国之谈实业者》,《饮冰室合集》文集之二十一。

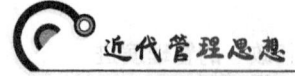

二、对中国经济社会环境的批评

梁启超对股份公司不能在中国健康发展的原因作了探讨。他认为,"中国今日之政治现象社会现象,则与股份公司之性质最不相容也。苟非取此不相容者排而去之,则中国实业永无能兴之期"。他列举了中国传统制度结构中不适宜股份公司发展的种种缺陷。

(一) 缺乏与股份公司配套的制度

梁启超指出,"股份公司必赖有种种机关与之相辅,中国则此种机关全缺也。"他认识到,股份公司的正常运作,有赖股票交易所和银行的辅助。股票交易所为转买转卖之枢纽,银行为抵押之机构,并且"当招股伊始,其股票之所以得散布于市面者,亦恒藉股份懋迁公司及银行以为之媒介……夫股份有限公司所以能为现今生产界之利器者,在于以股票作为一种商品,使全社会之资本,流通如转轮。"由于缺少交易所和银行这两大制度安排,人们很难将股票变现,因此不愿入股。

(二) 法律实施不力

梁启超指出,中国当时虽然出台了一部公司律,但"在今日政治现象之下,法果足以为民保障乎?中国法律颁布自颁布,违反之违反,上下恬然不以为怪。"他愤激地说,"有法而不行,则等于无法,今中国者,无法之国也。"他说,股份公司"自为一人格,自为一权利义务之主体",需要严密的法律约束、规范其活动,法律敦促其向大众公开业务状况,法律"防其资本之抽蚀暗销,毋使得为债权者之累"。概言之,"股份公司必在强有力之法治国之下,乃能生存,而中国则不知法治为何物"。

(三) 缺乏"健全之企业能力"

梁启超说:"我国自昔贱商人,除株守故业,计较锱铢外,无他思想。士大夫更鄙夷兹业不道。盖举国人士能稍解生计学之概略,明近世企业之性质者,已屈指可数,若夫学识与经验兼备,能施诸实用者,殆无其人。"

(四) 企业观念偏颇

梁启超指出:"公司之成立,往往不以企业观念为其动机……大率以挽回国权之思想而发起之,其附股者以是为对于国家尽义务,而将来能获利与否,暂且勿问。"他认为这种思想可敬但不可行,因为"生计行为不可不率循生计原则,其事固明明为一种企业,而等资本于租税,义有所不可也。"中国"凡公司必有官利,此实我国公司特有之习惯。他国未尝闻也……故我国公司之股份,其性质与外国之所谓股份者异,而反与其社债者同。夫持有社债券者,惟务本息有著,而于公司事非所问。此通例也。我国各公司之股东,乃大类是,

第五章 维新和"新政"的管理演进

但求官利之无缺而已。"① 这里梁启超指出中国人在企业观念上的偏颇和企业本质认识的模糊②。

怎样才能使股份公司在中国得到健康发展,以达到振兴实业的目标呢?梁启超的答案是:"首使确定立宪政体,举治国之实,使国民咸安于法律状态,次则立教育方针,养成国民公德,使责任心日以发达,次则企业必须之机关一一整备之,无使缺。次则用种种方法,随时掖进国民企业能力。四者有一不举,而晓晓然言振兴实业,皆梦呓之言也。然养公德整机关奖能力之事,皆非藉善良之政治不能为功。故前一事又为后三事之母也……试有人问我以中国振兴实业之第一义从何下手?吾必答曰改良政治组织,然则第二义从何下手?吾亦答曰改良政治组织,然则第三义从何下手?吾亦惟答曰改良政治组织。盖政治组织诚能改良,则一切应举者自相次毕举。政治组织不能改良,则多举一事即多丛一弊。与其举之也,不如废之也。然则所谓改良政治组织奈何?曰:责任内阁而已矣。"③

三、人才思想

梁启超指出,股份公司规模大,"一二人之力不能举",内部结构又复杂,需要高水平的专业人员管理。而中国这类人才奇缺。

他提出要培养近代企业发展所需要的各类人才。他正告国人:"二十世纪之世界,雄于平准界则为强国,啬于平准界则为弱国,绝于平准界则不国"④。而经济竞争的核心则是国民素质和人才的竞争,"民富则国富,民智则国文,民勇则国强"⑤。

他认为培养企业人才要重视商业道德教育。近代企业制度的基本形式是股份制企业,要求经营者和全体职员首先应具备强烈的公共观念与责任心,本着为所有股东利益负责的理念来经营企业,视股东的利益为企业的生命,而绝不允许营私舞弊,"今世各国之教育,所以提倡商业道德不遗余力,亦以苟不务此,则一切实业将无与立也"。⑥他不无忧虑地指出,"中国人心风俗之败坏,至今日而已极,人人皆先私而后公,其与此种新式企业之性质,实不能相容"。⑦

他指出,近代企业的发展,迫切需要高素质的经营管理人才,即新式企业家,"以今世生计界之竞争,其剧烈殆甚于军事,非具有生计学之常识,富于

---

①③ 梁启超:《敬告中国之谈实业者》,《饮冰室合集》文集之二十一。
② 夏国祥:《梁启超经济思想新论》,《财经研究》1998年第8期。
④ 梁启超:《饮冰室合集》(第10卷),中华书局,1931年。
⑤⑥⑦ 李华兴、吴嘉勋:《梁启超选集》,上海人民出版社,1984年。

实际阅历，而复佐之以明敏应变之天才，以之当经营之冲，鲜不败矣"①。当下世界"国之巍然为工商界重镇者，皆其国中第一流人物也"②。新式企业家完全不同于传统意义上的商人，他不仅要有厚实的经济理论功底，谙熟市场竞争法则，而且更需要具备丰富的实践经验，具备在险恶的商战环境中规避风险，把握市场主动权的决策智慧和经营能力。但是由于长期的闭关锁国，政治腐败以及文化传统、价值观念的影响，中国十分缺乏一个让新式企业家脱颖而出的客观环境，这是我们参与国际经济竞争的致命缺陷，所以当下教育的第一急务乃是人才的培养和国民优秀品格的造就，"使吾四万万人之民德，民智，民力，皆可与彼相埒"③，以便在20世纪的经济竞争中立于不败之地。④

补充资料：敬告国中之谈实业者

今日举国上下，戚戚然患贫。叩其所以求贫者，则皆曰振兴实业。夫今日中国之不可以不振兴实业，固也。然全国人心营目注嚣嚣然言振兴实业者，亦既有年矣。上之则政府设立农工商部，设立劝业道，纷纷派员奔走各国考查实业，日不暇给，乃至悬重爵崇衔，以奖厉创办实业之人，即所派游学及学生试验，亦无不特重实业，其所以鼓舞而助长之者，可谓至极。下之则举办劝业会、共进会，各城镇乃至海外侨民悉立商会，各报馆亦极力鼓吹，而以抵制外货挽回利权之目的创立公司者，所在多有，其呈部注册者，亦不下千家。宜若举国实业界之气象，必有以昭苏于前。乃夷考其实，则不惟未兴者不能兴，而已举者且尽废，国家破产之祸，且迫于眉睫。先民有言："困于心，衡于虑，然后作。"又曰："知困然后能自强。"夫人于其所欲为之事而不能遂，则必穷思其所以不能遂之故，排其阻力而辟其坦途，其庶有能遂之一日。今我国人前此既瞢然无所觉，及今几经败绩失据，犹复漠然无所动于中。不惟当局施政，不思改辙；既有言论之责者，亦未闻探本穷源以正告国人而共谋挽救，吾实痛之，乃述所怀以为此文。所宜陈者万端，此不过其一二耳。

我国自昔非无实业也。士农工商，国之四民，数千年来，既有之矣。然则曷为于今日而始昌言实业？得毋以我国固有之实业，不足与外国竞，今殆堙塞以尽，情见势绌，不得不思所以振其敝也。是故今国中人士所奔走呼号以言振

---
①②③ 李华兴、吴嘉勋：《梁启超选集》，上海人民出版社，1984年。
④ 李秀芳、石培玲：《梁启超自由主义经济观探析》，《西安交通大学学报》（社会科学版）2001年第3期。

第五章　维新和"新政"的管理演进

兴实业者。质而言之，则振兴新式之企业而已。（企业二字，乃生计学上一术语，译德文之 Unternehmung，法文之 Entreprise。英人虽最长于企业，然学问上此观念不甚明了，故无确当之语。）新式企业，所以异于旧式者不一端，举其最显著者，则规模大小之悬殊是也。旧式企业，率以一人或一家族经营之，或雇用少数人而已；新式企业，则所用人少者以百数，至多乃至数十万也。旧式企业，资本虽至毂薄，犹有办法；新式企业，则资本恒自数万以迄数千万也。夫新式企业所以日趋于大规模者，何也？盖自机器骤兴，工业革命，交通大开，竞争日剧，凡中小企业，势不能以图存，故淘汰殆尽，而仅余此大企业之一途也。企业规模既大，则一人之力，势不能以独任。故其组织当取机关合议之体，乃能周密，与旧式之专由一二人独裁者有异。其资本必广募于公众，乃能厚集，而与旧式之一人独任或少数人釀出者有异。

质而言之，则所谓新式企业者，以股份有限公司为其中坚者也。今日欲振兴实业，非先求股份有限公司之成立发达不可。此举国稍有识者所能见及，无俟余喋喋也。然中国今日之政治现象、社会现象，则与股份有限公司之性质最不相容者也。苟非取此不相容者排而去之，则中国实业永无能兴之期。请言其理：

第一，股份有限公司必在强有力之法治国之下乃能生存，中国则不知法治为何物也。

寻常一私人之营业，皆负无限责任，苟其业有亏衄，则罄其所有财产之全部以偿逋负，（我国习惯，则亲属及子孙之财产，且往往波及矣。）故稍知自爱之企业家，恒谨慎将事，鲜有弊窦，即不幸而失败，则债权者亦不至大受其累。股份有限公司之性质则不然。股东除交纳股银外，无复责任；其各职员等亦不过为公司之机关，并非以其身代公司全负债务上之责任。质言之，其在寻常私人营业，则企业人与所企业之合为一体者也；其在股份有限公司，则公司自为一人格，自为一权利义务之主体，而立夫股东与各职员之外者也。惟以公司之财产，处理公司之债务，而外此一无所问。此其为道本甚险，故国家须有严重之法律以防困之。各国所以监督此种公司者，有法律以规定其内部各种机关，使之互相箝制；有法律以强逼之，使将其业务之状态，明白宣示于大众，无得隐匿；有法律以防其资本之抽蚀暗销，毋使得为债权者之累。其愽深切明有如此也。中国近日亦有所谓公司律者矣，其律文卤莽灭裂毫无价值且勿论，借曰律文尽善，而在今日政治现象之下，法果足以为民保障乎？中国法律，颁布自颁布，违反自违反，上下恬然，不以为怪。西哲有恒言："国之治乱，亦于其国民安于法律状态与否判之而已。"中国国民则无一日能安于法律状态者也。夫有法而不行，则等于无法。今中国者，无法之国也。寻常私人营业，有数千年习惯以维持之，虽无法犹粗足自存。此种新式企业，专恃法律之监督、保障以为性命，纪纲颓紊如中国者，彼在势固无道以发荣也。

第二，股份有限公司必责任心强固之国民，始能行之而寡弊，中国人则不知有对于公众之责任者也。

股份公司之办理成效，所以视私人营业为较难者：私人营业，其赢也则自享其利，其绌也则自蒙其害，故营之者恒忠于厥职。股份公司不然，其职员不过占有公司股份之一小部分耳，而营业赢亏，皆公司所受，其赢也利非我全享，其绌也害非我独蒙，故为公司谋，恒不如其自为谋之忠，人之情矣。其尤不肖者，则借公司之职务以自营其私。虽在欧美诸国，法律至严明，而狡者尚能有术以与法相遁，而况于绝无纲纪之中国乎？此公司职员克尽责任者，所以难其人也。抑纠问职员责任者，实惟股东。而公司之股份，其每股金额恒甚少。为股东者，恒非举其财产之全部，投诸股份；即多投矣，而未必悉投诸一公司。且股份之为物，随时可以转卖。其在东西诸国，购买股份者，其本意大率非在将来收回股本，但冀股价幸涨，则售去以获利耳。此公司股东之克尽责任者，所以尤不易也。然非有此种责任心，则股份公司之为物，决不能向荣而勿坏。彼英人所以以商战雄于天下者，以其责任心最强也。而今世各国之教育，所以提倡商业道德者不遗余力，亦以苟不务此，则一切实业将无与立也。中国人心风俗之败坏，至今日而已极，人人皆先私而后公，其与此种新式企业之性质，实不能相容。故小办则小败，大办则大败，即至优之业，幸而不败者，亦终不能以发达。近数十年来，以办股份公司之故，而耗散国民资本者，其公司盖不下数千百，其金钱盖不下数万万，今固无从缕举。其最显著者，则有若招商局，有若粤汉、川汉各铁路，有若大清、交通、公益、信义各银行，皆其前车也。就股东一方面观之。以法律状态不定，不能行确实之监督权，固也；而股东之怠于责任亦太甚，乃至并其所得行之权限而悉放弃之，以致职员作弊益肆无忌惮。阻公司之发达者，则职员与股东实分任其咎也。大抵股份公司之为物，与立宪政体之国家最相类：公司律刚譬犹宪法也，职员则譬犹政府官吏也，股东则譬犹全体国民也。政府官吏而不自省其身为受国民之委任，不以公众责任置胸臆，而惟私是谋，国未有能立者；而国民怠于监督政府，则虽有宪法，亦成疆石。是故新式企业，非立宪国则不能滋长。盖人民必生活于立宪政体之下，然后公共观念与责任心乃日盛，而此两者即股份公司之营魂故也。

[附言] 中国之股份公司，其股东所以不能举监督之实而坐令职员专横者，尚有特别之原因数端：其一，每股所收股银太少。如近年所办诸铁路，以资本千万元以上之公司，而每股率皆收五元。此虽有广募普及之利，然使大多

第五章 维新和"新政"的管理演进

数之股东,既视股为不足轻重于己,复视己为不足轻重于公司,则易导其放弃权利之心。夫放弃权利,即放弃义务也。盖冥冥之中,其损害实业界之风纪者莫甚焉。其二,公司之成立,往往不以企业观念为其动机。如近年各铁路公司、矿业公司等。大率以挽回国权之思想而发起之。其附股者以是为对于国家之义务,而将来能获利与否,暂且勿问。此其纯洁之理想,宁不可敬? 虽然,生计行为不可不率循生计原则,其事固明明为一种企业,而等资本于租税,义有所不可也。以故职员亦自托于为国家尽义务,股东且以见义勇为奖之,不忍苛加督责,及其营私败露,然后从而掊击之,则所损已不可复矣。此等公私杂糅、暧昧不明之理想,似爱国而实以病国也。其三,凡公司必有官利,此实我国公司特有之习惯,他国所未尝闻也。夫营业盈亏,岁岁不同,势难预定。若虽遇营业状况不佳之时,亦必须照派定额之官利,则公司事业安能扩充,基础安能稳固? 故我国公司之股份,其性质与外国之所谓股份者异,而反与基所谓社债者同,夫持有社债券者,惟务本息有著,而于公司事非所问,此通例也。我国各公司之股东,乃大类是,但求官利之无缺而已。职员因利用此心理,或高其官利以诱人,其竟由资本内割出分派者,什而八九。(最著者如奥汉、川汉、江西等铁路公司,集成股本数年,路未筑成一里,而年年将股本派息。中外古今岂闻有此种企业法耶?)股东初以其官利有著也,则习而安之,不知不数年而资本尽矣。此数者,皆足以阻股公司之发达。后之君子,宜以为戒也。

公共观念与责任心之缺乏,其为股份公司之阻力者既若彼矣,而官办之业则尤甚。今世各国,或以匡民力所不逮,或以防自由竞争之弊,往往将特种事业提归官办,而于全国国民生计所补滋多,而股份公司之缺点,时或缘官办而多所矫正。何也? 官吏责任分明,惩戒严重,其营私作弊,不如公司职员之易,而人民监督政治之机关至完密,益不容其得自恣也。我国则异是。官吏以舞文肥己为专业,而人民曾莫敢抗,虽抗亦无效,故官办事业,其秽德更什佰于公司。近年来,全国资本荡然无复存者,岂非官办实业蚀其什八九耶? 故我国民诚不愿现政府之代我振兴实业,更振兴者,举国为沟中瘠矣!

第三,股份有限公司必赖有种种机关与之相辅,中国则此种机关全缺也。

股份有限公司之利便于现今生计社会者不一端,然其最大特色,则在其股票成为一种之流通有价证券,循环转运于市面,使金融活泼而无滞也。盖寻常企业,必须俟其企业完了之后,始能将老本收回。(例如以千金开一铺店,无论每年所得溢利几何,要之皆此千金之子息。若欲将原来之千金收回,则必在店铺收盘以后也。)股份公司之股票则不然。吾今日买得之,若明日需用现钱,或见为有利,可以立刻转卖之;即不转卖,而以抵押于银行,亦可以得现钱。股票之转卖抵押,虽一日千变,而公司营业之资本,丝毫不受其影响。其为物至灵活而富于伸缩力，既便于公司，复便于股东，而尤便于全社会之金融。故其直接间接以发达实业，效至博也。而所以能收此效者，则赖有二大机关焉以夹辅之：一曰股份懋迁公司，二曰银行。股份懋迁公司为转买转卖之枢纽，银行为抵押之尾闾。不宁惟是，即当招股伊始，其股票之所以得散布于市面者，亦恒借股份懋迁公司及银行以为之媒介。今中国既缺此两种机关，于是凡欲创立公司者，其招股之法，则惟有托亲友展转运动而已。更进则在报上登一告白，令欲入股者来与公司直接交涉而已。以此而欲吸集多数之资本，其难可想也。而股东之持有股票者，则惟藏诸箧底，除每年领些少利息外，直至公司停办时，始收回老本耳。若欲转卖抵押，则又须展转托亲友以求人与我直接，非惟不便，且将因此受损失焉。夫股份有限公司所以能为现今生产界之一利器者，在于以股票作为一种商品，使全社会之资本，流通如转轮。（公司所产之物既为商品矣，而公司之资本，复以证券之形式而变为商品。是故公司之土地、房屋、机器等，本已将资本变为固定性，宜若除公司外，同时更无人能利用之矣。然寄其价值于股票中，则忽能复变为流动性，得以展转买卖抵押，是同时有多数人得利用本公司固定资本之一部分以为新资本也。故社会资本之效力可以陡增什百倍。凡有价证券，皆以增加资本效力为作用者也。岂惟股票，彼国债、地方债、社债等，皆同此作用者也。又银行之兑换券、期票、汇票、支票、拨数账簿等，皆同此作用者也。欧美各国有此种种利器，常能以一资本而当什百资本之用，其所以致富皆在此。我国人最当知其故而师其意也。）我国股份公司，全不能有此作用，是股份公司之特色，失其强半矣。是故人之持有资本者，宁以之自营小企业，或贷之于人以取息，而不甚乐以之附公司之股，此亦股份公司不能发达之一大原因也。

[附言]股份懋迁公司及银行，今世诸国大率以股份有限之形式创立之者居多数。是故苟非股份有限之观念稍为普及，则此两种机关殆难发生。且股份懋迁公司，本以有价证券之买卖媒介为业，公司不发达，则股票之上于市场者少，安所得懋迁之目的物？即银行业，苟非得各种有价证券以为保管抵押之用，则运用之妙，亦无所得施。而股份公司不发达，则商业无自繁荣，银行业务亦坐是不能扩充。故股份有限公司与此两种机关者，迭相为因，迭相为果。（实则此两种机关，大率以股份有限之形式组织之，不过股份有限公司中之一种。此特就有特有之作用分别言之耳。）谈实业者，宜同时思所以建设之也。

第四，股份有限公司必赖有健全之企业能力，乃能办理有效，中国则太乏人也。

凡实业之须以股份有限公司之形式而举办之者，必其为大规模之企业，而一二人之力不能举者也。而既已为大规模之企业，则非夫人而能任者也。盖其

第五章 维新和"新政"的管理演进

公司之内部机关复杂，规模愈大，则事务之繁重愈甚。盖为一小国之宰相易，为一大公司之总理难，非过言也。言夫对外，则以今世生计界之竞争，其剧烈殆甚于军事，非具有生计学之常识，富于实际阅历，而复佐之以明敏应变之天才，以之当经营之冲，鲜不败矣。白圭有言："吾治生产，犹伊尹、吕尚之谋，孙吴用兵，商鞅行法。是故其智不足以权变，勇不足以决断，仁不能以取予，强不能有所守，虽欲学吾术，终不告之矣。"夫白圭之时代且有然，况今日生计界之现象，其繁赜诡变，千百倍于古昔而未有已耶？故古代之英雄，多出于政治家与军人；今日之英雄，强半在实业界。今各国之巍然为工商界重镇者，皆其国中第一流人物也。我国自昔贱商，商人除株守故业、计较锱铢外，无他思想。士大夫更鄙夷兹业不道。盖举国人士，能稍解生计学之概略，明近企业之性质者，已屈指可数；若夫学识与经验兼备，能施诸实用者，殆无其人。每当设立一公司，则所恃以当经营之大任者，其人约有四种：最下者，则发起人本无企业之诚心，苟以欺人而自营私利，公司成则自当总理据以舞弊者也。稍进者，则任举一大绅，不问其性行才具如何，惟借其名以资镇压者也（近年各省铁路公司皆如此。）更进者，则举一素在商界朴愿有守之人充之，而其才识能任此事业与否，不及问也。最上者，则举一人焉于此事业之技术上颇有学识经验者充之，而其经营上之才器何如及平素性行何如，不及问也。（如办铁路则举一铁路工程师为总理，办矿则举一矿师为总理，办工业公司则举一工学博士为总理。此其人以当公司中技术一部分之业务，诚为得当，以当总理，安见其可？譬犹一国之宰相，不必其通兵刑钱谷，而通兵刑钱谷之人，虽可以任一官一职，未敢遂许为宰相才也。）彼非不欲求相当之人才，奈遍国中而不可得也。质而言之，则国民企业能力缺乏而已。夫以无企业能力之国民而侈谈实业，是犹躄者言竞走，聋者言审音也。以故近年以来所设立之公司，其资本微薄、范围狭隘者容或有成，资本稍大、范围稍广者则罕不败。营中国固有旧事业者容或有成，营世界新事业者则罕不败。其事业为外人所不能竞争者容或有成，竞争稍剧烈者则罕不败。苟国民企业能力而长此不进，吾敢断言曰：愈提倡实业，则愈以耗一国之资本，而陷全国人于饿莩而已矣。

以上四端，为中国股份有限公司不能发达之直接原因。若其间接原因，则更仆难数。而尤有一原因焉，为股份有限公司与私人营业之总障者，则全国资本涸竭是已。凡人一岁之所入，必以之供一身之衣食住费及仰事俯畜所需而尚有赢余，乃得储之以为资本。而所储之多寡，即一国贫富所攸分也。今日中国千人之中，其能有此项赢余，盖不得一。即有之者，其数量亦至毂薄。而有资本者，未必为欲企业之人。有资本而欲企业者，又未必为能企业之人。而复无一金融机关以为资本家与企业家之媒介，故并此至毂薄之资本，亦不能以资

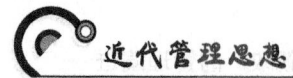

生计社会之用。以故无论何种形式之企业，皆不能兴举。举国之人，惟束手以待槁饿之至而已。此则中国今日生计界之实状也。

或曰：借外债则可以苏资本涸竭之病。此实现今号称识时务之俊杰所最乐道也。外债之影响于政治者，吾既别为论痛陈之（参观《外债平议》篇），若其影响于国民生计者，为事尤极复杂，更非可以执一义而轻作武断也。大抵在政治修明、教育发达之国，其于国民生计上一切直接间接之机关略已具备，国民企业能力略已充实，其所缺者仅在资本一端，于此而灌溉以外债，常能以收奇效（美国、日本是也）。而不然者，则外债惟益其害，不睹其利也。盖金融机关不备，则虽广输入外资，而此资固无道以入企业家之手以资其利用，则徒以供少数人之消费，而直接间接以酿成一国奢侈之风，益陷国家于贫困已耳。苟人民无公共责任心，重以企业能力缺乏，则所营之业将无一而不失败，掷资本于不可复之地，亦以陷国家于贫困已耳。故谓外债可以为振兴实业之导线者，犹是不揣其本而齐其末，未可云知言也。

然则中国欲振兴实业，其道何由？曰：首须确定立宪政体，举法治国之实，使国民咸安习于法律状态；次则立教育方针，养成国民公德，使责任心日以发达；次则将企业必需之机关，一一整备之无使缺；次则用种种方法，随时掖进国民企业能力。四者有一不举，而哓哓然言振兴实业，皆梦呓之言也。然养公德、整机关、奖能力之三事，皆非借善良之政治不能为功，故前一事又为后三事之母也。昔有人问拿破仑以战胜之术，拿破仑答之：一则曰金，再则曰金，三则亦曰金。试有人问我以中国振兴实业之第一义从何下手？吾必答曰：改良政治组织。然则第二义从何下手？吾亦答曰：改良政治组织。然则第三义从何下手？吾亦惟答曰：改良政治组织。盖政治组织诚能改良，则一切应举者自相次毕举；政治组织不能改良，则多举一事即多丛一弊，与其举之也，不如其废之也。然则所谓改良政治组织者奈何？曰：国会而已矣，责任内阁而已矣。

今之中国，苟实业更不振兴，则不出三年，全国必破产，四万万人必饿死过半。吾既已屡言之，国中人亦多见及之。顾现在竞谈实业，而于阻碍实业之痼疾，不深探其源而思所以抉除之，则所谓振兴实业者，适以为速国家破产之一手段。吾国民苟非于此中消息参之至透，辨之至晰，忧之至深，救之至勇，则吾见我父老兄弟甥舅，不及五稔，皆转死于沟壑而已。呜呼！吾口已痦，吾泪已竭，我父老兄弟甥舅，其亦有闻而动振于厥心者否耶？

1910 年 11 月 2 日

资料来源：梁启超：《梁启超文集》，线装书局，2009 年。

第六章 周学熙的管理思想

周学熙（1866~1947），安徽至德县人，是清末两江、两广总督周馥之子。在晚清曾任天津道署、长芦盐运使、直隶按察使、农工部参议等职，民国时期两度出任民国政府财政总长、代理农商总长、全国棉业督办等职。

1903年周学熙被派往日本考察"工商币制"，岛国"百端制造，无往不用机器"的近代工业机械化生产的方式对其感触颇深。日本一行三个月，使他认定了只有"兴工振商"、"工学并举"，促使工艺大兴才能改变国家贫困现状。周学熙积极倡导和实践实业救国，1906~1922年的16年间，他创办了启新洋灰公司、滦州矿务局、京师自来水公司、耀华玻璃公司、华新纺织总公司等15家企业，资本总额超过4000万元，形成了近代著名的周氏实业集团。周学熙一身兼具的旧式士大夫和民族资本家的双重身份，使其管理思想呈现出多层次色彩。

第一节 实业救国的思想与实践

一、惟实业足以救国

面对外国资本咄咄逼人的攻势，周学熙忧虑我国实业发展前景且投身实业救国实践。他说："值兹商战时代，消长盈虚，间不容发。实业前途，不进则退，瞻念前途，实深惶惧"[①]，"今日商战时代，惟实业足以救国，亦惟实业足以利民"[②]。

除耀华玻璃公司这一合资企业外，周学熙所创办的其他大型企业在招股章程中均明文规定：不准影射洋股，否则一经发现，立将该股注销。作为20世

---

① 郭士浩：《启新洋灰公司史料》，三联书店，1963年。
② 《天津商会档案汇编》。

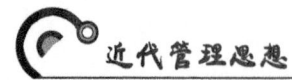

纪初中国实业界的领袖人物之一,周学熙的实业救国思想影响巨大。时人评述道,当时经周学熙"登高一呼,遂人人各印入'实业'二字于脑海中而如响斯应,于是学界中人有工业教育之想,商工界有工业教育之想"①。

二、工艺非学不兴

周学熙发展实业不急功近利,而是认识到科学和实业相辅相成的关系。他指出,"工艺非学不兴,学非工艺不显","科学与实业如影随形,为国而思握实业界之霸权,必有通于各种科学之人才,然后旧者可图改良,新者可期发达,此泰西富强各国之公例也。"② 又说,"方今为商战之天下,各国以商战,实皆以学战,每办一事,必设一学"。他认为中国"市面之不兴,总由商务人才过乏"③。周学熙十分注重派人员出国学习,视之为当时"最急之务"。在教育方法上,重视基础理论与专业技术的结合,反对"侈谈学理","闭门造车"。为此,他创办高等工业学堂之后,接着就创办了实习工场。

他开办补习学校,注重对员工的继续教育。华新纱厂为了提高工人的技术文化素质,曾于1929年开办了多种类多层次的补习学校。其中主要有:职工文化补习学校,学期半年,要求达到初中文化水平;职业补习学校,学期两年,所学课程有代数、几何、图画、理化大要及英文,要求达到高中毕业水平。经过学习的工人,有许多被选拔为该厂的职员和技术人员。

周学熙认为,对于一个企业的成功,充足的资本、先进的技术设备、具有所办之事的能力的人员,三者缺一不可。因此,对于一些技术人员,不惜重金予以聘请。在办理耀华玻璃公司时,为了得到技术人才,周学熙不惜重金,聘请到比利时制造玻璃世家出身的古伯任总工程师,同时聘请曾做过清华学校校长的金邦正为副工程师。这些技术人员,或带来先进的经营理念,或解决企业所面临的重大技术问题,为企业的发展发挥了无可替代的作用。周学熙通过聘请外国专家讲授知识、派遣留学生等形式吸纳当时较为先进的生产技术。他在主持直隶工艺总局时,创办高等工业学堂。当时高等工业学堂聘请英国、日本技术专家,传授化学、机器、制造、图绘等实用技术,并派专员驻日本调查工艺。为使学生能够掌握到先进的文化和生产技术,1904年7月,高等工业学堂择优派遣留学生13名,分别到日本农、工、商各专科学校学习;1906年8月,又选派化学、机器专科学生19名,分赴日本大阪、长崎各工厂实习。在

---

① 周尔润:《直隶工艺志初编》(志表类卷下)。
② 郝庆元:《周学熙传》,天津人民出版社,1991年。
③ 陈真:《中国近代工业史资料》(第三辑),科学出版社,1957年。

西学刚刚萌芽时期，周学熙不遗余力地利用这种工业课程培养实用人才，并积极学习先进的文化知识，有利于实业人才的培养，有利于独立发展民族工业。①

三、多积累、少分红的发展战略

周学熙说，"凡举事无大小，必综览全局"②，周氏企业之所以能在短短20年内迅速发展成为我国北方较大的民族资本集团，这与他的企业发展战略和经营思想是分不开的。

缺乏健全的金融体制是近代实业发展异常艰难的重要原因。周学熙认识到"必先有健全之金融"，所以他一踏进实业领域就谋求突破资金"瓶颈"。

1906~1911年启新5年盈利达122万元，超过投资的总和。滦矿自合并到1932年的20年间，盈利高达4600万元。如此高额的利润应当如何分配，周学熙的主张是多积累，少分红。滦矿自联合后，规定"股息每股以二元四角为最大限度……过此则提存为'创办新事业专款'，以之生息，建设实业"。周学熙的几个大企业都采取强制性高积累的政策。这种强制性积累政策有力地推进了周学熙资本集团的资本积累速度。据现有资料，周学熙资本集团中的滦矿、启新、华新青厂3个主干企业，1912~1923年的资本积累率分别达到了88％、21％、22％；1924~1936年，启新和华新青厂又分别提高到25％和29％。较之同期内民族资本工业15％的平均积累率，高出了一大截。高额的资本积累有利于设备扩增，他的企业所购机器设备均来源于丹麦、德国、美国的著名公司。与购置外国先进设备相应，启新也大量聘请外国技术人员，因而所产马牌水泥产品质量非常好，超过了日本水泥质量的平均标准。③

周学熙十分注意企业的规模。"以雄厚资本，而办伟大事业，所谓实地经营之机关也"。他对企业利润采取多积累、少分配的政策，又将资金在其所办各企业间互相挹注，并自设金融机构（几家银行及信托公司），加强企业联合，使其集团具有康采恩的色彩。他1924年组成联合管理处，分设机要、稽核、统计等科，对各企业的经营业务进行考核督察。

四、制度管理

周学熙每办理一家企业，首重企业组织的完善，拟订详细的章程，建立系统的部门体系，并明确各部门的权责，以利于企业的良好运作。

---

① 岁有生：《论周学熙的人事管理思想》，《广播电视大学学报》（哲学社会科学版）2008年第2期。
② 《北洋公牍类纂》卷十六《工艺总局周道等酌拟办法章程经费数目缮呈图折禀并批》。
③ 程莉：《周学熙资本企业家族式管理之成败分析》，《池州学院学报》2008年第6期。

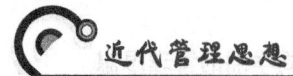
近代管理思想

启新洋灰公司在开办伊始，就详订章程，建立完善的企业组织，并对各种职能部门进行权责划分：股东大会为公司的最高决议机关，各股东均可按照自己的意见，进行发议、表决与选举；董事会和总事务所是启新洋灰公司最高管理和执行机构。在董事会和总事务所之下，则分别设立具体的各司其职的职能部门：秘书处、总务部、财务部、业务部、采办处、稽核室、上海办事处及唐山工厂。唐山工厂也下辖秘书、总务部、制造部、营务组、修机厂等部门。

周学熙重视人员的选拔和编制。他告诫子孙："股份公司者，股东之公器也，公器不可以私传，当别举贤与才，戒子辈勿与焉。"周学熙坚持管理人员通过选举的途径产生，并且有一定的任期。在编制上因事设人，避免冗员。周学熙规定持股份较多的股东有保荐权，但这种举荐必须遵循一个前提："如非公司需人之时，不得强荐滥用，致滋糜费。"①

周学熙在以精简的原则设置各种职能部门之后，接着制定了详细的办事规则，以明确每个职员的责任和应尽的义务。董事的主要职责是负责纠察及评议，监督并议决公司的款项支付；总理则常驻公司，率同协理督令所属员司人员等照章管理企业的日常活动，如有特别重要之事，总理应商请董事局，或开股东会议决施行；其他人员则办理其职责之内应办之事。各职员必须按时办公，各部门职员，俱有专责，不得互相推诿。如遇公事繁忙时，可由总协理酌量调度，相助为理。如有事必须请假，同事之间轮班请假，不得同时并请。如无故擅自逾限，"一月内回差，计日扣薪，超过一个月者，则予以开除。""在办公时间内，除总协理可因公轮换外出亲查事件外，其余各员司，不得无故擅离或谈论、言笑、会亲友、办私事，致误要公。"②"自提调至帮文案，应酌定轮值住宿表，张贴办公室，俾专责成而均劳逸。员司人等，无论公事私事，均由门号房将出入时刻确实登记某某自某时出至某时归，不准疏漏，以便稽查。"③

在高薪聘请技术人员的同时，周学熙亦以物质奖励来激发管理人员和普通工人工作的积极性。在办理直隶工艺总局、启新洋灰公司和天津官银号时，对于管理人员工资的发放作如下的规定，公司管理人员的工资分为三部分：职俸、功俸、资俸三种。职俸即为基本工资，按照级别给予若干，但根据业绩，下一级别的人可以享有上一级别的职俸。功俸即根据功绩来确定奖赏，大致将奖赏分为三等。一等功俸：按照本级职俸十成之五；二等功俸：按照本级职俸十成之二五；三等功俸：按照本级功俸之一二五。除此之外还有资俸，根据其

---

① 虞和平：《周学熙集》，华中师范大学出版社，1999年。
② 《北京自来水公司档案史料》，燕山出版社，1986年。
③ 甘厚慈：《北洋公牍类纂》，文海出版社，1966年。

表现，若三年内未有犯错者，可以另外加十二个月原薪，这样以激发管理阶层的积极性和责任心。①

五、为贫民谋生计，为社会开风气

周学熙接受过儒学正统教育，传统文化长期的熏陶使他养成稳重绵密、处变不惊的性格，"数十年持身涉世，稍有把握，实得力于此"。同时也使他将施展个人才能与经世济民的政治理想联系起来，他"慕范文正之为人"，认为"先天下之忧而忧，后天下之乐而乐"是独到之见，对范仲淹的惠民之政更是景仰不已，"地易沧桑天易老，斯民犹说范公堤"。

周学熙一生"以裨益民生为己任"，认为"吾国幅员之广，生齿之繁，甲于环球，而财力则异常缺乏，此由实业不讲而游民滋多。凡日用所需之物莫不取给外洋，民穷财匮日甚一日"。② 他一直重视对农村经济的扶持，建议筹设中国农工银行于各县。在长芦棉垦局督办任内，他曾试图运用资本主义农场经济来改造自然经济。但是这些努力有的没有达到预期效果，有的则完全失败。

传统士大夫对国家对民族的强烈责任感体现在他办理实业上就是一生笃守"为贫民谋生计，为社会开风气"两条宗旨，一直高举着"实业救国"的旗帜。

他把经营管理和人才培养融为一体，通过各种教育形式提高工人素质，提高他们的生活质量。周学熙在其经营的企业中推行各种福利制度。启新洋灰公司为给工人免费治疗伤病，津贴开滦中华医院经费，并在厂中设置医疗室；为了使工人子女能够就近免费入学肄业，津贴开滦淑德学校及城子庄同仁室山等小学校经费；同时城内设同仁俱乐部，添置娱乐、运动、卫生等设备；为职工提供廉价出租房屋；对于因公死亡、因病死亡、残废、告老的工人，均按其在厂服务年限，照章给予抚恤金；对于因公死亡者，并给予丧葬及特别抚恤金。为了照顾本厂职工养老，实施同人慰劳金制度，即公司于各会员月薪之外，每月加给1/10的慰劳金，按月储存；要求会员按月提存其所得薪金的5%，使职工年老无后顾之忧③。

周学熙于1919年创办青岛华新纱厂时，将"互助合作，华新精神"八个字用花砖砌在工厂男女学徒宿舍门外。这代表着华新纱厂的主导思想。华新纱厂为提高职工的文化和技能素质，建立了有着比较完善体系的职工补习学校。除职工补习学校之外，还办了华新小学，为职工子弟提供读书的场所，后来又

---

① 岁有生：《论周学熙的人事管理思想》，《广播电视大学学报》（哲学社会科学版）2008年第2期。
② 周尔润：《直隶工艺志初编》（章牍类卷上），《工艺总局示谕各属绅民人等广设工场以开生计文》。
③ 《启新洋灰公司史料》，生活·读书·新知三联书店，1963年。

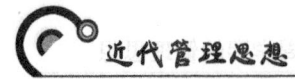

举办幼稚院。华新纱厂除了强化对工厂职工的文化和技能训练以外，还十分注重举办一些文娱活动，加强对工人的精神训练，如设立国剧社，成立篮球队等，并组织进德会，"以研究学术，交换知识，提倡正当娱乐，摒绝不良嗜好。"以"烟、赌、嫖为禁条"，"以勤俭为信条"。通过这些形式开展职工文化活动，营造出企业浓郁的文化氛围。

第二节 新型"官督商办"

一、"采国家社会主义"

当官督商办、官商合办等企业形式为人广泛诟病之时，周学熙创办的企业一直和政府保持十分密切的联系，并且借助这种联系迅速地成长为一个包括轻重工业及金融保险业的综合性民族资本集团。周学熙也逐渐形成了一套利用政权发展实业的理论。

1912年周学熙首次出任北洋政府的财政总长，提出"采国家社会主义，锐意实业，大开利源"。所谓国家社会主义，即"举个人所难办公司所难成之事业，均由国家直接经营之，富国之基在此，强国之基也在此"。

周学熙则打算借助国家政权来大力发展实业，做一般私人资本和公司所不能做的事情。他认识到在近代社会环境里，国家政权的经济职能能否充分发挥对企业的发展起着决定性作用。他强调由国家来经管那些个人和公司所不能经管的企业。他对政府的提携倡导作用十分重视，"惟办事以集款为先，而集款尤以立信为先，故欲人民投资，必先政府拨款"，否则"绅富怀疑，相率裹足，万年巨业，必败垂成"。

二、官商一体，情意相通

周学熙认为，借助政权的力量发展企业，除了国家直接经营的方式外，私人企业也必须和政府保持密切联系，尤其是必须和那些握有实权的官僚军阀协调好关系，即所谓"官商一体，情意相通"①。

周学熙采取让官僚军阀入股，担任董事、监察的方式，使这些人与企业的命运休戚相关，从而关注企业的发展。通过股份公司这个中介，官僚军阀充当

---

① 廖一中：《袁世凯奏议》（上），天津古籍出版社，1987年。

着它的"保护伞"。

周学熙作为私人投资者进入工业界是在1906年，即办理北洋滦州官矿有限公司和启新洋灰有限公司。前者有周学熙负责的官银号提供官股（占10%），采用灵活的官督商办形式，即强调股东的权利，私股占优势，周学熙被任命为"总理"而不是"督办"。所订章程使得大股东据有高层管理权；但公司又有"官矿"的名义，可以左右逢源。后者是1886年由唐廷枢办的唐山细棉土（即Cement，水泥的音译）厂，中途被英资控制，1906年由周学熙收回，又用官银号的贷款（40万两）恢复生产，因此集股（100万两）很顺利，第二年即还清贷款。

周学熙的企业名为官商合办，已不同于洋务运动时的"官督商办"。在洋务运动时期，官是国家政权的代表，是凌驾于企业之上的行政长官，他代表清朝政府控制着企业经济和行政的一切权力。私人资本家除了保留资本所有权和按年领取股息、负担亏损责任外，既失去了股金的支配权，又不得过问企业事务，对他们自己的投资根本没有监督权和控制权，基本处于附庸的地位。而在启新所采取的官督商办形式中，官已不是国家政权的代表，而是以私人身份投资于企业者，最重要的是企业中官的地位不是由封建政权赋予的，而是根据投资股额的多少由股东会选举决定的，这样就削弱了官督的权力，而增强了企业的商办色彩。在企业领导人亦官亦商的双重身份中，商的成分渐渐增大，官在企业中更多地扮演"商"的角色，企业的盛衰成败与官僚个人利益息息相关，官权与商利渐渐趋向一致。所以这种"官督商办"官商之间已不是那种官为控制、商为经营的关系，而是结成了紧密的联盟。周学熙充分利用了这种经营形式的合理成分又避免了其所产生的一系列弊端，官商之间一时出现了某种良性互动关系，结成了紧密的联盟，共同谋求企业的发展。

周学熙认为，企业"无政治之力，则不易推动；有官僚之习，则将成腐化，故必以商业化之方式，而佐以官厅之督导"[①]。滦矿和京师自来水公司创办时的招股章程载明系"官督商办"性质，"中华民国"成立后，创办的企业如华新纺织公司、中国实业银行也都有官股、官款。周学熙强调，在"官督商办"企业内部，"一切悉按商规"办理，"所有官场习气一概废除，所用之人亦照生意规矩，不得拘情面以致人浮于事。薪水须酌量才干及办事多少为准，每月按规定数发给，不得挪支移挂分文。"[②]

[①] 周叔媜：《周止庵（学熙）先生别传》，台北文海出版社，1966年。
[②] 《北洋公牍类纂》卷18。

强调商办的同时,又希望"有善良之政府,实行保护产业之政策"①。周学熙在创办和经营企业的过程中,充分地借助了政权的力量。启新创办之初及在具体的运营过程中,也得到官僚政权的特殊扶植和保护,享受到了一系列特权②,如:①设厂特权。启新成立后,周学熙于1909年7月呈请农工商部:"嗣后直隶境内如再查有此项相同之土质,应仍归职公司推广添设,以杜外人觊觎,而免另立公司,致启争端,坐亏血本",此请求得到了批准。随后启新又取得了"于东北各省及扬子江流域有优先设立分厂特权"。民国以后,启新又一再重申此项特权,力图长期垄断国内水泥的生产。②赋税特权。启新为了避免重税盘剥,同样呈请袁世凯减轻或豁免税额。③运输特权。启新与轮船招商局及各铁路局均订有减收运费合同,一般按七八折收费。④销售特权。当时国内建筑事业尚不发达,水泥用量以铁路工程为最大,启新尚未投产,即恳请袁世凯"饬关内外、京张、京汉、正太、汴洛、道清、沪宁各铁路局查照购用",并与之订有长年购用合同,这样就保证了启新水泥的销路。⑤燃料供应特权。制造洋灰,烧制砖瓦,煤向来被视为命脉。启新一开始购用开平煤炭,开平常"故意抬价居奇",致使启新水泥"成本过重",周学熙遂呈请袁世凯设立了滦州煤矿,并与之订立互用煤灰合同,"滦矿售煤与洋灰公司,应酌减价值,不得过于开平市价十分之七",这样,启新得以长期有廉价煤炭供应。

所以,周学熙实业集团不是简单的官督商办,而是继承和发展了官督商办制度的合理内核,创造了中国近代工业发展的一种独特模式,即官为扶持、商为经营的模式。

三、家族企业治理

启新与政府关系的建立,除了依靠启新每年给予北洋的"报效"外,还由于周学熙与北洋派官僚之间的私人交情。周学熙与北洋政府重要官僚结交至深,周学熙的启动资本主要依靠的就是北洋官僚、军阀的大量投资。

周学熙资本集团包括启新洋灰公司和滦州矿务公司这两大骨干企业,以及京师自来水公司、华新纺织公司(天津、青岛、唐山、卫辉4个纱厂)、耀华玻璃公司、中国实业银行等经济实体。而控制该集团的最高权力核心主要是几大家族:周学熙家族、袁世凯家族、王筱汀家族、孙多森家族、陈一甫家族、李希明家族和卢木斋家族,后来徐世昌、龚心湛、言敦源、熊希龄、陈光远、

---

① 梁启超:《饮冰室合集》第三册,卷23,中华书局,1989年。
② 冯云琴:《官商之间——从周学熙与袁世凯北洋政权的关系看启新内部的官商关系》,《河北师范大学学报》(哲学社会科学版)2003年第4期。

田中玉、颜惠庆、孟恩远、杨味云等北洋派官僚陆续进入周氏资本集团。周家与袁家有几代的交情，周家与袁、王、孙、杨、言等几家都曾联姻，更加强了企业的联系。周学熙作为这个企业集团的创建者，以其政治地位和经营才能成为这个资本集团的核心。企业的控制权在几大家族范围内分配，不向外扩散。周学熙资本集团不是极端意义上的家族化企业，而是泛化意义上的家族企业，即家族成员不仅包括血缘和亲缘关系，还涵盖地缘或人缘关系。周学熙资本集团实际上是以周学熙为核心，周氏家族成员（周志俊、周叔弢）和安徽籍同乡（孙多森、陈一甫）为外围，并向其他家族扩散的这样一个同心圆。①

由于家族统治与权力集中，可以促使集团中具有密切联系的企业加强协作，实现一体化。如周学熙、孙多森利用他们担任启新、滦矿两公司总协理之权，签订煤、炭互惠协定，促进双方的发展。运费与煤耗在水泥制造与销售成本中是占比重很大的两个项目。有了这几个合同，启新的运营有了更稳定的保障。另外，在考虑各个企业的重大决策时，企业者能从集团的整体利益出发，统筹兼顾，酌盈济虚，发挥集团性企业的优势，提高竞争能力。在卫厂出现困难的时候，周学熙不仅成立唐卫两厂总管理处，调配两厂的资金与业务，使之互相维持，共同发展；并且主持中国实业银行与卫厂签订发放180万元的公司债合同，帮助卫厂度过危机，办成一座比较现代化的纱厂。周学熙作为企业集团的灵魂，大权在握，踌躇满志，大刀阔斧地吸收资本、引进国外最先进的技术设备、不断地扩大再生产，使集团发展壮大。法国学者白吉尔指出，这种庞大、复杂，而又利害相关的社会网络虽然具有浓厚的封建色彩，但已被赋予新的社会活力，它无论是在内部的资金筹措、人事安排、技术引进、经营管理，还是在外部打开市场、寻求政治庇护等方面，都给予新兴的资本主义以灵活性、机动性以及抵御危机的能力，"为中国企业家提供了可以不必打破社会传统就能够真正地适应现代经济环境的可能性"②。

补充材料：天津考工厂试办章程（1904年9月）

第一章　总纲

第一条　本厂宗旨：考察本国外国商品，以激发工业家之观感，应分度设、考察、化验、图书四司，并辅以文牍、会计、庶务三司。提调为全厂事务

---

① 程莉：《周学熙资本企业家族式管理之成败分析》，《池州学院学报》2008年第6期。
② 白吉尔：《中国资产阶级的黄金时代》，上海人民出版社，1994年。

之长，总理一切；艺长专司考验、审察及指教演说等事，而皆受成于工艺总局，遵其调度。

第二条　各司应有专责，兹揭其要如下：

甲　庋设司：设司事一员，一管理庋设物品；一搜集庋设物品；一更换庋设物品及其标签；一督理看护人；一经理贷与及分与；一经理寄赠品及寄售品；一管理庋设及寄赠、寄信品之簿籍。

乙　考察司：由艺长兼摄，另设洋文司事一员以辅之。一复答工商家咨访事件；一演试工商新法；一演说工商要理；一指授工艺方法并拟示标本；一作商品说帖；一鉴别商品器物；一访查本地进出口货情形；一访查本地商业销滞情形。

丙　化验司：暂由工艺学堂代办（由本厂图书司承接收发记录等事）。一分析试验；一复答关于化验之咨访；一管理化验器具及其簿籍。

丁　图书司：设洋文司事一员，并募绘图师一名以辅之。一管理图书及商品标本等件，编纂目录；一搜集图书及商品标本等件，并募绘各项图样等事；一经理借贷图书及商品标本等事，立簿收发；一编纂暨翻译工商业书报等件；附一兼管承接收发记录各种化验之事物，立簿记其号数、日期。

戊　文牍司：暂由提调兼理，另设书手一名。一撰拟文牍函件；一收管并收发公文函件；一编存公牍；一编定登报事务。

已　会计司：设司事一员。一编制预算；一收支银钱；一造报账目；一编纂统计表；一购备应用器具；一监理日用品物；一销售不用品物；一收发进门票，并督理卖票人；一管理关于会计之各种簿籍。

庚　庶务司：设司事二员。一接待商客；一预备演说事务；一管理厂内地段房屋；一管理本厂工役入等，并稽查出入；一管理各项锁钥；一经理纵览各事宜；一凡不属于他司之细务。

第三条　总局有所委任虽分任以外之事亦当尽心办理，不得互相推诿。

第四条　凡意外事务为条中所不载者，当随时商承提调办理，重则禀总局示行。

第五条　各司有请示总局之处，先陈明提调。

第六条　各司在厂办公时刻须有一定，每日应由庶务司在执事簿按名注明到厂、未到，或告假公出字样。凡有故不能到厂者，必须在提调处告假，或因公出厂，亦应呈明提调，回时仍即告知。提调处应备粉牌一方，随时将告假及公出人名揭示，以便各司知照。

第七条　各司凡有调动应将经手事件、簿籍交付接手之人，并将本职事宜详告，不得稍有欺隐。

第六章 周学熙的管理思想

第八条 各司有废弛不职之事,提调当随时申诫,重则禀请总局处理。

第二章 各司执事专条

以下庋设司甲:

第一条 庋设各物须分类编列号数、标签品目,与簿籍相应,以便查考。

第二条 庋设簿籍列下:一本省品物;一外省品物;一外洋品物;一寄赠品物;一寄售品物。

第三条 购置品物应记其各项事件如下:一物名;一产地或制所;一购得年月;一购得之地;一品质;一形状图绘;一品位;一用法;一尺寸或重量体积;一市价及原价;一批发价;一税额经过厘税几处;一出产或制产额;一销数;一特别性质及杂事。

第四条 寄赠品物亦应详其各节如下:一本主之姓名、职业、住址;一本铺、分铺或代买处之名;一每年出产或制产额;一行销之地;一品质;一形状图绘;一品位;一用法;一尺寸或重量体积;一价值;一税额及经过厘税几处;一销售之约计;一特别之性质及杂事。

第五条 如有变质或流动之性者,宜特加注意,随时更换。

第六条 看护人宜加小心,如有损污破坏之处,量情性赔偿。

第七条 各工商业家有精细货物欲交由本厂寄售者,须遵照第一号书式陈明本厂,以便酌核办理。

第八条 得本厂之允许者,须遵照第二号书式,呈其货品,并所占之容积,须附加该货说帖一纸。

第九条 盛货品之箱或架,及其装饰等,均由寄售主自办,但须知照本厂,若有损坏,应令原主随时更换。

第十条 寄售物至五百元以上准自行派人守护,须将其姓名、籍贯禀知本厂,如有不遵约束任意妄行者,照本厂看护人一体惩处。

第十一条 寄售之财由本厂代为收管,准原主随时凭折支取。

第十二条 赁陈货物每立方尺月纳费银若干,随时由本厂酌定,须先交三个月,以后按月照付。若未满期出售者,所纳之费不能退还。

第十三条 寄售各物本厂当严为保护,若有非常变动为人力所不及者,本厂亦不任其咎。

第十四条 本厂庋设各物,若工商家欲借用或价买以资考证者,须遵照第三号或第四号书式,陈明本厂,以便酌最许否。惟寄赠之品不在分与之列。

第十五条 得本厂贷与之允许者,须遵照第五号书式,呈交本厂,以为信据。

第十六条 凡得本厂允许贷与者,须先按照原价存银本厂为质,俟交还货

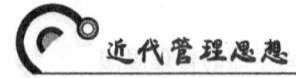

物时,仍将存银发还,但须略纳借用费,以贷期之长短南本厂酌定数目。

第十七条　贷与货物交还时,须详细验明,如有损失污坏者,当酌量情形,重者赔偿,轻者议罚,赔价者将原物给之,议罚者不得过原价十分之四。

以下考察司乙:

第十八条　艺长之职所以备实业家之顾问,如各工商人等有所咨询事件,务当详为复答,若须当面问对者,由考察委员领赴艺长处以便详询。

第十九条　艺长若须赴各工场考察情形,当南提调禀明总局派员会同前往,如须函知地方官照料一切者,亦由总局办理。

第二十条　本厂随时邀集各行工商业家,演说各项要理,试验各种新法,以增益其智识者,前数日登报俾众周知。

第二十一条　演说当按照座位多寡酌量出票,应分送、卖两种,著名之商家及与演说相近之工业家,由本厂送票邀请入座,此外无论何人均须购票,票尽为度,以免拥挤。

第二十二条　演说为时无几,如各工商家有未明晰或更须详考之处,准随后订明时刻赴本厂访问,当详细复答,以副垂询之意。惟不得在演会时发问,致耽延时刻。

第二十三条　演说各节拟择要登入报章,以餍未经听讲者之望。

第二十四条　如有应行查各州县者,由提调禀商总局以函牍往来,本厂不得径行查访,以杜弊端。

第二十五条　如有应行专员赴各州县查访者,由提调禀商总局派人前往,其事件如下:一出产最多之处;一制造繁盛之处;一新出之特产;一新创之工商事业。

第二十六条　如有应行专员赴外省或外国学习或考察者,由总局专案禀请督宪察酌给咨或护照前往,其事件如下:一本省出产应行考求制法者;一制法未善应行改良者;一可兴之利而不得振理之法者;一新兴之工商业可以仿办者;一土产之销场应行查访者。

第二十七条　考察委员回时应将用款核实,开具清折,以凭造报。

第二十八条　考察委员车辆船只均须自行价雇,不得扰及地方,如有藉端招摇者,准地方官或商家指名揭禀控告,以凭究办。

第二十九条　考察情形随时登入报章,俾众周知。遇有华人设法创制及改造精良之物,应即加考,陈明总局,分别嘉奖,以示鼓励(以上一节系遵奉督宪批示增入)。

以下化验司丙:

第三十条　本厂应设化验处,以应工业家之分析试验,惟规模初创,事务尚简，暂由工业学堂代办，以节经费，拟俟事务烦多再行添设专员（其承接收费及记录等事暂由本厂圆书司兼摄）。

第三十一条　凡呈请化验各物者，遵照第六号书式，说明其重要之处。

第三十二条　呈验之家如须亲到本厂当面阅视化验之法者，须先禀明本厂，酌量许否。

第三十三条　化验各物所费无多者，暂行免纳用费，以示体恤，倘所费甚巨者，临时再行核定，酌纳试验费。

第三十四条　化验毕应作说帖两份，一交原主，一存本厂，以备查核。

第三十五条　化验各物如须酌留原品备查者，当与以相当之价值，以恤商情。

以下图书司丁：

第三十六条　图书当分类收藏如下：一商品图绘样本（以下尚应各分细类）；一工业书；一商业书；一理化学书；一财政学书；一法律学书；一簿记书；一地理地图历史书；一报告统计书；一百科全书及各种辞书；一语学书；一维书；一新闻杂志。

第三十七条　管理图书应备之簿籍如下：一目录；一出入日记簿；一贷与簿；一寄赠簿；附一化验各物收发簿。

第三十八条　本厂调阅者入日记簿，厂外借阅者入贷与簿，由人赠送者入寄赠簿。

第三十九条　贷与者须经提调之允许然后照发，一切遵照贷与品物办理。

以下文牍司戊：

第四十条　文案撰拟或裁复官商函牍，当遵照总局章程，并禀承提调之意指，如有见及之处，宜随时禀商，听候酌夺，不得妄抒意见。

第四十一条　登报事件须由提调呈总局阅后再行发刊。

第四十二条　应立收发文件簿，随时逐件编号登录，至所收文牍函件及所发文牍函稿，当随时分类编存，以备查检，另备总簿编其目录。

以下会计司己：

第四十三条　会计之簿籍如下：一收支分款总簿；一收支流水；一收支暂记；一收支月报；一建筑修理清册；一购置货品簿；一购置器具簿；一购置图书标本簿；一发售进门票簿。

第四十四条　每月统计表如下：一购入标本；一购入书籍；一贷与品物；一分与品物；一借阅图书；一寄赠品物；一官署及工商人民往复函牍；一纵览人员；一分析物质件数。

第四十五条　月报及统计表定于次月上旬清结，由提调呈总局查核，不得

迟延。

第四十六条　如有意外用款,须先陈明提调始行开支。

第四十七条　如有专案请款兴办之事,须另行册报,不在寻常会计之内。

以下庶务司庚:

第四十八条　庶务应备之簿籍如下:一执事簿(逐日应按名注册到厂、未到或告假公出字样,凡告假公出者,以提调处揭示为凭,未列揭示者,应注未到字样);一请假簿;一纵览人员簿;一咨访人员簿。

第四十九条　接待宾客务当殷勤,如有所咨访尤当详细复答。

第五十条　凡工商业家之咨询当记其职业、姓名、籍贯、住址,以备查考。

第五十一条　纵览时刻由庶务司商承提调酌量季候长短随时改定。

第五十二条　凡纵览者当先购进门票,出门时收票,以便稽核人数,庶务司有稽查之责。

第五十三条　凡游览人及本厂内外人等,如有误损品物者,当向看护人询明情由,禀知提调核夺赔偿。

第五十四条　凡游览人如有咨问之处,由庶务司带领,向该管访询。(第一号书式):一某品一件,左系本店自制之品,拟遵依贵厂章程请代售,敬乞裁许为幸。专肃敬请考工厂台鉴。年、月、日,姓名、章,住址。(第二号书式):一某品一件,左系本店自制之品,蒙贵厂允许代售,不胜感荷,兹寄呈若干件,谨遵贵厂章程,先缴三个月度设费若干,并陈明一切事项,敬乞鉴察,并给予收条为幸。计开:一货物之件数;一每件之价值;一度设之容积。左件敬请考工厂台鉴。余同上。(第三号书式):一某品一件,左件拟自本日起至某日止暂行贷与以供参考,敬乞裁许是荷,专肃敬请考工厂台鉴。余同上。(第四号书式):一某品一件,左件请以相当之价值许其分与以供参考,敬乞裁许是荷,专肃敬请考工厂台鉴。余同上。(第五号书式):一某品一件,左件承蒙贵厂允准贷与,特存银若干两为质,准于某日奉还,到期仍当照章呈缴贷与费,倘有损污,甘愿照章办理,决无异言,专肃敬请考工厂台鉴。余同上。(第六号书式):一某品一件,一分量产地;一试验要旨,左件请为分析,以供考证,专肃敬请考工厂台鉴。余同上。

资料来源:虞和平、夏良才:《周学熙集》,华中师范大学出版社,2011年。

第七章 张謇的管理思想

张謇（1853～1926），江苏通州人，1894年考中状元，后投身实业，创办了南通大生纱厂、通海垦牧公司、大生轮船公司等涵盖棉纺织、垦牧、航运、码头、机械、面粉、榨油、制盐、金融、房地产等行业的30多个企业，组成大生企业集团。他还创办了通州师范学校、南通女子师范、南通纺织学校等一批新式学校和南通博物苑、图书馆等一批文化事业单位，并积极从事兴修水利、盐法改革、渔业改良等活动。张謇为我国近代民族工业的兴起，为教育事业的发展做出了突出贡献。

第一节 状元实业家

一、"舍身喂虎"办实业

1894年，张謇在代鄂督张之洞撰写《条陈立国自强疏》中，批判了外洋以兵和以商立国的"皮毛之论"，指出"外洋之强由于学"，"富民强国之本在于工"。中国倘若真能广开学堂、讲求人才，劝工惠商、振兴实业，则"不为御侮计，而御侮自在其中矣"。该疏实际开张謇以后教育救国和实业救国思想之先声。

甲午战败，中国陷入了更深的民族危机。他痛彻地感到"通产之棉，力韧丝长，冠绝亚州，为日厂之所必需，花往纱来，日盛一日，捐我之产以资人，人即用资于我之货以售我，无异沥血肥虎而袒肉以继之。利之不保，我民日贫，国于何赖。"[①] 他内心深处萌发了"实业救国"的强烈愿望，"中国须

---

① 曹丛坡等：《张謇全集》卷3，江苏古籍出版社，1994年。

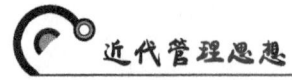

兴实业，其责任须士大夫先之"①。

张謇后来曾回忆，正是甲午战败的巨大刺激，使他意识到救国须从振兴实业入手。他说："自前清甲午中国师徒败衄，乙未马关订约，国威丧削，有识蒙垢，乃知普及教育之不可已……当是时，科举未停，民智未启，国家有文告而已，不暇谋也。地方各保存固有公款之用而已，不肯顾也。推原理端，乃不得不营实业。然謇一介穷儒，空弩蹶张，于何取济？南通固有名产棉最王之区也，会有议兴纷厂于通而谋及者，乃身任焉。"②

他认识到救国必须有脚踏实地的实际行动，而实业与教育为"富强之本"。实业与教育看上去是两回事，但从发端上又有着互相依存的紧密联系。他在后来追叙自己投身实业的缘起时写道："欲兴教育，赤手空拳，不先兴实业，则上阻旁挠，下复塞之，更无凭借。"③"办学须经费。鄙人一寒士，安所得钱？此时虽已通仕，然自念居官安有致富之理……其可以惶惶然谋财利者，惟有实业而已。"④实业和教育的相互关系是"有实业而无教育，则业不昌"，反之，"不广实业，则学又不昌"。

他说"爱国救国之挚，注意提倡国货，振工商而挽权利，尤佩远谋，若徒空言抵制抵制，则彼一物而我无物，抵且不能，制于何有？"⑤ 于是"捐弃所恃，舍身喂虎"⑥，走上了实业救国的漫漫长途。自1899年至20世纪20年代，共建成大生一、二、三、八共四个纱厂，纱锭16万多枚，资本总额达白银708.4万两，固定资产919.1万两。早在大生一厂根基稳固不久，张謇就着手开辟棉花生产基地，1900～1920年，先后创办了20个盐垦公司，占地413.5万亩，资本达1621.2万元，其中已垦地达到98万亩，可产棉11.6万担。他还创办了轮船公司、榨油厂、铁厂、冶厂等实业。在南通以外，他于1904年与许鼎霖合办镇江开成笔铅罐厂，1905年帮助郭鸿仪创办了镇江大照电灯厂，1907年又与许鼎霖合办耀徐玻璃公司。他还参加投资苏省铁路公司，帮助江西官绅创办江西瓷业公司。此外，汉冶萍公司、中国银行、交通银行、商务印书馆等也曾得到张謇的鼎力赞助。史学家章开沅曾称张謇是"清末民初那一代儒商中的出类拔萃者"⑦。

---

① 《张謇全集》卷6。
②④ 《张謇全集》卷4。
③⑥ 《张謇全集》卷3。
⑤ 《张季子九录·实业录》，中华书局，1931年。
⑦ 章开沅：《一代儒商万世师表》，《第三届张謇国际学术研讨会论文集》，中华工商联合出版社，2001年。

二、研究社会心理，度量社会经济

张謇诸多历史贡献的重要基础在于兴办大生企业集团，而大生企业集团成功的基础主要在于企业制度创新。张謇认为，欲"使经营之事业效率""较普通人为大"，"第一，须用科学方法，研究社会心理；第二，须用科学方法，度量社会经济。否则，所经营之事业，必难发展。"①

在企业经营中，他把舆地万物、国政人伦、天人之际、古今之变都作为企业的相关因素加以通盘体察，他说："盖商情万变，顺时而动者天，因时而变通者人，未可以概一也"②，实业家要"参天道、明人事，而切于日用行习"③。他经营纱厂，主持购棉，非常注重物候的研究运用，在棉花产地设立气象观测点，当气象预测气候异常时，棉产则势必歉收，大生纱厂往往先发制人，提前放价收花；而当风调雨顺年景，大生纱厂就稳住不动，待别的纱厂抢购完毕再压低价格收购优质棉。

张謇可能是民国初年政府大员中最早获知美国泰罗的《科学管理原理》，以之反思自己企业管理经验，并向实业界推荐这本书的第一人。他为穆藕初的译本写作序言，指出"佣主"要研究"工场管理"，企业管理是"有定率"的，因而应该加以探求。

他在企业建立机构精干、章法严明的管理机制。张謇亲自为大生纱厂《厂约》明文规定了总理和各经董的各自职责，对各级职员的工资待遇、利润分配、各所章程的制定办法和定期考核制度、功过赏罚办法等事项都有明确、具体的规定。《厂约》体现了张謇开明、务实的个人特色。他对各级职员既晓之以办厂是"为民生，亦为中国利源"的大义，又明确告之以纱厂奉行总理独裁制和部门分工负责制的管理原则，告之以各部门职员各自的责、权、利以及考核与功过赏罚办法，使各级职员的责权利挂钩。张謇在《厂约》中又将自己置于大家的监督之下，鼓励各级职员对自己提意见，对厂务提建议。④ 张謇对大生企业高中级管理人员"绳之以大义"，并且赏罚严明，用规章制度实行开明而严格的管理。张謇创办通海垦牧公司及其他企业时，也在这些企业建立了机构精干、章法严明的企业管理机制。在张謇以身作则下，这些企业的高中级管理人员无不兢兢业业，恪尽职守。他们分工负责，层层管束，管理十分严格，使企业取得了很好的效益。

---

① ③ 《张季子九录·教育录》卷5、《张季子九录·文录》卷7。
② 中国近代经济史资料丛刊：《大生企业系统档案选编》（纺织编一）。
④ 《张謇全集》卷3；《大生系统企业史》，江苏古籍出版社，1990年。

在人事管理方面，张謇坚持"用人者为事务求人才，非为个人谋位置"。"有官而无事才存其官，而不必置其人；有事而人多者减其人，以适当于事"，实行岗位责任制，要"责任专"①，各司其职，各负其责。他力求物质待遇同工作成果相适应。"工价以手艺优劣、工作勤惰为差等"，"随时查考机匠勤惰精粗，秉公登记，为年终花红之高下"。大生集团企业的职员，不仅领取固定的薪水，还按照企业章程所定的"花红"参与企业利润分配。这是将职员经营劳动与企业经营效益挂钩的一种激励方式。②

张謇亲自拟定《厂约》之外，又于1899年颁布《大生纱厂章程》，其中包括银钱总账房章程、进出货处章程、净花栈章程、批发所章程、工料总账房章程等21项有关纱厂各车间和各职能部门管理办法。③ 这21项具体章程共有195条规定，对纱厂各道工序和各个岗位的人财物管理等作了详细具体的规定。专家认为，在19世纪末20世纪初全国建立的约20家纱厂中，大生纱厂的管理制度较完善。④《大生纱厂章程》是张謇及其同事们学习外厂以及自己治厂经验的总结。因当时中国不少新式纱厂在管理上缺乏经验，漏洞很多，张謇在《大生纱厂章程书后》一文中再三强调治理纱厂一定要谨慎，并希望该章程能给"凡为纺厂者"提供参考。⑤

在成本管理方面，他早就注意到"各工厂制造之货，非减轻成本，不足以敌外国进口之货"，为此应做好：①成本计算制。每天造报表，一份给经理室，一份给工务主管人员，一份给银行。表上载明原料、产品的市价、营业的盈亏、工作的效率等。成绩和问题一目了然，便于及时控制。②每个部门对当天要使用的人力、原材料、燃料都要事先造好计划（清单）领料，晚上统计实际耗费的数据，交总账户汇核。

在供销管理方面，他认为"工厂营业，生货（原料）为因，熟货（产品）为果"。生熟货管理要"入乃不竭，出用不嚏"。为此要注意：①工厂选址。"设厂之所，必度厂之四面生货所产，浮于厂之所需大半，熟货所行，浮于厂之所应小半"，即原料和出品都有较充裕的供求空间。②"利在速售"。价格"有时而减，有时而平"，以加快资金周转对原料也要减少库存的数量和时间，否则会影响储品质量，增加损耗，积压资金。③原料质量和价格。依据"察

---

① 张孝若：《南通张季直先生传记》，中华书局，1930年。
② 陈争平：《近代张謇的企业制度创新及其现实意义》，《清华大学学报》（哲学社会科学版）2007年第1期。
③⑤ 《张謇全集》卷3。
④ 穆烜、严学熙：《大生纱厂工人生活调查》（1899~1949），江苏人民出版社，1994年。

岁收，权市价，审栈厂磅秤之出入，转花衣干湿之盈亏"。①

张謇重视人才开发与新式教育的发展。大生集团1912年创办南通纺织专门学校。其毕业生完成了大生三厂全部纺织新机的排车设计与安装工程，使得大生开始摆脱了技术上对外籍人员的依赖。南通纺织专门学校的毕业生不仅为大生所用，而且也"服务于沪汉津锡通海各大纱厂，勤朴精敏，素为一般人所钦服乐用，成为中国各地纺织企业倚重的人才。"

张謇强调"公积者，凡商业之命脉也，愈厚愈固"，"分利过当，生犹不及"，因而要"裕其母财"。他看到企业机器设备的折旧费必须留足，以保证及时更新技术所需之资金；股息分红必须视企业的盈利状况而定，"彼此计息，不可无限制"，"盈利若干，即溷利若干，提奖若干，无所谓官利"，反对给予官方特殊利益。

第二节　官助商办思想

一、商自经营

甲午战败给清政府的洋务运动致命一击，同时官督商办的企业形式多受诟病。但这并不意味着企业经营者从此放弃了获得政府支持和保护的希望。面对当时民族工商业实力弱小的现实，张謇提出了官助商办的，也就是"商自经营，官为保护，绅通官商之情"的官商关系新构想。②

官助民办的基础是"商自经营"。鉴于以往官督商办企业官督有名、商办无实，形成"名为提倡，实为沮之"的景况，张謇提出今后中国实业发展的总方针是商办。国家"惟择一二大宗实业，如丝、茶、改良制造之类，为一私人或一公司所不能举办，而又确有关于社会商业之进退者，酌量财力，规划经营，以引起人民之兴趣，余悉听之民办。"③

二、官为保护

"商自经营"并不意味着商不再需要政府发挥积极的作用，"官为保护"

---

① 李福英：《张之洞与张謇企业战略管理思想比较》，《湘潭大学学报》（哲学社会科学版）2006年第5期。

② 《张謇全集》卷2。

③ 《张謇全集》卷1。

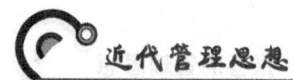

是与"商自经营"不可分割的一个重要组成部分。张謇指出"听商自便,官为保护,是为商办"。官不仅不能退出中国工业化的进程,相反,只有一方面允许人民自由经营农工商各业,另一方面由政府出面给予保护、支持,实行"凡事听民自便,官为持护",才能达到"无论开矿也、兴垦也,机械制造也,凡与商务为表里,无一而不兴也"。官助就是官"提倡、保护、奖励、补助以生其利","监督、限制以防其害"①。

官助主要包括以下内容:

由国家运用财政手段,对某些与国家经济发展至关重要的"幼年产业"实行扶持。张謇认为中国实业还很幼稚,"急宜采保育主义"。财政保育的办法主要有两种:一为奖励,二为补助。对于奖励和补助这两种办法,张謇都主张采用,但限于当时政府财力,他更看重属补助之列的保息法。他说"保息之法,需费无多而收效甚大",主张"由国家指定的款专备保息之用,民间能集合公司资本达若干万元以上者,每年给予若干元以为其资本之息"②。国家保息期以"以三年为限",三年以后保息之费由企业分期偿还。财政保育有助于企业摆脱初期本小、利薄、力弱的困境,尽快走上良性发展的轨道。

兴办农、工、商会,张謇主张在各府、州、县设立农会,"辨土质、考物产"、察"农事得失";在上海设立全国农会总会,总会有学堂一所,有田四五十亩。总会除"译东西洋农报、农书"外,还可"分别兴办树艺、畜牧、制造诸事,以为乡民倡导"。在各省设立总商会,在各府设分会,"考府辖之县最王之产、最良之产,与风尚之华朴、民俗之勤惰、工作之精粗、市情之消长,各列为表,度其所宜兴、宜革、宜变之故,斟酌其如何革、如何兴、如何变之办法"③。待商会、农会兴办之后,国家再在每省设立工会一两处。

建立、健全经济法规。张謇认为近代中国的新式企业屡兴屡败的根本原因在于"无法律之导之故也",企业"将败之际,无法以纠正之;既败之后,又无法以制裁之,则一蹶不可复起也"。所以要制定与实业发展有密切关系的经济法规,"以积极言,则有诱掖、指导之功;以消极言,则有纠正、制裁之力"。他在就任农林工商部部长时强调说,"农林工商部第一计划即在立法",并在1913年9月~1915年9月短短两年的任期内主持制定了《公司条例》、《公司保息条例》、《矿业条例》、《商会法》等各种经济法规20余种。

另外,改订平等税则,实现关税自主;废除厘金,减轻税收;建立银行,改良币制;统一度量衡;等等。

---

① 《张謇全集》卷1。
②③ 《张謇全集》卷2。

第七章　张謇的管理思想

张謇提出的官助民办的设计是在努力避免政府对经济的直接干预，同时争取政府给予商办企业以最大扶持。

三、绅通官商之情

19世纪末20世纪初，中国社会商品经济不发达、资金筹措困难、缺乏必要的法律保护等，给新式企业的经营者以极大的困扰。欲克服这些困难，必须取得政府的支持。然而早期官督商办企业失败的教训告诉人们，新式企业一旦被官方直接插手，必然会损害投资者的利益甚至导致企业的破产。

一方面需要官方保护，另一方面又害怕官方直接插手的矛盾局势，对此张謇设计"绅通官商之情"的新型官商关系的构想。绅"介官商之间"，具有广泛的社会关系，与封建官府保持着较为密切的联系。绅用自己的特殊地位和身份，以"绅领商办"的方式参与企业的经营、管理，"兼官商之任"，"通官商之情"，既能避免当时社会"官尊而苦商"、官商不通、"不当隔而隔"的弊病，又能避免类似于洋务运动过程中的"官皆商也"，政府直接插手企业事务，官商之间"不当通而通"所带来的恶果。

张謇在大生集团中的地位就是他所说的"通官商之情"的绅。大生集团创办时，张謇并无许多原始资金，其原始资金"不过一两千元"。其真正的信用或原始资本是状元这一头衔，状元的头衔使他有了与官府直接对话的身份，而守制在籍、处于乡绅的地位又使他比当时的官僚更易获得投资者的青睐与信赖。大生纱厂筹办的时候（1895），议定集股6000股，每股100两，总股本60万两。当时企业的性质定为"商办"，所以招股目标完全定位在商股，其中上海计划召集40万两，通州召集20万两。但因为当时集股办厂的风气未开，多数绅商推却、敷衍，招募商股困难重重。于是，应江宁商务局总办桂嵩庆的提议，将原先搁置在上海杨树浦码头的一批进口纺机，以原价50万两作为官本入股大生，另招商股50万两，走"官商合办"之路。又因官办企业声名狼藉，商董顾忌官机官本加入之后官方干预厂务，纷纷退缩。在张謇的奔走斡旋之下，又改为"绅领商办"，即由张謇将原价50万两4.08万锭官机中的一半领下，作价25万两，另召集商股25万两，开办大生纱厂；官方只取官利，不参与工厂的经营管理。为此，时任两江总督的刘坤一专门致函张謇，承诺官方"不派员参预厂务"。1897年双方又合签了一份《官商约款》，除继续确认"官商合办"、"利害相共"，明确"无论获利亏折"，逐年清算，"按股摊认"外，否定了官董监察的条款："毋庸仍照原约，请派官董。"这不失为特定历史条件下合资企业调节官商关系的一种恰当的思路。这与张之洞等鼓吹的"商不可稍损者利，官不可尽失者权"、"不夺商利"、"但限商权"，"利可归

97

重股东","权则股东须有限制,不得稍逾",等等,有本质区别。就大生而言,排除官股进入企业经营的产权制度设计的出发点,不仅在于解除商股股东的疑惧,维护商股的投资积极性,更要在官方资本介入的情况下,维护一种商办、商营的经营机制。①

张謇这种介于官商之间的特殊地位使他具有了兼官商之任的特殊身份——张謇实质上是以官府代理人和商股代表的双重身份从事企业活动的。对于官是商股代表;对于商,他又是官府代理。张謇就这样以其特殊的地位和身份"上承言责,下任商保","下为商苦,上与官谋",承担着"通官商之邮"的重任。大生集团在当时错综复杂的社会环境下扎根、发展,并取得了相当程度的辉煌,与张謇以其特殊的身份"绅领商办"、为大生集团创造出适于发展的有利环境是密不可分的。张謇创办的近代企业,规模是宏大的,如此庞大的企业集团,在当时中国特殊的政治、经济环境里,如果没有官府的支持,是根本不可能的。张謇在创办企业中先后得到刘坤一、张之洞的支持。大生纱厂在创办之始筹资困难时,就获得官机作价入股的支持,此后又获张之洞为他申请免税,而与他同时的其他商人必须缴纳5%~20%的厘金,大生纱厂不但不须纳税,还获得在通州、海门一带10年的专利垄断权。可见,张謇的企业与盛宣怀一样,都获得清政府的巨大支持,享有民间私人企业无法获得的许多特权。所不同之处是盛宣怀的企业是官督商办,盛宣怀的身份是官,亦官亦商,最终挟官势以凌商;而张謇的企业是绅领商办,商办官助,商办是宗旨,官助为辅助。②

第三节 言商仍向儒

一、企业曰"大生"

张謇,自幼饱受传统文化和儒家经世哲学的浸润熏陶,明末清初的顾炎武、黄宗羲等先哲思想更是张謇孜孜汲取的源泉。张謇深怀民族大义,抱定决心,以儒者溥泽天下、救民水火为己任,义无反顾地投身到救国富民道路上。

---

① 汤可可:《张謇与近代公司制度创新》,《江南大学学报》(人文社会科学版) 2007 年第 1 期。
② 张小强:《盛宣怀、张謇、陈启源企业道路的比较》,《贵州教育学院学报》(社会科学版) 1998 年第 3 期。

张謇之所以在贵官贱商的时代背景下做出弃官从商惊世骇俗之举,他在1897年两封私人通信表露心迹:"愿为小民尽稍有知见之心,不愿厕贵人受不值计较之气;愿成一分一毫有用之事,不愿居八命九命可耻之官。此謇之素志也。比常读《日知录》、《明夷待访录》,矢愿益坚。植气弥峻,辄欲以区区之愿力,与二三同志,播种九幽之下,策效百岁而遥。以为士生今日固宜如此。事成不成,命也,无可怨者。足下知我,谓何如耶?"在另一封信中,他又说:"然而亭林匹夫兴亡有责之言,梨洲《原臣》视民水火之义,固常闻之而识之矣。凡夫可以鼓新气、被旧俗、保种类、明圣言之事,无不坚牢矢愿奋然为之,以为是天下之大命,吾人之职业也。"儒家以天下为己任的担当精神,"天下兴亡,匹夫有责"的强烈的社会责任感,以及经世致用的实学思想,是张謇做出人生抉择的重要原因。

张謇将所办纱厂以"大生"两字命名,按张謇自己的解释,这是《易经》中"天地之大德曰生"的简称。张謇强调:"我们儒家,有一句扼要而不可动摇的名言'天地之大德曰生',这句话的解释,就是说一切政治及学问最低的期望要使得大多数的老百姓,都能得到最低水平线上的生活,换句话说,没有饭的人,要他有饭吃;生活困苦的人,使他能够逐渐提高。这就是号称儒者应尽的本分"①。张謇认为发展民族工业是"养民之大经,富国之妙术",是改变贫困的必由之路。他在经营工厂、兴办实业的实际活动中也是按照"大生"这一含义去做的。章开沅先生所说:"张謇是一个儒商……从儒学营垒走进商界,虽已商化而仍然保留许多儒的本色。正如其他许多学派和宗教一样,儒生群体中也有形形色色的区分,有乡愿也有狂狷,有假道学也有真君子,有学而优则仕的猎官族,也有匡时救世的大丈夫,很难一概而论。但如商而冠之以儒,而且又是作为正面人物类型来理解,则应具有以天下为己任的历史责任感,以诚信自律的伦理规范,以取之于民用之于民为宿愿的回馈思想,如果要求稍高一点,还应该具有较高的文化素养与优美情操,即所谓虽厕身商贾而仍不失其儒雅风度者也。"② 张謇追逐的不是一己之私利,而是天下人之大利。换句话说,在张謇看来,经商赚钱只是一种手段,即通过世俗的经商来谋利,继而用经商赚来的钱救孤恤寡,经世济民,最终实现儒家"立德"的不朽人生。

张謇对实业家品行有着自己的要求。"吾见夫世之企业家者,股本甫集,规模粗具。而所谓实业家者,驷马高车,酒食游戏相征逐,或五六年,或三四

---

① 刘厚生:《张謇传记》,上海龙门联合书局,1958年。
② 章开沅:《张謇传·自序》,中华工商联合出版社,2004年。

年，所业既亏例，而股东之本息，悉付之无何有之乡，即局面阔绰之企业家，信用一失，亦长此已矣。"① 所以张謇强调企业家不仅要精通业务，更要具备艰苦创业的开拓精神，即所谓"勤勉、节俭、任劳、耐苦诸美德，为成功之不二法门。"② 出于这种认识，他告诫有志于投身实业界的青年："人患无志，患不能以强毅之力行其志耳。无论成就之大小，断不能毫无所成。夫立志之权，自我操之，虽天地不得而限也。"③

二、人文情怀

受传统民本思想的深刻影响，张謇在管理中实施了大量富有人道色彩的举措。

张謇在创办大生纱厂时招收了不少当地农户家庭中会纺纱织布的农家妇女，许多人由于路远，就在纱厂旁边建起了一些草房作为临时住所。1917年冬天，一场大火把这些住所烧为平地，工人们损失惨重。张謇感同身受，深为痛心，于是在纱厂的附近建起了平瓦房，以低价出租给大生集团的员工居住，有效解决了员工下班后的休息和居住之忧。为了放松工人的身心，缓解他们上班工作的疲劳，1913年，张謇在唐闸工业园区建造了公园。他说"实业教育，劳苦事也，公园则逸而乐。偿劳以逸，偿苦以乐者，人之情。得逸以劳，得乐以苦者，人之理。以少少人之劳苦，成多多人之逸乐，不私而公者，人之天。"公园建成后，人们工作之余在公园游玩，陶冶心情。为了关照带着婴幼儿上班的年轻女工，张謇还在车间里专门安排场地和人员照顾这些婴幼儿。

职工的身心健康事关他们的切身利益，为了解决职工生病时看病难，张謇在建公园时就在里面创办了职工医疗所，后来逐步发展，在医疗所的基础上建起职工医院，便利工人及其家属看病。张謇把工人们的生命健康看得高于经济效益。有一年夏天，南通地区"时疫发生，大生纱厂以爱惜劳工生命，故忍痛停车一星期"。

为了提高工人的专业技能和熟练程度，1905年张謇筹建了唐闸实业公立艺徒预教学校，自任校长，传授知识和技能给工人。他还举办免费的工人夜课，让青年工人学习科技文化知识，使青年职工能得到不断地提升和发展。

在企业的生产经营过程中，张謇对于勤于职守的员工关怀有加。工厂中的工人、办事员，学校里的教员，凡身故必有抚恤，或对其后人有某种优厚的待遇。假使任事到一定年限，或因为年老退职，必定有递加俸金或退休金的给予。企业有一位荷兰籍的工程师特来克，此有西人办事之勇、负责之专，却无

---

①②③ 《张季子九录·教育录》卷3。

西人奢逸之气,张謇极为爱重。特来克暑天勘视工程,不幸染疫而死,张謇亲自主持葬礼,将之"公葬于南山下"。后其子张孝若出使欧洲,张謇特修书一封,要儿子到荷兰去访慰其母亲,言辞情真意切。

三、回报社会

张謇在创办大生纱厂获得成功后,并没有积累起个人的私产,而是将个人从企业所得报酬的极大部分返还于社会,贡献给南通的教育、慈善和社会事业。在一次演说中,张謇谈及慈善事业时说:"以有用之金钱,与其消耗于无谓之酬酢,何如移其款而办公共之事业。夫养老,慈善事也,迷信者谓积阴功,沽名者谓博虚誉,鄙人却无此意,不过自己安乐,便想人家困苦,虽个人力量有限,不能普济,然救得一人,总觉心安一点。"他还将亲朋好友祝贺他六十、七十整寿的宴客费及馈金全部捐献出来,建立了两座分别容纳120人和146人的养老院。

张謇热心公益,推行地方自治为职志。按他的想法,应从实业入手,而后教育,而后慈善,而后公益,而后整个地方自治。他曾说过:"窃謇抱村落主义、经营地方自治,如实业、教育、水利、交通、慈善、公益诸端。"有关实业、教育、慈善和公益之间的关系,张謇说:"以举事必先智,启民智必由教育,而教育非空言所有达,乃先实业,实业、教育即相资有成,乃及慈善,乃及公益。"在张謇看来,教育、实业、公益,最终目的都是要为社会和民众谋福利,使黎民百姓过上稍好的日子。

张謇在为公益事业一掷千金的同时,自己却过着令人难以想象的俭朴生活。① 其子张孝若追述其父日常生活时写道:"他穿的衣衫,有几件差不多穿了三四年之久,平时穿的大概都有十年八年。如果袜子破了,总是加补丁,要补到无可再补,方才换一件新品。每天饭菜,不过一荤一素一汤,没有结客,向来不杀鸡鸭。写信用的信封,都是拿人家来信翻了过来,再将平日人家寄来的红纸请帖裁了下来,加贴一条在中间,日常都用这翻过来的信封,有时候包药的纸,或者废纸,拿过来起稿子或者写便条。平常走路,看见一个钉、一块板,都捡起来聚在一起,等到相当的时候去应用它。(张謇)常说,应该用的,为人用的,一千一万都得不眨眼顺手就用;自用的,消耗的,连一个钱都得想想,都得节省。"《南通张季直先生传记》记有张孝若《哀启》云:张謇"三十年来集众资经营各业,为江淮海地方生利者,现值逾万万金;以一己所应得,公诸通海地方作建设及经常费者,先后计数百万金。衣食于所营公私各

---

① 马斌:《张謇的责任意识及其当代价值》,《苏州大学学报》(哲学社会科学版)2008年第6期。

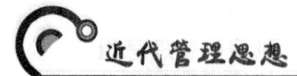

事业待而生活者，士农工商合数十万户。而先生转负债累累，迄今弃养，所盈尚不足当所绌，此则为远方人士所未及知，而先严劳毕世，立人达人，耻一夫不获其所之精神之所萃，不敢不濡血和泪以陈者也。"

补充材料：大生纱厂厂约（1897年）

通州之设纱厂，为通州民生计，亦即为中国利源计。通产之棉，力韧丝长，冠绝亚洲，为日厂之所必需，花往纱来，日盛一日，捐我之产以资人，人即用资于我之货以售我，无异沥血肥虎，而袒肉以继之。利之不保，我民日贫，国于何赖。下走寸心不死，稍有知觉，不忍并蹈于沦胥。是以二十一年冬，南皮督部既奏以下走经理其事，不自量度，冒昧肩承。中更人情久乖，益以商市之变，千磨百折，忍侮蒙讥，首尾五载，幸未全溃。是以下走才力智计之所能，盖大府矜谅于上，有司玉成于下，而二三同志君子贤人勤勋而提挈之力多也。今厂工已毕，纱机已开，凡我共事之人，既各任一事以专责成。事有权限，无溢于权之限之外，无歉于权限之内。事庶举乎，谨即大端与诸君约。

通官商之情，规便益之利，去妨碍之弊，酌定章程，举措董事，稽察进退，考核功过，等差赏罚，下走之事也。章程未善，举措不当，进退未公，功过未确，赏罚未平，诸君皆可随时见教。下走当拜闻过之赐。惟前章已定，后议未施，诸君不得以己意遽改，议论标异，而势有格碍，下走一时亦不能尽从，诸君谅之。

察岁收，权市价，审栈厂磅秤之出入，较花衣干湿之盈亏，慎防火险，稽查偷弊，进货出货董事之事也。进货出货各执事之功过，皆其功过。董事执事皆住行。每月月终，考记执事一月之功过。每四礼拜，考记进出货盈亏之细数单，报总帐房。

考机器之坚窳滑涩，纠人工之勤惰精粗，审储备煤油物料之缓急多寡，明匀整绵卷纱绞之得失轻重，慎防火险，稽查偷弊，厂工董事之事也。厂工执事之功过，皆其功过。董事执事皆住厂执事楼。每月月终，考记执事一月之功过。每四礼拜，考记工料花纱盈亏之细数单，报总帐房。

理行厂房屋船车桥路港岸门栅之工程，督厂行书夜巡防火险争斗之警察，以及一切支分酬应，杂务董事之事也。杂务执事之功过，皆其功过。董事执事择便住。每月月终，考记执事一月之功过。每四礼拜，汇一月支用之细数单，报总帐房。

入储卖纱之款，出供买花之款，备给工料，备支杂务，筹调汇画，稽查报

第七章 张謇的管理思想

单,考核用度,管理股票公文函牍,接应宾客,银钱帐目董事之事也。银钱帐目执事之功过,皆其功过。董事执事皆住总办事处。每月月终,汇记各执事之功过。每四礼拜汇记花纱出入盈亏之细数单,年终核明结总,开具清折。另刊帐略,分别咨商务局寄各股东。进货出货,有通有沪,事重而繁。举正董一人,驻沪帮董一人,厂工杂务银钱帐目各举董一人。可省之日,酌量省并。

凡行厂及各帐房栈所应如何明定章程,便于办事,便于查察,由各董详思博采,与各执事约。各执事详思博采自为约,拟约核定。书揭于版,悬各处所。此后或有续议变通更改之条,随时拟开核定再行。

行厂执事,由董协同慎举熟手及性情勤谨声名素好之人。除一二真知灼见共信不疑之人无须保荐外,皆须取保荐书。如有私弊亏空,惟各董向原保荐人追理。至某事应用几人,某人经办某事,酌定后书于版,悬各处所,以便稽察。各董各执事或以经理不善辞,或意见不合,自愿引退,皆须将经手事件,一一理清,方为交割。至平常办事,或被外人疑议,所用之人,或有意外过差,各董休戚相关,即直言举告,即执事人等有所抨弹,果不为私,亦所乐闻。各董亦宜随时采听,以资省察。臧孙有言,美疢不如恶石。公费薪水开车日起支。未开车以先,各执事均酌量津贴。

公费薪水以所任为等差。花红以所效为等差。经理公费每月一百五十元。各正董薪水每月一百元。银钱帐目董每月八十元。杂务帮董每月五十元。各执事至多者四十元,至少者四元,试用三元。学徒之长两元,历一年者一元。均按月遇闰加算,学徒给月费。以后加减公议,减随时,加期须至开车日起满二十个月。

每年余利,除提保险公积外,分十三股,以十股归股东,三股作在事人花红。三股中两股归绅董,一股归各执事。绅董之两股,作十成分派,绅得一成半,杂务帮董得一成半,行厂银钱董各得二成,余一成提充善举(若杂务帮董中省去一人,则杂务得一成,其半并充善举)。各执事之一股,亦作十成分派,行厂各得三成半,银钱所得二,杂务得一,由总帐年终汇齐各功过单,核分三等酬给。功大者,月薪四元之人,可得上等。功小者,月薪四十元之人,止给中等。若上班而乘除功过,仅宜得下等花红,当公同察议去留。公过多者不给。私过轻者罚薪(花红中或酌提一成给奖机匠)。

一年进花衣,分斤重,有赢无绌,一年出纱,磅数成色,有赢无绌,一年考工精进,备料应需,调款便宜,及弭险勤勇,利益全局者,为上等功。一年办事平稳者次之。得失并见者又次之。无心之错,牵连之咎,及求好而反坏者为公过。营私舞弊,亏空犯规,及偷惰误事者为私过。

每日两下钟,各董集总办事处。考论花纱工料出入利弊得失,酌定因革损益。由总帐房撮记大略，编为厂要日记，以备存核。有事不到，上班执事代之。

繙译事简，设译学堂，选教学徒中聪颖者。其附学之同事子弟，另送束修。在厂借住，另贴伙食。

平常执事饭菜二腥蔬，休息日加四碟、酒二斤。茶房人等月两犒。三节及客至，五簋八蹀四小碗一点，不得逾此。

右约十六条，略以己意裁定，不尽合于他厂。通厂之艰苦，亦他厂所必无之境也。下走处群喙摧撼之中，风气盲塞之地，拮据卒瘏，屡进屡穷而成此举，其非为一身一家之计，诸君之所知也。坚苦奋励，则虽败可成；侈怠任私，则虽成可败。其成其败，岂惟下走一人之荣辱。绳以大义，即执事百工与有责矣。同志君子，尚慎旃哉！

资料来源：王培：《晚清企业纪事》，中国文史出版社，1997年。

第三阶段

步入科学管理

洋务运动中诞生了中国近代企业，但其内部管理很大程度上留有官僚衙门式的印迹。19世纪末20世纪初，近代民营企业逐渐兴起，这些企业的法人地位得到基本确立，它们关注经营成果。然而多数企业缺乏近代企业管理理论，仅凭经验"暗中摸索，事业之盈亏，付之天命"。[①] 不少企业家因"昧于商业之需要，贸然从事，盲目投资，徒自热心而虚掷金钱"[②]，内部管理上普遍采用的是工头制（包工制式）的管理模式。这种管理模式与近代企业是不相适应的。"无管理之术"成为"中国生产力低落"的重要原因之一[③]。

20世纪二三十年代，在社会各界的积极推动下，出现了一个推行"科学管理"的热潮。这对于企业制度的完善以及推动企业的发展起到了重要的作用。一批企业逐渐建立起一些合理的企业管理制度和管理组织机构，它们积极探索具有中国自身民族特点的企业管理，代表了中国民族企业顺应世界发展潮流。一些企业家倾其所有投资于企业，必处处留心，事事尽心，经营管理能力也就迅速提高。他们具有强烈的事功色彩，更加注重个人的理想和价值的实现。

---

①②③ 《藕初五十自述》（上册），上海书店，1991年影印本。

第八章 科学管理的兴起

19世纪末20世纪初,在西方出现了科学管理思想,开启了传统管理进入科学管理的新时代。在近代中国早期的公司企业中,现代公司制度形式上是建立起来了,但在一些工业企业中,内部管理仍旧沿袭和采用传统的管理模式。到20世纪二三十年代,中国企业开始了以推行科学管理为中心的管理改革。在这一时代浪潮中,穆藕初、杨杏佛、杨东莼、曹云祥等发挥了重要影响。

第一节 科学管理兴起的背景

一、西方科学管理的兴起

18世纪中叶,蒸汽机发明引起了工业生产的革命,现代大工业开始代替工场手工业。始于英国的产业革命,在美国国内战争结束后又传到了美国。机械力迅速取代了人力,规模迅速扩大并且使在工厂中制造商品更加经济。而机械力的引入加上劳动分工,使得在大型的高效率的工厂中采用动力驱动设备进行生产成为可能。在这种工厂中需要管理技能,管理者需要预测需求,向每个工人分派任务,指挥每天的生产活动,协调各种活动,保证机器正常运转和保证产品的质量,以及为产品寻找市场,从而使生产组织日趋复杂。于是,计划、组织、领导和控制等管理活动的重要性日益凸显。

19世纪末至20世纪初,管理理论有一个划时代的发展,这一阶段所形成的管理理论被称为古典管理理论或经典管理理论。其代表人物有泰罗、法约尔、韦伯。他们分别代表着科学管理理论、管理过程理论、行政组织理论三大理论学派。1911年,弗雷德里克·温斯洛·泰勒(Frederick Winslow Taylor)的《科学管理原理》一书出版了。这本书阐述了科学管理理论——应用科学方法确定从事一项工作的"最佳方法"。泰罗的科学管理主张一切管理问题都

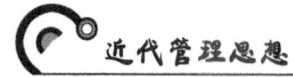

应当而且可能用科学的方法加以研究和解决，实行各方面的标准化，使个人的经验上升为理论，不单凭经验办事。自此企业管理学开始向科学化演变，从而开创了传统管理进入科学管理的新阶段。它的内容很快被世界范围的管理者们普遍接受。泰罗的理论和研究活动，确立了他作为科学管理之父的地位。

二、中国传统工头制管理模式

从企业管理制度的发展史来看，生产管理制度经历了三个发展阶段：向外分活制、内部签订合同制（即包工制）、管辖权关系（即管理层级制）。① 向外分活制的基本特征是由企业家向家庭手工业者提供资金和原材料，付给他们报酬，同时拥有产出的产品。这类企业家，就是通常所称的包买商，在16~18世纪的西方，向外分活制是组织生产的重要手段。内部签订合同制，是指企业家把管理责任分包给公司内的一名代理人。具体而言，实行内部签订合同制时，资方提供厂房面积和机器，供应原材料和营运资本，并且安排成品的销售。从原材料到成品之间的这段生产工作并非由一些处于递降的管理等级制中的领薪雇员完成，而是被委托以生产为任务的内部承包人负责完成。这些内部承包人再雇用他们自己的雇员，监督生产过程。管辖权关系（管理层级制），则一改包工制下的间接管理为直接管理，生产产品的全部过程都由处于递降的管理等级制中的领薪雇员完成，工人从包工头管制下转归直接由公司管理。管辖权关系是效率最高的组织形式，它的完善和占支配地位是识别现代公司的重要指标。②

包工制（工头制）适应了资本主义发展初期劳动力市场不发达的情形。到20世纪初，西方各国早已废弃这种制度，但各国在华企业仍然沿用。中国企业也多用这种包工制，这是由当时中国劳动力市场不发达的情况决定的。当时中国民族资本主义发展迅速，城市原有工人数量有限，新招工人主要来自农村甚至到很远的地方招雇。工头制正是适应这一需要，把城市的工厂和农村的剩余劳动力联系了起来，资本家既可省去招工的麻烦，又可省去劳动管理的麻烦，从而也就减少了与工人直接发生摩擦的可能性，集中力量于经营。但到后来，尤其是第一次世界大战期间民族资本主义经济大发展之后，城市的劳动力市场逐渐形成，工头制的弊病也就日渐为资本家所不能容忍。工头掌握工人进退权，形成封建人身依附关系，高压盘剥工人，妨碍了工人劳动积极性；甚至工头会挟持工人对抗资本家，且不同帮派的工头相互斗争，也愈益引起资本家

---

① 胡义：《企业：权威制度与市场制度的结合》，《工业技术经济》2004年第2期。
② 迈克尔·迪屈奇：《交易成本经济学——关于公司的新的经济意义》，经济科学出版社，2000年。

第八章 科学管理的兴起

的不满；工头又不懂技术或技术不精，却控制技术的执行，随意开停机器，放任自流，造成原料浪费、资源搁置，严重损害了企业的利益。①

荣氏企业"文场"、"武场"并行的管理体制就是最典型的例子②。以荣氏企业中的申新纺织无限公司为例，在申新早期的管理体制中，企业的生产管理被分成文场和武场两个分立的系统。文场的职责主要是管理人事、考核记工、统计、劳动工资、交通运输等，管理人员多是由股东推荐、介绍或由总办、经理聘请而来的职员，总负责人称为总管，下设各车间、部门的领班、副领班，领班下有专管女工、童工的拿摩温、童工头等。一般情况下，领班不直接接触工人，而必须通过拿摩温、童工头管理。武场的职责主要是机器安装、维修、保全、试验等生产技术工作，负责人称为总工头（总头脑），其地位虽在文场总管之下，但却统管各部门的头脑，掌握着武场的管理实权。总工头以下是各部门的机工头目（头脑），各部门头脑之下再按生产过程分设机工小头目，又称值班，直接管理机工的生产劳动。

文、武场分设的最大问题是在同一个生产单位中形成了衣钵相承，专靠实践的机器匠的"武场"，与专重理论、学校毕业的技术人员和管理人员的"文场"相互对立、有如鸿沟的两个管理系统，造成了文职管理人员与生产技术工人的隔阂和对立；实际形成了武场强悍于文场，工头独霸、垄断管理以及基于传统基础上的严重的人身依附关系的"人治"局面。此正如资料所记载的："武场头脑的权力是很大的，机工的进出与工资的多少都由头脑掌握；同时厂里生产技术管理权也操在头脑之手，如车速的快慢、原料、成品的质量检验等全由武场头脑管，文场职员是管不到的"，"车间里生产技术，如调牙齿、操作方法等的改变，都归机匠头脑掌握；至于人事方面，任用或解雇工人，也要通过机匠头脑。头脑手上有一批人，别人不好随便进厂工作。文场领班是厂方任用的职员，但他们只管些记账、统计等事务工作，生产实权则操在机匠头脑手里，领班是不能过问的"③。文武场制度产生的关键是职业管理人才的缺乏。文职管理人员不懂生产技术，同时又缺乏正规化培养的专业技术人员，生产技术管理只能以"包工"的形式委托凭经验工作的大小工头。

同为荣氏企业系统的面粉公司，实行的是被称为内场、外场的工头制管理系统。企业中的下麦间、清麦间、机器间、打包间、堆栈间、修机间等部门称为内场；上麦、下粉的搬运部门称为外场。内场、外场各部门都设有一个被称

---

① 潘必胜：《荣氏企业组织研究》，《中国经济史研究》1998年第2期。
② 张忠民：《20世纪30年代上海企业的科学管理》，《上海经济研究》2003年第6期。
③ 《茂新、福新、申新系荣氏企业史料》（上册），上海人民出版社，1980年。

为"头脑"的工头管理本部门的工人,头脑之下有的部门还设有小领班,直接管理工人。内场工头中以机器间头脑,即面粉师权力最大,不仅掌握面粉的生产技术管理,还握有机器间工人的工资、招进和停生意的权力。外场的工作主要是上麦、下粉,它们都由外场工头以包工的形式向公司包揽下来。①

与工头制、包工制相联系的是用工管理中严重的乡族、宗族等人身依附关系。荣氏企业各部门的工人都由工头分别统制,该部门工头是哪里人,工人也多是哪里人,各部门工头自成系统,其管辖下的工人也形成一种地方性的帮派势力,各帮派间互相倾轧、排挤。工头任意克扣工资,恣意勒索、打骂工人。企业内各车间比较重要和工资较高的岗位,不是与总工头或各车间工头有如帮会、师徒、亲戚、家族等特别关系的人难以出任。②大小工头通过工头制下的人身依附关系,以传统的方式实现着对工人的实际控制和管理。

工头制、包工制也存在其他行业的公司中。如长江航运业中,在民生公司创办以前,当时的轮船运输业,包括外商轮船公司对航运船只普遍实行将轮船上的驾驶、轮机、航运三个部门分别包出给人管理的,被称为"三包制"的管理体制。同时在客运方面,除"大餐间"以外,"官舱"、"房舱"、"统舱"等出包给大买办,由大买办邀集二买办、三买办、管事、头脑、厨工、茶房等承办,共负盈亏。由此形成公司之船"无一非包办之船",船上各类人员分兵把口,营私舞弊,一切人员的任用都由各部门工头自行定夺,由此而在同一艘航船上形成三个各以工头为核心的利益集团,它们各施其政,各有成规,公司无法对其实行统一管理,流弊极大,既影响收入,又不易管理。③

上述工头制、包工制的管理模式是建立在个人经验式管理基础上的管理体制设置,最显著的特色是整个管理是以有经验的人,即以工头为中心,而不是以管理制度为中心;这就造成了管理中的两大特点,即"人治"和"经验唯上",同时也造成和加剧管理体制中的分立和离心的倾向。由于工头式的管理,工头与工人之间实际上存在一种人身依附关系,工头会将自己管理的范围和工人看成是自己的势力范围,而工人也会形成是对工头负责而不是对公司负责的观念和行为。这样在管理上就会形成工头对公司负责,工人对工头负责的传统的管理模式和格局。④即使这种体制在早期的公司中有其存在的理由,但它在本质上与现代公司制度化的治理结构和管理体制是格格不入的。

---

①② 《茂新、福新、申新系统荣氏企业史料》(上册),上海人民出版社,1980年。

③ 童少生:《回忆解放前的民生轮船公司》,《工商经济史料丛刊》(第一辑),文史资料出版社,1983年。

④ 张忠民:《20世纪30年代上海企业的科学管理》,《上海经济研究》2003年第6期。

三、中国科学管理兴起

20世纪20年代，一些商学期刊如《商业月报》、《总商会月报》等，陆续介绍欧美及日本的人事管理，其中如李云良的《新式职工管理术》的系列文章，详细讨论选择、管理、教育、待遇职工的各项方策。① 一批留学美国的中国留学生也接触到美国的科学管理并向国人推介。如杨杏佛在穆藕初译完泰勒的《科学管理原理》但没有出版之际，他在中国科学社主办的《科学》月刊第1卷第11期（1915年11月出版）上发表《人事之效率》一文，介绍泰勒的科学管理思想："效率之名，新语也，其源于科学实业，晚近始有美人泰勒（F. W. Taylor）施之人事"。1918年杨杏佛在美国哈佛大学商学院获得工商管理硕士学位以后在当年出刊的《科学》第11期上发表《科学的管理法在中国之应用》一文，向国人推荐科学管理法②。

在国际上这股科学管理潮流带动下，1930年6月国内成立了中国工商管理协会。工商部部长孔祥熙开会词称："我国工商企业落伍已久……今欲为根本整理、统盘筹划之计，自当以励行经济设施的合理化及工商事业之科学管理化为第一要义。"大会通过会章，将学会定名为"中国工商管理协会"，英文名为The China Institute of Scientific Management，即中国科学管理学会。会章的宗旨一条提出："本会以研究科学管理方法，增进工商业生产效率，实现民生主义为宗旨。"③ 大会选出15名理事，按得票多少为序是：孔祥熙、穆藕初、刘鸿生（火柴、水泥大王）、寿景伟（工商部商业司长，留美博士）、潘序伦（著名会计师，留美硕士）、杨杏佛、胡庶华（中国工程师学会会长，留德高工）、陆费逵（中华书局总经理）、李权时（经济学家，留美博士）、荣宗敬（棉纺、面粉大王）、王云五（商务印书馆总经理）、潘公展（上海市社会局局长）、赵晋卿（工商部访问局局长，上海总商会会董主席）、徐寄顾（中国银行代表）、钱承绪（中华工业总联合会代表）。大会推举孔祥熙为理事长，理事会聘曹云祥为总干事，下面有干事部，再分各股，每股有主任干事一人，干事若干人。一年后孔祥熙另有高就，理事长的职务由曹云祥继任。

1930年11月召开的全国工商会议上，不少代表相继提出"促进工业之科学管理化"、"提倡科学管理"、"拟请中央设立合理化研究会并至各省市设立研究分会"等议案，最后由会议审定形成"提倡科学管理法以期达到实业合

---

① 李云良：《选择职工方策——新式职工管理术之一》，《总商会月报》1926年第6卷第8号。
② 蒋国杰：《留学生与西方科学管理思想在中国的传播》，《徐州师范大学学报》（哲学社会科学版）2007年第5期。
③ 许康：《五四前后关于科学管理的其他译著》，《科学学与科学技术管理》1995年第16期。

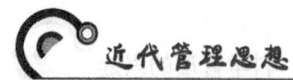

理化案"。该议案的内容主要包括三个方面：由国民政府工商部通令各省市政府主管工商行政的机关召集工商领袖组织中国工商管理协会分会，研究科学管理法的实施方案；由国民政府工商部令行各业各厂，就可能范围规定工作标准，对于超过标准之工人，按期给予奖金；由全国工商会议发表宣言，一致赞助科学管理方法之研究及实施。该议案得到国民政府的积极响应，次年1月实业部（原工商部）咨请各省市政府按照决议内容办理。各省市相关协会次第建立，如1931年上海设立了上海科学管理者协会。①

20世纪20年代以后，在西方世界科学管理理论的推动下，随着国内现代职业经理阶层的逐渐形成，职业经理阶层形成对科学管理的推动②。就公司职业经理阶层与公司的现代科学管理而言，现代科学管理的一个重要前提是职业管理人才和职业经理队伍的形成，同时职业管理人员和职业经理阶层的形成又能大大推进公司的现代科学管理。在近代公司企业的职业经理阶层中，大致有三种类型人员最容易接受和推行现代科学管理：一是从海外学成归国的留学生，他们最为崇尚现代的科学管理，而且又受过系统的专门训练。最典型的事例如从美国学成回国的穆藕初最早向国人介绍和引进了美国的科学管理制度——"泰罗制度"，并在他创办的德大和厚生两纱厂中实施，收到了很好的效果。再如曾在英国、法国攻读过经济学、财政学，并取得商学士学位的徐新六，1920年进入上海浙江兴业银行，1923年即升任副总经理，1925年又升任常务董事兼总经理。而浙江兴业银行之所以聘请徐新六，一个最重要的原因就在于当时国内的民营银行已陆续开始采用现代化的管理方法。其中，先行一步的上海商业储蓄银行因为实行了新的科学管理方法，营业面貌焕然一新。浙江兴业银行董事会期待受过西方正规专业教育和训练的徐新六，也能够以崭新的管理方法来改进原有的旧经营方式。而徐新六自进入浙江兴业银行后，确实也积极向董事会提出各项建议，推动和促进了银行业务的拓展，使得浙江兴业银行内部的管理更富朝气、更具效率。二是在国内接受过正规的近代教育，也十分容易接受新式的科学管理。三是虽没有受过正式的近代教育，但却能够接受新思想、新理念，并且又有实际的经营才能者。如荣氏企业创始人荣宗敬并未受过多少近代正规教育，但在实践中也深深体会到了推行科学管理的重要性。1931年4月18日，中国工商管理协会召开第六次聚餐讨论会，荣宗敬在讲演中提及中国纺织、面粉两业经营上的困难及其救济方策时即大声疾呼，"纺

---

① 徐敦楷：《民国时期科学管理思想在中国的传播与运用》，《中南财经政法大学学报》2010年第2期。

② 张忠民：《20世纪30年代上海企业的科学管理》，《上海经济研究》2003年第6期。

织、面粉两业，关系我国社会经济至巨，年来与日、英、加拿大诸国竞争，日见剧烈，艰难备尝。推其原因，则税项负担过重，交通梗阻，运费过昂，原料品质不佳，工厂管理不合科学方法，实最为重要。挽救之策，端在改良棉产，减轻捐税及运费，并厉行科学管理数端"。①

当时实业界因管理不善而导致公司搁浅、倒闭的事例时有发生。如名重一时的汉冶萍公司，因管理不善成为一笔糊涂账，有人认为，"我国以往各种企业的失败，失败于管理的成分恐怕要比失败于技术的成分多些。"② 1920年以后国内经营环境丕变，不但面临强烈的市场竞争压力，且必须因应劳工意识觉醒下频繁出现的劳工运动。因此，如何提高经营效率，改善劳资关系，以激发劳工的积极性，遂成为企业生存所必须面对的严肃课题。部分企业乃开始尝试运用科学管理，以改善经营体质，提高本身的竞争力。③ 在改善劳资关系和提高企业生产效率的双重目标的推动下，科学管理思想开始在中国受到广泛的重视和推崇。

科学管理对于公司企业发展的重要性已被越来越多的人所认识。到20世纪30年代初，近代中国的公司企业，特别是在如上海这样的工商业大都市的公司企业中，已经开始进入崇尚和全面推行以科学管理为主要内容的现代企业管理阶段。

第二节 穆藕初对科学管理的贡献

一、翻译《科学管理原理》

穆藕初（1876~1943），他第一个将西方现代科学管理理论介绍到中国，是在中国以率先引进和推行现代科学管理理论而著称的新一代民族企业家，中国近代经营理念可以说正是在穆氏这里才算有了比较清晰的理论形态④。

穆藕初1909年自费赴美留学。初入威斯康星大学，1911年转入伊利诺斯大学农科，1913年毕业，获得农学学士学位。同年入得克萨斯农工专修学校，攻读植棉、纺织和企业管理，1914年获农学硕士学位回国。次年，他与胞兄

---

① 《工商经济史料丛刊》（第一辑），文史资料出版社，1983年。
② 陈真：《中国近代工业史资料》（第四辑），三联书店，1961年。
③ 刘文兵：《近代中国企业管理思想与制度的演变》（1860~1949），台北国史馆，2001年。
④ 马敏：《商人精神的嬗变——近代中国商人观念的研究》，华中师范大学出版社，2006年。

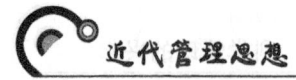

穆湘瑶合资创办德大纱厂。1916年再与他人合伙创办厚生纱厂，并出任总经理。1919年又在中部的郑州筹建豫丰纱厂，并在上海参与创办恒大纱厂和维大纺织品股份有限公司。

穆藕初在留美期间，对于"管理方法尤所注意"，学习科学管理理论，并与科学管理法的创始人泰罗及其弟子吉尔培莱（F. B. Gilbreth）等多次探讨现代化大生产的管理问题。同时，他还到美国各现代化农场去参观、考察和实习，掌握了许多兴办实业的经验。他对科学管理思想十分倾倒，特别是对于泰勒的《科学管理原理》一书十分敬佩，"一再披览，于以恍焉悟美国实业界管理方法之精进，实此辈先觉左右指导之功居多"。他认识到该书"系新管理法之鼻祖"，"其出版未几，风行全球，各国均有译本刊行于世"。他认为中国实业发展乃至社会、政治发展"实以缺乏管理人才故"。而泰勒的《科学管理原理》一书"岂第适用于改进凡百实业而已，诚得一般有志改进家，熟按此书所载方法，引申触类变通，化裁而妙用之，无论个人与家庭，社会与国家，种种事业，参用此项新管理法，无不立收奇效"①。

1915年10月至1916年3月穆藕初与董东苏合译泰罗的《科学管理原理》一书以《工厂适用学理的管理法》的中文译名在《中华实业界》上分5期连载，1916年由中华书局出版发行，成为泰勒的《科学管理原理》一书的第一个中文译本。他还著书《植棉改良浅说》，此外，他还翻译美国农业部调查员克雷克所著《日本纱布业》一书，目的就是要使之成为中国纱布业的警钟和明镜，他强调，"不听警钟，不足以破妖梦；不鉴明镜，不足以照妍媸"②。

附：穆藕初与泰罗的通信

泰罗博士：

拜读了您的大作《科学管理原理》，这本书对于提高人类工作效率，促进人民的福利，增进国家财富的作用，给我留下深刻的印象。这些科学原理不仅对工厂，而且对任何大型组织、政府、社团和教育机构都有借鉴的价值。您完全了解，中国人民是多么需要接受科学培训。大量传统作业的工厂和工业产品，必须进行调整或改造，以融入现代化的方法，尤其是工业革命正在中国大规模开展的现今时期。我自然对各种管理方法感兴趣。在伊利诺大学农学院攻读的四年期间，就非常重视这类知识。我确信我能将您的《科学管理原理》

---

① 赵靖：《穆藕初文集》，北京大学出版社，1995年。
② 《藕初五十自述》（上册），上海书店，1991年影印本。

翻译成中文，一种和您使用的完全不同的语言。为此，我想请求您允准翻译此书：这不仅是我，而且整个中国人民都将感激不尽。我相信，那些愿意为自己国家做贡献的人，会得到像您这样品格高尚、慷慨并致力于为人类造福的人的帮助。此外，该书的翻译，不仅不会影响您的版权，而且将被四万万渴望发展民族工业的中国人民永远铭记。

殷切期待您的回复。

您的崇拜者　穆湘玥　1914年4月23日

泰罗的复信，按穆藕初的译文引录如下：

穆先生如握：

顷接奉4月23号大札，敬悉先生拟将拙著《学理管理法》一书译成华文，深为欣喜。兹附奉他项拙著数种及日本文《学理的事业管理法》一本，请即检入，想该书等亦能助先生之兴趣，鄙人亦愿闻尊处译务之发达也。设或先生公便道经斐城，务请惠临舍间一叙。鄙人当指引先生参观在斐城之实施学理管理法之各工厂，借供同志之研究。再者拙著《学理管理法》一书已译成意、法、德、俄、勒（巴尔干岛之一小国）、荷兰、西班牙及日文矣。此复。

顺颂　履祉

戴乐尔谨复　1914年5月4号

资料来源：许康：《首先以管理之眼看世界的中国人》，《中外管理》2010年第5期。

二、穆藕初科学管理实践

穆氏运用泰勒的科学管理理论，对棉纺织业所采用的工头制进行改革。穆藕初把厚生纱厂文场改为科室，引进懂得现代企业管理的人士分管各项工作，制定严格规范的人事管理制度；把武场改为车间，聘请大量纺织专业人才担任企业的工程师和技术人员，负责纱厂的生产管理工作，把工头置于工程技术人员的领导之下。旧的工头制转变为工程师制的改革，大大地削弱了企业中的封建势力，也对其他纱厂起到了良好的示范效应[①]。荣氏集团等纷纷效仿，到20世纪30年代，棉纺织业各企业基本完成了从工头制向工程师制转变的管理改革工作。

穆藕初注重理论联系实际，重视调查研究，他说"管理家不能拘泥陈旧之方式，以遗削足适履之讥。因管理上一种特到之学识，大半出于天然之经历。故昔人在管理工厂上觅出之心得，仅可认为管理方法之酵母，而变化动

---

① 赵波：《穆藕初科学管理思想及其实践论略》，《商业研究》2005年第9期。

用，应付咸宜者，则在乎管理家心思之绵密，及脑力之灵敏上讨生活焉。"他注重市场调查，对人才、资金、交通、市场等方面"皆实地考求，了然于胸中，必确有把握而后已"[1]。穆藕初主张充分调查，综合各方面信息，进行投资论证，然后根据欲办企业的外部环境和自身条件，因地制宜地制定科学详密的投资计划，使"计谋深远"，"建议也无虚耗，而获利也越丰厚"[2]。基于这一科学理念，穆氏选择了投资棉纺织业作为其事业发展的起点，于1915年和1918年相继在上海开办了德大、厚生纱厂，现代企业管理体制和管理理念也由此获得巨大成功。当他再办第三厂时在充分的市场调查的基础上选择了内地郑州，这里有低廉的原料和佣工市场，便利的交通能助其占领内陆市场，而这些正是上海所缺乏的。

中国早期企业多采用简单的流水账式的旧式会计方法，这种老式记账法不够科学，资金的使用和管理混乱，贪污和浪费不易杜绝。穆藕初在企业中采用了新式的复式记账方式和旧式单式记账方式相结合的财务管理制度，从根本上改变企业过去那种无账可稽查的状况。穆氏还亲自编制各种报表的格式、内容，并做出样本交给工头让其仿制填报，交厂部入账。这种日报表对企业财务管理走上常规化、制度化起了重要的推动作用。

穆藕初的人才管理思想是其企业管理思想体系的重要内容。他认为，任何管理工作的实施，都体现在对负责该项管理工作的人的才能上，"管理法即治人之法也"[3]。对于人才的管理，穆藕初首先从国家角度思考，认为"人才与国运有密切关系"[4]。对于各个企业，他更认为"物色人才于善用人才，为实业家之首务"[5]。他对合格管理人才的界定是，必须具备"健全之头脑、敏锐之眼光、与灵活之手腕、坚固之信用、雄厚之力量"，还须有"妙应时机，法在机先"的预见性。[6]他认为近代中国工业未能有大发展的最主要原因，应归咎于"缺乏专门技术家，无从训练管理之，致工人不称职，工作不良"。他还进一步分析推论："管理人才在事业管理中所占地位，尤为重要。得管理人才……能措施合宜，立足于不败之地，管理人才之需要有如是。"[7]穆藕初认为，应通过社会实践和学校教育两种途径来满足对人才的需求，"教育之兴替，关系事业人才之盛否"[8]。为此，他极力倡导兴办各类学校，尤其侧重于实业所需的各类人才的培养。他还对股东干涉经理人员的人事任免权的现象，进行有力抨击。他认为，"苟此项难关不即打破，虽有雄大资本、精良机械，有学问经验能力精力之经理以督率恐不免阻碍其大业之发展。"

---

[1][2][3][5][6] 《藕初五十自述》（上册），上海书店，1991年影印本。
[4][7][8] 《藕初五十自述》（下册），上海书店，1991年影印本。

第八章 科学管理的兴起

穆藕初推崇泰罗的科学管理方法,同时又有自己的思考。泰勒科学管理法侧重于操作方法、工作分解等程序的研究,对人的因素较少注意。而穆氏把人作为一个专题来研究,把人才看作企业成败的关键,"凡百事业之成败,全视人才之优劣",把择人、用人看作是经营管理的首要任务,"人才为事业之灵魂"①。

他的各项改革措施都取得了较大成功,整个企业界同仁纷纷效仿,极大地推动了当时旧式企业制度向新式现代化管理模式的转型。

第三节 杨杏佛和杨东莼的科学管理思想

一、杨杏佛的效率观②

杨杏佛(1893~1933),曾留学美国,并在哈佛大学商学院攻读 MBA 学位。1914 年与任鸿隽、胡明复、赵元任等留美学生发起成立中国科学社,该社在 1915 年创办《科学》月刊,杨杏佛在该刊上发表《人事之效率》一文。杨杏佛在该文中介绍当年风行美国、波及世界的泰罗"科学管理"思想,而且联系中国社会实际宣传泰罗学派的核心价值观和方法论,即"效率主义"。他指出:"成败优劣之所由,分在用之有尽有不尽耳。尽之之道唯何?曰:必自增进人事效率始。"杨杏佛认为,中国社会普遍存在的问题,恰恰在于"效率思想耳"。尤其表现在没有深切地、紧迫地认识到要从纵向和横向两方面考察国家的发展,有一条"以今视昔,则以效率之高低而有文(明)野(蛮)之分;以国观之,又将唯效率而衡其盛衰强弱焉"的排名世界民族之林的标准。杨杏佛进而指出,中国在人事管理上,往往"用非其长,任非所习";劳动者素质不高,"术之未精,力之无效";办事情"行之未远,持之不坚"。由此就造成大量低效或无效劳动。他认为,需要纠正两种对"增效"的误解,即"节俭者志在省费","故成效目的有所不计,其极乃至惜器而废用",一味节省不愿投入;"力作者不顾其后","争一日之长而促百年之寿",拼体力、拼设备是不可能获得持久高效的。杨杏佛阐述了"增进个人效率之道七则":

---

① 《藕初五十自述》(上册),上海书店,1991 年影印本。
② 许康、陈晓辉:《我国科学管理先驱者杨杏佛的效率观》,《科学决策》2005 年第 11 期。

(1) 效法，指学习、模仿，"当择长弃短"，"青出于蓝而胜于蓝"。

(2) 竞争，指"为和平利世"的建设性竞争，包括"人与天竞"，"人与人竞"，"吾与吾亦有竞焉"。

(3) 忠事，"信上则忠，信己则诚"，"忠上爱下皆为增进效率不可少之具也"。

(4) 专心，则"费时绝少而成效过人"。

(5) 奖酬，"凡物之足使受者满意者，皆为奖酬。""吾之奖酬在内不在外"，"成功者，世界至速至坚至宝贵之奖酬也"。

(6) 愉快，一是改善劳动条件，二是将心情引至"最佳之境"。

(7) 舒徐，"常存乐观"，"劳作之余，必有适当之休息与游戏以济之"。

杨杏佛的人事效率思想，植根于中国传统的"人本"、"民贵"、"攻心为上"等观念和策略。杨杏佛基本上没有涉及泰罗强调的时间研究、动作研究等"施之实业工人"、置被管理者于技术工具地位（即"工具人"）的观念，而是一再申述改善福利、愉悦心情、协调关系，以适应"为和平利世"的建设性竞争，来提高劳动效率。在这一点上，汲取中国传统文化智慧。

杨杏佛有关科学管理的文章和讲演，包括《效率之分类》(1917)、《科学的管理法在中国之应用》(1918)、《增进个人效率的原理与方法》(1918)、《科学管理法之要素》(1922)、《科学的办事方法》(1922)、《工厂管理法》(1923)、《防火问题》(1923)、《改良成本会计之方法与困难》(1923)，等等。1930年6月29日，他当选为中国工商管理协会的理事。

二、杨东莼"合理化"[①]

在20世纪20年代的资本主义国家，"合理化"也正在成为"强大的运动"。它虽起端于美国，却在后起的德国更得到重视。政府和企业界都认识到，要综合采用科学的方法、理性的手段和组织化的方式来重新整顿和发展产业，因而实际工作中的收效非常显著，成为世界推行合理化的中心，并波及欧美日等地区。在这样的时代背景下，中国思想界的有识之士也注意到了这个运动。

1930年4月10日，在中国创刊最早（1904）的大型综合杂志《东方杂志》（商务印书馆出版，时为半月刊）上，首先刊出了杨东莼写的《产业合理化》专论。他根据5种德文文献和1种美国文献，初步运用马克思主义的立

---

① 许康、史晓斌：《杨东莼对"合理化"的介绍——科学管理法传入中国源流探索之五》，《科学学与科学技术管理》1997年第3期。

场、观点、方法分析了这个论题。杨东莼在第一节就指出:"合理化的意义,是应用种种根据技术与计划的秩序所发生的方法,以达到经济的向上,货物生产的增加,货物价格的低减以及货物的改良诸目的"。接着(在第二节)分段论述了产业合理化的几个特征,并概括为:"产业合理化的内涵,便是货价低下,商品标准化,利润加大,劳动力增强,生产费低下数者,此外如节约原料,如消灭不需要的费用,如节约人工、改良运送方法等,也都包括在内。"杨文还正确地揭示了"这种新式的劳动榨取方法,自然使生产额加多,而资本家各项的支出如电灯、燃料、管理、工资等都要减少,所以结果资本家的利润加大"。第三节的小标题是"产业合理化与工业心理学"。因为"在经营组织中,必定要得到物质的经营组织的统整,与人事的经营组织的统整(即从业人员之配当的选置等),然后产业合理化才能成功","便不能不采用工业心理学"。他按梅德博士(Dr. W. Moede)的分类,介绍了与之有关的几方面研究工作:

(1) 劳动部署之合理化。这需要对劳动者进行劳动和心理等方面的测试,以确定劳动者胜任何种分工的工种。

(2) 学习之合理化。就是依据对学习过程和操作方法的心理生理的研究成果,以培训新职工采用和学会最适当的劳动方式方法。

(3) 劳动手续之合理化。即科学分析机器、设备、辅助手段的"合目的"的配置,并要求职工在劳动中周到地研究如何科学地加以运用。

(4) 贩卖手续之合理化。这是产品的市场营销如何科学化的问题,"即各种人心收揽手段之适宜的装置,广告及揭示(按:指招贴)之效果的研究,企业之实际的成绩监督,揭示(招贴)、广告、商标、包装以及宣传队之心理学的考察"。

前三项涉及劳动者个人的工作合理化和企业组织的问题,第四项则还涉及消费者的心理方面。

文章最后的"结论"得出了产业合理化的三个结果:失业加大;生产过剩;生活形式的"机械化"(产品标准化,使得"人生单调")。这表明在资本主义社会,各国资本家为了追逐最大利润而推行"合理化",宏观上却造成其内外矛盾的激化。作者甚至准确地预言了,这样加剧资本主义世界的固有矛盾,"引起将来全世界市场的再分割的大战,却是难免的。"

第四节 曹云祥和中国工商管理学会[①]

一、宣科学传管理

曹云祥（1881~1937），浙江嘉兴人，曾留学美国，先后就读耶鲁大学和哈佛大学工商学院。

曹云祥1931年任中国工商管理协会理事长。面对工商界的观望态度和会中经费拮据情形，他"不但不气馁，并且更积极"干好一件件实事。首先是编印"科学管理丛刊"（丛书），出版了王云五的《科学管理法的原则》（1930），刘鸿生等论文集《工商问题的研究》（1931），及曹云祥本人译的《科学管理的实施》（1931）。曹云祥在这部译作的序言中指出，美国一名工人利用机械，"其工作效率可抵华工八人"，"今美人又利用科学管理，增加效率至两三倍之多"，唤起国人的危机感。全书共十章，论述了"什么是科学管理法"，说明科学管理的原理，原理的应用，怎样用秒表核定标准的工作量和审定各人的工作，对库存货物出入的权衡统计，减少积压或匮乏，计划部的工作，工人的招募与训练，工人的养成及工资的支配办法、激励办法，等等。

协会每月举行一次叙餐会，借此加强联系、交流信息、研究问题。曹云祥出面邀请主讲人，并定好题目。主讲人都是对某种经营管理有丰富经验或理论分析的专家，如孔祥熙讲《工厂法推行问题》，徐佩瑛教授讲《工商管理人才的训练》，胡庶华讲《工厂管理之科学化》，曾同春讲《八小时工作制与科学管理法》，章乃器讲《十五年间管理与被管理之心得》，安绍芸会计师讲《成本会计制度》等。会上请速记社派人作详细记录，由协会人员加以整理，提供报刊发表。这样的讲演坚持了7年，总次数约70次。协会叙餐会上报告的选集《演讲录选编》（1933）。

协会的另一宣传喉舌是1934年5月创办的《工商管理月刊》。请孔祥熙题写刊名，在创刊号上还题了"通惠南鍼"四个字，即"通商惠工的指南针"之意。曹云祥署名的《发刊词》称："中国处次殖民地之地位，受各个帝国主义者之经济侵略，工商企业，落伍已久……"要赶上去，"舍发展民族资本，

[①] 许康、劳汉生、李迎春：《20世纪30年代"中国的泰罗"——曹云祥生平与事业》，《自然辩证法通讯》1999年第6期。

振兴本国实业不为功"。而要发展实业,不但要有资本、劳工,"沿至今日,则管理已成为一种专门科学,而为实业〔诸〕要素之中心。"本学会通过几年的工作,"已博得社会间渐感管理科学之重要,而实业界亦深悉管理与实业有密切之关系焉。"本刊"谨汇集专家名彦关于科学管理各种论著或其译述",使各工商团体和个人,"得以参考寻绎"。①

二、培养管理人才

曹云祥主持的中国工商管理协会还开办讲习班,担任起培养管理人才的任务。他说"凡百经营,无不首重人才,而管理人才之养成,实为当今工商界之急务"。协会与沪江大学商学院合办科学管理训练班,与机联会合作开设工业管理讲习班。讲习班先从中级人才入手,由各厂保送在职人员,教授工厂内的管理实际问题,养成服务道德观念。每班限三月毕业,加入者颇形踊跃,现第一班有学员九十余人。讲习班第一班学习4门课程,即生产管理,会计制度,人事管理,推销问题。每周4个晚上,每次2小时。1935年结业。讲习班还成立了同学会,以便今后继续联络,共同在企业中推行科学管理。协会还兴办了中国工商管理补习学校,曹云祥亲任董事长兼校长,程守中为副校长。补习学校先开办夜课班,招收初中毕业以上的职工及有志者,课程每期有8门,如第1期是经济学、商业概论、科学管理概论、会计学、簿记学、人事管理、市场学、工商法规等。

三、服务企业

曹云祥还以协会总干事名义,在月刊上刊登本会成立"服务部"(咨询部)的中英文广告,"兹愿以科学的方法,扶助公司及工厂,解决组织与设计上的困难"并保证"当为公司严守秘密,以免工作进行发生障碍。"他拟订的服务项目包括:行政与组织,人事管理,生产管理,财务管理,销售管理,事务管理,成本会计共7种,供企业采择。服务方式和步骤是:通过与委托方的谈话,发现和接受"当改问题";派人实地调研,写出书面报告,分析问题,提出改组办法;采用科学管理方法对企业进行"改组"。具体实施可派专家办理,或训练该团体(公司)内部职工进行。

曹云祥于1937年2月逝世,终年仅56岁。程守中在悼文中说:"在中国专门研究科学管理的团体,历史最久的,应该算是本会——中国工商管理协会了。而这个团体的创立,我们又不得不说是曹先生的力量最多,他不仅在组织

---

① 中国工商管理协会:《工商管理月刊》1936年第3期。

本会时备尝艰辛，而且也是国内提倡科学管理的第一人。他那种研究的态度，和提倡的精神，在中国的确不容易找到第二个。""我们称他做中国的泰娄（Taylor），也不能说过分"。程守中回忆，曹云祥生前常对他们说："科学管理在中国，力量还很薄弱，我不过是播一个种。耕耘的工作，是要你们来完成的。"①

第五节　中国科学管理实践

一、科学管理在企业的推行

与思想界相呼应，科学管理得以在公司企业，特别是如上海这样的工商业城市中得以逐步推行，其中最早采用现代科学管理并且取得较为显著成绩的当推上海康元制罐厂股份有限公司②。

康元印刷制罐厂成立于1922年，1933年9月改组为股份有限公司。早在1927年项康原任总经理后即开始参照东西各国经验，在国内率先采用近代的"科学管理法"，对原有的管理方式进行全面系统的变革。在管理体制及机构设置方面，"总经理负责全厂经营管理，并设协理、襄理等辅助之。其下设有正副厂长各一人，依总经理之意志，执掌总务处一切事务，行使总务处之一切职权。总务处之下分部凡十一，如印刷部、制罐部、储栈部、会计部、教育部、美术部、化学部、医药部、文书部、统计调查部。以上各部在厂内，营业一部则在厂外。此外更有收发股、送货股、庶务股等名。虽曰股而直辖于总务处，与各部、各股互相联络。若部、若股皆设一长为之领袖而统率之。每部中再行分股。股之多寡，盖随每部事务而定。印刷、制罐两部，更设技正各数人，为之辅导而备咨询。总务处中设有计划室，凡全厂一切改进计划，皆出诸该室"。企业内还实行一套成本会计制度；实行岗位劳动定额，制定产量质量标准，规定了较为合理的工作标准；改革行政管理制度，并建立起了一套有关生产计划、产品开发、成本核算、设备维修、营销策略等的合理化管理体系。1933年出版的《中国实业志》称康元制罐厂"有完善严密的组织管理系统"，"科学管理，著称国内"。

---

① 程守中：《敬悼曹云祥先生》，《工商管理月刊》1937年第4期。
② 张忠民：《20世纪30年代上海企业的科学管理》，《上海经济研究》2003年第6期。

康元制罐厂等企业率先引进和推行科学管理后，效果显著。上海许多公司企业纷纷仿行，终于在20世纪30年代初期出现了一个推行"科学管理"的热潮。相当一批公司企业都逐渐建立起一些合理的企业管理制度和管理组织机构。如中国化学工业社在行政总管理处上建立了设计委员会，实行有计划的统制，使产销适度。企业的各科室和制造、营业并列，均直隶于总管理处之下，收实行统一管理之效。再如美亚织绸厂在30年代初就形成了一套较完整的企业管理方法，有企业领导人和技术骨干联合组成的设计委员会，有组织及办事细则，有各项规章，有簿记规程，有工程标准。这些规章制度条分缕析，纲举目张，适合现代的社会环境，使美亚织绸厂的管理达到了一个比较完善的水平。德大、厚生纱厂用现代化的报表制度替代传统的管理办法。所创制的报告式样为众多的企业所采用。五洲大药房"如人工分配，工作之联络，成本之计算，该公司亦莫不采用最新的科学方法"①。

二、新式会计制度的应用

完善的会计制度，是科学管理的一个重要组成部分。科学管理的重要内容之一是推行新式簿记即新式会计制度。在早期的公司企业中，成本核算、财务管理等都十分不规范。如大生纱厂投产之初的1899年，在对每件纱的单位成本核算中，生产费用中不包括固定资产折旧，但是却列入了应该是作为利润的官利和股息。② 即使如荣氏企业这样已经具有很大规模的企业，仍然沿用旧式簿记，"银钱之出纳，票据之保管，似无一定手续。发出票据，并不经负责人员签字，而收入票据则经职员私行兑取，存入私折，事过月余，方经发觉者有之……至于各厂之会计制度，均各自为政，极不整齐，会计科目亦不统一。对于出品因无确实之成本计算，故全由估计，而估计时又乏标准，咸以意为之。如遇淡月，则将存货价格提高；如遇旺月，则将存货价值减低。固定资产之折旧，向未计入成本中，是以各厂之盈亏殊不准确"③。近代公司组织，特别是那些规模较大，按照公司法的规定，股份有限公司要编制营业报告书、资产负债表、损益计算书、财产目录、公积金，要有年终决算，股东红利分派议案等。传统的中式簿记显然难以担当这个任务。1918年北洋政府农商部颁布了近代中国第一部会计师制度的行政法规《会计师暂行章程》，中国最早的会计

---

① 《中国近代工业史资料》（第二辑）；潘君祥：《近代中国国货运动研究》，上海社会科学院出版社，1998年。
② 《大生系统企业史》编写组：《大生系统企业史》，江苏古籍出版社，1990年。
③ 《茂新、福新、申新系统荣氏企业史料》（上册），上海人民出版社，1980年。

师事务所也在1921年出现。①

20世纪20年代末30年代初，随着科学管理的兴起，新式会计制度对于公司制度建设的重要性进一步为人们所认识。南京政府实业部接受上海会计师公会的呈请，按照全国工商会议决议案，开始了全国统一的新式会计制度的推行。② 著名会计师徐永祚提出改良簿记方案，并编写了《改良簿记概说》，在五洲大药房、中英药房、集成药房、太和药房、南洋兄弟烟草公司、华成烟草公司、中南烟草公司、中和烟草公司、中华书局、大东书局、世界书局、上海内地自来水公司、闸北水电公司等50多家较大的公司企业试行，取得了很大的成效。1934年、1935年，上海立信会计师事务所先后编辑出版了由各行业富有会计工作实践经验者编撰的两集《各业会计制度》，第一集为商业会计制度；第二集为成本会计制度。这些会计制度以各行业中实行的制度为蓝本，结合学理和撰写人的个人体会而拟订，虽不具有法律上的强制性，但在客观上也促进了同一行业间会计核算和成本计算的规范化。③

30年代以后，在近代中国的股份有限公司，特别是那些规模较大的工业公司中已经较为普遍地采用了西方借贷记账法的新式会计制度④。如成立于1933年的中国国货公司，公司从创办之日起就摒弃改良中式簿记而采用了西方借贷记账法的新式会计制度。货物每天进出都有各项报表记录，货物管理有账有物，账物相符，即使不盘存货也能按月编制资产负债表和损益计算书。公司经营盈亏、业务管理利弊得失在账目上的反映一目了然。其他如上海著名实业家刘鸿生经营的章华毛纺织厂、上海水泥公司、大中华火柴厂，为了加强企业的科学管理，甚至不惜高薪聘请一流的会计专家为企业设计会计制度。在上海这样的工商业大城市中的大中型股份有限公司，在财务会计制度上几乎都已经完全实行了近代化的资产负债管理，每年出具的财务报表已经完全是标准的资产负债表和资产损益表。

三、科学管理推行中的中国特色

中国企业在其演进过程中出现的提倡和推行从西方社会引进的科学管理，从一开始就并没有一味地完全照搬西方的一套，而是根据本国以及本企业的情况，灵活地加以运用，力图走出一条中国化的科学管理之路。穆藕初在企业推行科学管理中也注意尽可能的"中国化"、民族化。如他要求各种技术名词、

---

①③ 赵友良：《中国近代会计审计史》，上海财经大学出版社，1996年。
② 《实业部征求推行新式簿记统一办法》，《工商半月刊》1931年第3卷第13号。
④ 张忠民：《20世纪30年代上海企业的科学管理》，《上海经济研究》2003年第6期。

第八章　科学管理的兴起

操作要点，要译成中国工人易懂易记的条文，西方的度量衡也要换成华制，使工人能"直捷痛快，易于取法"①。很多积极实行科学管理的公司企业将西方管理思想的一些基本原则和做法与中国传统的伦理道德及近代中国的实际相结合，崇尚以企业为家的团队精神、奉献精神，在推行科学管理的同时形成了一种各具有企业自身特点和特色的企业文化、企业精神。如新亚药厂、民生公司、永久黄、永安公司、美亚绸厂、上海商业储蓄银行的新亚精神、民生精神、海王精神、永安精神、美亚精神、海光精神等。这种根据本国国情和企业特点，变通灵活地应用西方科学管理法的做法，就像商务印书馆总经理王云五在总结第二次实施科学管理法的成功经验时所说的："我对于欧美，尤其是美国，盛行的工商管理，虽甚赞同其原则，却不愿整个接受其方法。一因一国有一国的工商背景，一国亦有一国的社会特点；善学者当师其精神，不必拘于形式。我在商务印书馆施行的管理方法，即本此旨。十年以来，该馆三遭巨劫，屡蹶屡起，得力于管理者不少，而我所行之管理方法得收相当效果，则由于不重形式而能实施其原则于特殊之环境"②。应该说，这种以汲取、借助中国传统文化以及中国传统人文精神为基础，同时又以推行和实践现代科学管理为目的，力图走出一条具有东方以及中国特色的科学管理之路的尝试，对于近代中国企业的发展是十分有意义的。③

科学管理的推行也并不一帆风顺，而是遇有很大的阻力。20世纪初科学管理即使在西方国家"各国采用此方式实施于工厂管理上者，尚不多见"④，具有深厚历史文化传统的中国对科学管理的认同更加艰难，科学管理在中国曲高和寡。穆藕初翻译的《工厂适用学理的管理法》一书出版以后的10年间，只售出800本，其中100本还是穆藕初自己买来送人的。康元制罐公司在推行科学管理的过程中就遇到了强烈的抵制，几乎酿成工潮。商务印书馆同样也因为"实行科学管理法，以致引起全体职工反对，形势甚为严重"。由此可见，近代中国公司企业在推行科学管理以及现代化进程中的艰难程度。

---

①　杜恂诚：《中国传统伦理与近代资本主义——兼评韦伯》，《中国的宗教》，上海社会科学院出版社，1993年。
②　钟祥财：《中国近代民族企业家经济思想史》，上海社会科学院出版社，1992年。
③　张忠民：《20世纪30年代上海企业的科学管理》，《上海经济研究》2003年第6期。
④　赵靖：《穆藕初文集》，北京大学出版社，1995年。

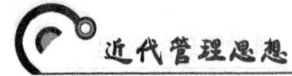

补充材料：增进个人效率之原理与方法

一、引子

效率二字，西文是 Efficiency 的意思，流行已久。传到中国不过十年光景，有的译作能率，有的译作实利主义，多属非是。盖 Efficiency 的意思是用何种方法达到何种效果，纯粹是做事和功效的比例（做事：功效 = Efficiency）。讲到能率好像有点天赋的意义。实利主义则为哲学上所主张专讲结果不及方法，所以不如效率二字含有功效暨数学上比例的意思，较为确当。讲效率的都当他一种主义，因此常受人的批评，以为效率不过一种方法，可好可坏，不配说他主义。主义大概是指好的，其实不然，一切主义都可说是方法，目的全在于人——就是德谟克拉西也是如此，岂能以此菲薄效率！

二、效率的分类

通常分为四类：

（一）比较的效率。譬如两人赛跑快慢是百分之七十，两部机器的马力多少，是百分之五十，快的多的就是效率好，慢的少的就是效率不好，这是以人和物做标准，不是绝对的。

（二）同性的效率。譬如以一万块钱做生意，获利获利五千，利率是十分之五，而金钱是同性的。

（三）异性的效率。譬如以一万块钱办学，所造就的乃是人才，因人才的多少，可以定他效率的大小，这是异性的。

（四）抽象的效率。上述三种，都可以数目表示，独此不能，譬如父亲生病，做儿子的替他请医生，倘若医好，虽用尽家产，效率仍是很大，否则虽仅化费二十四文挂号金，也是没有效率，生死是无穷大的事，属诸抽象，不能断定。

三、效率的定义

关于效率的定义，讲的人很多，可以代表一般的约有四说：

（一）安马生（Emerson）说："效率是减去无用的力和事，增加有用的功效。"

（二）裘来儿（Durell）说："效率是功和事的比较，就是要所得的功大于所做的事。"

（三）开森（Casson）说："效率是用科学的方法研究增加做事的功效。"

（四）罗斯福（Roosevelt）说："效率即爱护主义，就是保护人的元气，不因做事而影响身体，致减少其力量。"

上述四人都是很研究效率的所说定义,各有不同:第一是方法和比例并重;第二是偏于比例;第三是偏于方法;第四是偏于目的,虽是偏而一,却多不能废除,汇集他的长处,下他的定义如下:

效率是以爱护为目的,科学方法为方法,使所得的功效大于所做的事。

于此要旁及的就是有机种主义,表面看来,好像和效率相似,实际大有分别,应该辨别清楚:

(一)经济主义。这是犹太人专门省钱的法子,美人叫他犹太主义。吃的做的,愈少愈好,究其极点,就是不做事,那就丝毫没有效果可言,所以与效率不同。

(二)条理主义。效率虽讲条理,但是没有效率的事,也可以有十分的条理围绕,就是一个例子,所以条理与效率不同。

(三)拼命主义。三天的事,希望一日成就,拼命的做,身体损伤毫不之问。好容易目的达到,却在床上病了六天,这种得不偿失,与效率是相背的;盖效率是通盘筹划,从远处大处着想,不争一日的短长,又拼命主义与懒惰相缘,平时漠视功课的学生,遇到考试夜以继日的预备,弄到精神萎靡,结果失败,这是讲效率所切忌的。

四、我们为何要讲效率

关于这层,简单讲来,约有三层缘故:

(一)人在世上最要紧的就是生命和事业,两进并重,不可缺一,倘若生命很短,像颜子的夭死,事业就没有多大的成就;倘若事业很少,就像盗跖的寿考而终也是无用。所以我们所希望的是两者平均的发展,一方面要长寿,一方面要有多大的事业。讲效率就在达到这个目的。中人有句俗话:好人不在世,坏人活千年。这是因为好人拼命做,坏人不管事的缘故。换一句话讲,就是不讲效率的结果。救之之法,对于好人,叫他看重生命;对于坏人,告他没有事业,虽活无益。这是非讲效率不为功的。

(二)庄子说:"吾生也有涯,而知也无涯。"我可以加上一句,就是事业也是无涯,像国的共和,固然千头万绪,就是美国也是样样待理,并不停止进行。所以我们总希望于短时间做多事业得大效果。讲效率就是这个意思。中人平均的寿命最多不过三十岁(某外人说只有二十岁)又复不讲效率,做的事业很是有限,闭起眼来一想鲜有不吃惊的。

(三)讲效率的游戏和做工,多有一定的时候,不致有无谓的耗费,这亦是一桩很重要的事。中国的店伙,除睡眠外差不多都是办事时间,依八时制讲来,几乎要加一倍。但是按之实际成效并不见多,这就是无端耗费不讲效率的缘故。

五、如何可以增进效率与增进效率必具之条件

欲知效率必具之条件必先明白效率的目的。效率的目的可分为二：

（一）养成好的习惯。好的习惯养成，就能于短时间得大效果，并且可以减省许多脑力和体力，就是教育的目的也只是此。

（二）减少疲倦。身体细胞新陈代谢，倘若疲倦，因化学作用而起的酸化物不能排除，堆积既久，常致不快。所以做事首当减少疲倦。

明白了效率的目的，乃可讲必具的条件。兹分三项述之：

（甲）关于外部的有四：

（一）工具。"工欲善其事，必先利其器"。如，走路要有合适的鞋，写字要适意的笔，读书要足够的光线，一切事业可作如是观。这是不待言面是明的。

（二）禀性。做一桩事必先将个人的禀赋研究一下，问他是否可做？做了合不合？盖我们做事品性各有所宜，投其所好，事半而功倍，譬如学字有宜颜体，有宜赵体，因人而施，不可勉强。又如马考来（Maculay）幼习数学，劳而无功，且被斥退。后攻历史，反成名家。假使马氏拼命的学数学未始不可，成就加减乘除的专家，可是比到史学相差太远了。

（三）动作的性质。一切动作常有一定的性质，需要的时间，顺着他做就自然而然的有效。譬如练习赛跑者，先研究跑步的性质，就知道何种跑式为最速而省力。又如人家请我教书必先求种种方法，如何可以引人入胜，如何可使人了解深理，费的时候虽多，以后却可免除一切困难而获极大功效。

（四）环境。又分三：

（A）时间。工作有宜于冬不宜于夏的，有宜于早不宜于晚的，顺时而做获效斯大。

（B）配景。做事时候配景稍有不宜常足分人的心，使之不能专注。譬如此地正演影戏，诸君必无心听讲；反之配景适宜，效率就增了。

（C）气候。今天气候很热，此地苟有电扇，诸君听讲效率必当增加，这是很明显的。

（乙）关于内部的有四：

（一）卫生。卫生之要，诸君皆知。惟讲效率尤当注重。盖皮之不存毛将焉附，身体与事业原是二而一的。罗斯福以演说著名，请有专门医生护治。类此如运动家亦是很多，盖身体一有不好，尽你天大本领也无用武之地了。

（二）劳逸得当。西洋有句俗话：只作工不游戏，好子弟变笨器。就是劳逸应该得当的意思。盖过劳原太疲倦，过逸也无成就，能够得当，效率斯大。于此要当辨别的就是休息，变换一语，同一官能的变换不能算是休息，譬如看

了影戏再看书籍,同用眼睛,非但不能减劳,简直变本加厉。真正休息头痛医头脚痛医脚,不是如此的。

(三) 思想之适当。这层至关紧要,兹择要者言之:

(A) 忠。余所谓忠,并不指忠君忠国,乃是忠于所事,换句话讲就是无论做什么事,实实在在尽心尽力毫不苟且毫不敷衍。

(B) 专心。一心不能两用,两用就难专注。通常所说的心不定不能做事,就是不专心的缘故。

(C) 公正。错误是难免的事,只要公公正正错了认错,再想别的矫正方法,那就是君子之过如日月之食,过而能改,善莫大焉。否则专事隐蔽,如写字的着了败笔,一味涂改,纵用尽偷天换日的手段,也是弄拙反拙。

(D) 竞争心。今日所做的求胜过昨天,向前改进,到底不懈,这种竞争心与效率,很有关系。当仁不让于师,也是此意。

(E) 报酬。报酬分精神物质两方面,此地所讲专指精神,譬如做一桩事,问心无愧,精神上愉快非常。因此自强不息增加做事的兴趣,那和效率很有关系。美人好以专卖权奖励发明英学者反对,以为发明是为人类的报酬,应在精神不在物质。这种胸怀实在可赞。又如当福兰克林(Franklin)发明人造之电与天然之电相同,自传有云,试验成功的那时就是毕生最乐的辰光。颜子一箪食一瓢饮,不改其乐,这种精神报酬是不可少的。

(四) 感情之适当。做一件事总要有希望心,不陷悲观,方可有为。否则终天痛哭流涕,虽讲效率也属无用。

(丙) 关于普通的亦有四:

(一) 好问。做事的方法没有晓得或不甚明了,要必问问师友,取长补短,方能增加功效。

(二) 不避学人的样。无论做什么事,不在第一个做,乃在做最好的那个,所以他人先做,没甚关系。集大成,是最有益于效率的。

(三) 学识要丰富。做事而刻舟求剑,食古不化,自不行的。欲增效率,要必守经从权,富于变化,此非常识丰富不为功。

(四) 计划和记载。有了计划,实实在在的记下来,比较其长短,考证其得失,择其善善,当作根据,以为将来做事张本,这和效率,大有影响。

六、增进效率的方法

上所讲的不过普通的条件,现在进论方法。稍涉专门原理的方法很多,兹择其要者九点,简略言之:

(一) 重用。譬如一张桌子,重用得愈多,效率愈大。别的事物也如是。机器的好处,就是能够重用。我们读古人的书,即是重用古人的学问。孔子说:

三人行，必有我师焉。择其善者而从。能够这个样子，效率之大不待言了。

（二）乘用。重用是不同时的，乘用是同时的。譬如我今天讲演听的人有一千，比到和一人对谈，效率要加到一千倍。这就是乘用的好处。学校和报纸的价值也在这一点。

（三）合群。所谓合群，乃是事物互相关连的意思，与社会学的合群有点不同。譬如思想单独的很难记忆，连合的则比较容易。整篇的长恨歌，人家到容易背，倘若分析成字不相连属，那就难了。这是因为有声韵的连接，音节的关系，这就是合群。

（四）次序。所谓制度，其根据全在次序，琐碎的科学，不易统驭，分了类就容易得多，原子量很是麻烦，有了周期表就觉便易记忆。这都是次序的用处，做事时候更加要紧。

（五）外物。人所能做多大事业，全靠利用外物。将来科学发达，一切的工作都可用外物的机器来替代，那时效率之大，可想而知。

（六）异同。一切事体，都要具异同两方面。从同的地方可以得速效，从异的地方可以获进步。譬如合群大都志同道合，同时却各有异方可琢磨切磋，机器功效既速又能变化，就是同异并用的缘故。

（七）符号。极复杂的事物用极简便的符号表示，与效率赏大有关系。譬如言语代表思想，文字代表语言，种种功效都由此显。

（八）节奏。人的身体原是有节奏的。譬如走路，一脚上前，一脚继举。尚只一足，那就翻倒。做事也是如此，要必疾徐中节，相应相生，方有大效。欲跑快路，必摆两手，而手的用力，据专门跑家言，较足为甚。正因为互相节奏，得足应手的缘故。百家姓千字文等书读了，能够记诵也都全靠节奏。

（九）限制。做事用力，要必限制，方足立于不败的地位。整年可用的机器倘无限制，一日毁之而有余。老衰的失败也是没有限制的结果。所以讲到效率，限制是不可少的。

西洋研究效率的人很多，几成专门学问。今天时候很少，不能畅所欲言，只得述其涯略。我只希望诸君听了以后晓得效率是怎样一回事，明白他的重要，脑筋中留一概念，能够到这一步，我已心满意足了。还有一语要申说的，就是中国人开口闭口总说四万万同胞，仿佛以此自豪，实在大错。人所以可贵，在能做事。中人不讲效率，人数虽多，做的事业却是很少。美国一部机器，大的有二千马力，至少可以抵得人工一万。试问四万万同胞能有多大用处？日本人不过几千万，摆布中国而有余，就是这个道理。要必人人讲效率，使做的事业增加，那时四万万同胞才足自豪呢！

资料来源：《效率经济与安全》，《杨杏佛讲演集》第3卷，商务印书馆，1927年。

第九章 荣宗敬、荣德生的管理思想

荣宗敬、荣德生兄弟创办近代中国最大的民族企业。荣氏企业在其发展的过程中主要采取的是无限公司组织形式及家长制的集权管理，同时融入了现代科学管理的要素，在技术创新、资本扩张方面成就斐然，在回馈社会、造福乡里以及在善待员工、服务顾客上都留下光辉业绩。

第一节 荣氏兄弟和荣氏企业

一、荣氏兄弟的早期创业

荣宗敬（1873~1938）和荣德生（1875~1952）兄弟，江苏省无锡县人，被称为面粉大王和棉纱大王，是近代中国最大的民族资本企业的创始人。毛泽东说过："荣家是中国民族资本家的首户。"[1] 邓小平指出，"荣家在发展我国民族工业上是有功德的，对中华民族做出了贡献"[2]。

荣宗敬7岁入塾学习，14岁到上海南市铁锚厂习业，15岁到上海钱庄当学徒，19岁到南市一家公司当办事员。中日甲午战争发生，该公司经营亏损，荣宗敬失业回家。荣德生比兄长小2岁，幼年在私塾读了五六年书，15岁到钱庄当学徒，后来到广东三水河口厘金局任司账职务，增长不少阅历。1895年与父亲荣熙泰一起回到家乡无锡。

1896年，荣熙泰与人合伙在上海开设广生钱庄，由荣宗敬任经理，荣德生管账。不久，荣德生任无锡分庄经理。1898年，合伙的三个股东抽股，广生钱庄由荣家独资经营。由于信用日好，获利颇厚。

---

[1] 计泓赓：《荣毅仁》，中央文献出版社，1999年。
[2] 邓小平：《邓小平文选》第3卷，人民出版社，1993年。

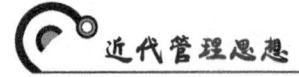

后来荣宗敬和荣德生进军面粉和棉纱业，形成茂新面粉公司、福新面粉公司和申新纺织公司三个企业系统。

二、茂新粉厂

荣氏兄弟投资工业是在时局中发现了机遇。由于八国联军侵略中国，北方农业受到破坏，发生粮荒。荣氏兄弟发现面粉进口"得免捐税"，于是共同筹划创办面粉厂，加工粮食，运到北方。他们"从食与衣着手"，开创荣氏企业，确定了战略决策。经过参观考察，在官僚朱仲甫支持下，集资 3.9 万元，购置法国炼石磨 4 部，创办无锡保兴面粉厂。后来股东朱仲甫退股，荣家经营，更名茂新。

1904 年，在东三省发生日俄战争，粮食紧缺。荣氏兄弟抓住时机，改进面粉设备，提高了产量，面粉由上海转运东北，每日可赚 500 余两银子。茂新粉厂资产总额已达 8 万余元，得到初步发展。

后来又因欧战销量益增，营业额蒸蒸日上，获利丰厚。粉厂扩大规模，日产量达到 8000 包左右。1916 年，荣德生与惠元粉厂经理商定，租用两年，改名茂新二厂。第二年，荣家买进惠元粉厂，正式改称茂新二厂，增购机器，日产量 6000 包。

1919 年，荣氏兄弟决定茂新面粉厂增添苞米粉厂，称为茂新三厂。

1920 年，荣氏兄弟在济南陈家楼西购地建立茂新面粉四厂。第二年开工投产，职工 24 人，日产面粉 3000 余包。该厂面粉质量超群，为各厂之冠，火车上的餐室多用之，外国人极赞美，畅销京津一带。

至此，荣氏企业茂新系统不到 20 年，由 1 厂扩至 4 厂，日产量由 300 包到 21000 包，这个发展速度在当时民族面粉工业中是少有的。由于荣氏企业工厂多，生产能力强，有条件承揽北方粉庄大批订货，同时，需用进口洋麦数量大，可以整船装运，节省水脚。采购国产小麦量大，可以操纵市价，廉价购进原料。面粉在上海港口北运，交通便利，成本较低，比内地粉厂占据优势。

三、福新粉厂

1912 年，荣氏兄弟又在上海创办福新粉厂，以"绿兵船"为商标。面粉畅销上海市场，开业几个月，不仅收回股本，又赚得 4 万余元。

第一次世界大战时期，欧洲各国粮食生产减少，纷纷向中国购买大量面粉。中国的面粉工业一时出现蓬勃发展景象，进入"黄金时代"。荣氏企业有了更大发展，产品走向世界，远销英国、法国、澳大利亚及南洋各国，售价大涨，盈利激增。

福新面粉厂经营获利，租用中兴面粉厂的设备。荣宗敬又在中兴面粉厂之东购地，创办福新二厂，于1914年底正式开机生产。1914年6月，荣氏兄弟开始筹备福新三厂，与福新一厂毗邻，于1916年6月正式开车生产。由于改进技术，福新三厂产量不断提高，日产可达3700包以上。福新一厂达到日产4200~5000包，名列同行业之首。

1915年，荣氏兄弟收购中兴面粉厂，改称福新面粉四厂，拥有机磨12部、职工65人。1916年，在汉口创设福新面粉五厂，于1919年正式开机营业，装置机磨22部，日产6000包面粉，以牡丹牌为商标。

1917年3月，荣家在上海先租办、后收买了华兴面粉厂，改称福新面粉六厂，更新设备，日产面粉4000余包，职工140余人。1919年，荣家在上海增建福新面粉七厂，厂址在苏州路大通路口，规模较大，为各厂之冠，职工379人，日产面粉14000~18000包。同一年，福新面粉八厂筹办，于1920年完成，1921年正式开车。到1922年该厂日产量达1600包。

四、申新纱厂

1905年，荣氏兄弟与人集资27万余元，在无锡创办振新纱厂，购得英商纺机28座，纱锭1492锭。1907年，振新纱厂建成试车。最初，买办荣瑞馨操纵纱厂大权，后来因为经营不善，才聘任荣德生为经理。

1915年荣氏兄弟因与股东不和退出振新纱厂，在上海创办申新纱厂，纱锭为12960锭，以荣宗敬为总经理，采取无限公司的组织形式，无董事会，股东会也无大权，总经理掌握全权，便于经营。

1917年，荣氏兄弟在上海购得恒昌源纱厂，1919年改称申新第二纺织厂，始有布机350架，后购760架，合计1100架，布匹销售各埠，余制面袋自用。1917年，荣德生在无锡购地创办申新第三纺织厂。同族振新纱厂资本家荣瑞馨出来阻挠建厂。荣德生求助于张謇，并得到江苏省长齐震岩的帮助才得以建成。申新纱厂共有纱锭5万枚、布机500台，规模为内地最大的纱厂。1921年，申新三厂正式开车，出纱质量甚好。

1921年，荣氏企业向汉口发展，创建申新第四纺织厂，购美国纱机14720锭，于1922年2月开工生产。

伴随荣氏企业的扩大，需要加强统一领导，购地建房。1920年，总公司办公楼在上海江西路建成，规模之大，为当时实业家难以比拟。1921年，荣氏企业正式成立"茂新、福新、申新总公司"。总经理荣宗敬掌握全权。荣氏企业的资本积累速度与规模达到空前程度，20年间自有资本增长200余倍。如以1903年自有资本5万元为指数100，那么1923年则达1041036万元，指

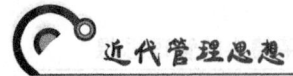

数为 20820.7。

1925 年，荣家收买上海德大纱厂，改名申新纺织第五厂。同年，荣家租办常州纱厂，后改称申新纺织第六厂。1929 年，荣家在上海收买东方纱厂，改组为申新纺织第七厂。同年，在申新纺织第一厂旁建筑厂房，增购新机 4 万锭，成立申新纺织第八厂。1931 年，荣家以低价购买三新纱厂全部机器，成立申新纺织第九厂。这原是北洋大臣李鸿章创办的上海机器织布局，失火后，由盛宣怀重建华盛纺织总局。盛宣怀据为己有，更名"集成"、"又新"至"三新"纱厂。荣氏收买的三新纱厂计有纱锭 75000 枚，织机 1200 架，规模之大，足与申新一厂并驾齐驱。

至此荣氏企业系统计有纱厂 9 个、粉厂 12 个，另有其他附属打包、装运企业多处。1932 年统计，申新纱厂约占关内各省民族资本棉纺厂纱锭总数的 20%、布机总数的 28%；荣家面粉厂规模约占关内各省面粉厂的 1/3，占上海市的 1/2。荣氏兄弟在全部企业资本中占 70% 以上。荣宗敬身兼 20 多个总经理，荣氏兄弟成为近代民族资本的大富豪。①

第二节 家族企业的组织管理

一、无限公司组织形式

在荣氏企业成长壮大过程中，它的主要组织形式一直是无限公司这种看起来较为落后的组织形式。

1905 年，荣氏兄弟开始向纺织业拓展，但因自身资金有限，与买办荣瑞馨等合作，在无锡开办有限公司组织的振新纱厂。开办时实收资本 27.08 万元，荣氏兄弟二人当时共入股仅 6 万元。荣瑞馨是大股东，任董事会总董，掌握公司大权。1907 年振新建成开工后，荣氏兄弟在企业中并无实职。后因经营失当，公司难以为继，董事会起用荣德生为经理。荣氏兄弟在振新经历了一连串重大事件之后，他们日益感到有限公司的董事会真可谓"成事不足，败事有余"。至 1915 年，因荣氏兄弟力主扩充发展，坚持不分红利，双方矛盾日益激化，董事会便将荣德生降职为副经理，并进而借口给予撤职查办。经历这些事件，在荣氏兄弟看来，很难在有限公司企业中合作共事。因为有限公司的股东不齐心，

---

① 徐立亭：《荣氏兄弟与荣氏企业》，《中外企业家》1997 年第 7 期。

企业困难时，董事会无能力支撑；企业需要增资扩充发展时，董事会大股东又只图眼前分红而行使否决权。更有甚者，总董荣瑞馨以权谋私，竟以振兴地产押入英商汇丰银行，垫补他投机股市的巨额亏损，以致企业险被查封厂产。

出现这些情况的原因，荣德生后来在谈到中国纺织业何以落后时指出，国内早创之工厂，由于"组织不良，教育未备，私心自用，耗费不资"，结果"十九过去"，幸存者寥寥。① 因此他们认为，在各种条件限制下，当时要办好企业，有限公司是"不可为"的。于是，1915年荣德生辞了职，两兄弟同从振新退股，决定以无限公司组织形式另创荣家自己发展企业的新局面。

荣氏兄弟从振新纺织有限公司退股之前，先在无锡创办茂新面粉厂，这是以荣氏兄弟资本为主，并由他们直接经营管理的企业，是一个合伙公司形式的企业。1913年荣氏兄弟又在上海与人合伙创办福新面粉厂，也是以荣氏兄弟资本为主，由荣宗敬自任总经理，它同样是合伙公司形式的企业。按《公司律》规定公司类型，福新的正式名称为"上海福新机器面粉合资公司"。这两个合伙公司形式的企业，都是无限责任公司。1916年荣氏兄弟另在上海创办申新纱厂，根据1914年北京民国政府农商部颁布的《公司条例》规定公司的类型，企业的正式名称为"申新纺织无限公司"，明确企业属无限责任公司性质。

无限公司制度的采用、股东转让股权的限制、总经理权力的扩大等一整套改制措施使得荣宗敬集企业经营大权于一身。从企业的股权结构来看，荣氏兄弟在茂新、福新、申新系统资本所占的比重平均为76.9%，其中主要位于无锡的茂新系统最高达91.5%；主要位于上海的福新系统最低，也占55.3%；纺织业的申新系统为84.3%。荣氏兄弟占有绝对多的股权，决定了其家族企业的性质，确保了他们在企业中的决策地位。这使得荣氏家族对企业拥有了绝对控制权，经理人任选或解任由荣氏操纵，股东会形同虚设。

二、家长制的集权管理

荣氏兄弟一方面始终坚持荣氏家族资本在老厂和新厂中占有绝对的控股权，另一方面以家族式的网络结构形式牢固掌握企业的经营管理权。即使企业在盈利升股后股资比重发生变化，也仍要保持荣家资本的控股权。如福新面粉公司创办时，由荣氏兄弟与浦文汀兄弟及王禹卿5人合伙投资，总资本4万元，股权比例为5∶3∶2，荣宗敬为总经理，聘自己的儿女亲家王尧臣为经理。1917年福新以红利升股，资本增为15万元，其中14万元是原来的5个股东按比例增股，另外1万元是王尧臣以红利升股后的新增股本。荣氏兄弟的资

---

① 荣德生：《忆吾所见所闻之纺织》，《人钟月刊》创刊号，1931年。

本在增资后的总股本中的比例因而下降,未达到创办时占有 50%股权的比例。为此,福新股东会专门作出决议:"此次王尧臣君加进之股份洋一万元,其红利官利与创办股份一体办理,惟议事取决权则仍照原数股份取决之。因原议有不添外股之条分,所以,但能让红利不能动摇根本,为此决议表明"①。这一决议保证了荣氏兄弟仍对企业拥有绝对控股权。又如 1941 年汉口申新四厂、福新五厂内迁后,经理李国伟(荣德生女婿)为了奖励内迁有功人员,改订分红办法,吸收高级职员入股。对此,荣德生重申"无限重股权……入股必得全体允许……一切不容任意更改"。因双方争执激烈,经人调解后重新调整了申新四厂新老股权,保持了荣德生名下和荣鸿元继承其父荣宗敬名下以及荣氏家族成员的股权共占总股额 60%以上的绝对比例。同时,福新五厂也作了调整,保持了荣家的绝对控股权。② 荣氏家族在取得企业控股权的同时,牢固掌握着企业经营管理大权。荣宗敬不仅是茂新、福新、申新总公司的总经理,而且是总公司所属各厂的总经理,独揽全部企业的大权;荣德生则在无锡担任茂新一、三厂和申新三厂的经理,直接掌管这些厂的业务,荣氏企业的决策权高度集中在总经理荣宗敬手中。

荣宗敬不仅在企业建制中居于权力中心的地位,在家族内部(尤其是荣氏兄弟之间),也往往拥有作为家长的决定权。荣氏企业以惊人的扩张速度和庞大的企业规模著称于世,这一点和荣宗敬的敢于冒险的独断风格分不开。在企业发展的过程中,尤其是在扩张过程中,荣宗敬拥有决定拍板的权利。荣德生往往充当辅助者和善后者的角色。如是,在兄弟二人创业的过程中,兄长荣宗敬多充当决策者的角色,而荣德生则起到辅弼的作用。虽然荣氏企业是兄弟二人共同创制,荣德生本人也握有相当大的股权,荣宗敬一直作为荣氏企业的最高领袖统领整个企业系统。在荣宗敬去世后由其长子荣鸿元接手茂、福、申新总公司。

三、家族制的人事组织管理

荣氏企业的人事组织也是家长制式管理的。各企业负责人的任用全由荣氏兄弟指定安排。据 1928 年茂福申新 19 个厂的资料,除荣德生担任经理的 3 个厂外,其他 16 个厂中,有 3 个厂的厂长由纺织专家朱仙舫一人兼任,13 个厂聘用同乡、同族和亲属为经理。荣氏企业大量雇用了来自无锡籍的员工,其中不乏荣姓的人员。据统计,1928 年茂新、福新、申新系统共计有职员 957 人,其中无锡籍职员 617 人,占总人数的 64.5%,而其中荣姓职员有 117 人,占总

---

① 上海社会科学院经济研究所:《荣氏企业史料》(上册),上海人民出版社,1980 年。
② 上海社会科学院经济研究所:《荣氏企业史料》(下册),上海人民出版社,1980 年。

第九章　荣宗敬、荣德生的管理思想

人数的 12.2%①。毋庸置疑，聘用如此众多的同乡、同族和亲属人员，为荣氏兄弟有效地掌握企业经营管理大权提供了便利。对此，荣德生在其《行年纪事》中写道："昔年老友，都为经理矣！"

随着其子女相继长成，经过学校教育以及专门培养之后，荣氏兄弟又先后将其子侄、女婿等安排到各厂的领导岗位上。如荣宗敬长子荣鸿元，1927 年毕业于上海交大铁路管理科后，即进入茂新、福新、申新总公司掌管花纱营业部，并先后任申新第二纺织厂副厂长、厂长等职，1938 年其父荣宗敬病逝，他继任了总公司总经理的职位。又如荣德生二子荣尔仁，1927 年 19 岁时，就遵父命入申新三厂实习，先在车间工作，并跟随工程师学习，后升任三厂助理，1931 年调任为申新一厂厂长，1935 年又改任申新二、五厂厂长。荣氏家族核心成员身居企业要位，有利于实现对于公司的绝对控制，并且在荣宗敬身兼企业决策核心与家族家长的双重角色下，能够使各项指令顺利传达、执行。②

荣氏企业以异乎寻常的速度扩展企业规模，至 1931 年，共拥有茂新和福新 12 个面粉厂、申新 9 个纺织厂，形成规模庞大的集团性企业，其面粉和纱布的生产能力在全国民族资本粉纱工业中占 20%～30%，荣氏兄弟亦被誉为中国的"面粉大王"和"棉纱大王"。荣宗敬是这 21 个厂的总经理，大致每个厂有 3 位高级管理者，即经理、副经理、厂长，这些人直接向总经理负责，这样，荣宗敬的管理跨度就达 50 人以上。加上总公司有 10 个部，每部的主任向荣宗敬负责，他直接管辖的人就更多。即使把荣德生管辖的无锡、济南的几个厂除外，荣宗敬的管理跨度还是太宽了。然而正是这种管理体制把荣氏企业送上了"面粉大王"和"棉花大王"的宝座，成为中国最大的民族资本集团。这说明管理是成功的，而成功的秘密就是"分身术"。这种"分身术"就是整个家族企业家被赋予了在一定场合代表总经理执行管理和监督的权力。这种授权是非正式的，没有明文规定和相应机构，但却比正式授权更有力、更灵活。

荣氏兄弟把家族组织通过无限公司形式引入企业管理，实现了家族组织与企业组织的高度和谐，一定程度上把企业经营管理事务变成了家务，把荣氏企业集团推上了发展的顶峰③。

四、家族制的某些变革

荣德生晚年总结经营企业的经验和感受时指出："人才为先，一切得人则

---

① 上海社会科学院经济研究所：《荣氏企业史料》（上册），上海人民出版社，1980 年。
② 朱启丹：《家族关系对荣氏企业经营发展的影响》，《企业研究》2012 年第 7 期。
③ 潘必胜：《荣氏企业组织研究》，《中国经济史研究》1998 年第 2 期。

兴","事业之成,必以人才为始基也"①。随着规模不断扩大,市场竞争日趋激烈,荣氏企业的运作方式在传统的人治管理体制之下融合了一些现代治理方式的内容,以适应企业发展的需要。荣氏兄弟在"用人唯亲"中融入了现代科学培训教育的方法,创造了一套人才培养选拔制度。首先,他们把自己的儿子培养成才,其途径有两个:一是让他们在国内外接受高等专业技术教育,学成后,安排到各厂任要职;二是让他们在企业的工作实践中锻炼成才。荣德生次子荣尔仁进申新三厂时,荣德生让他先从工务员做起,在生产第一线取得实际知识,然后派去日本学习考察,回国后担任申三助理。同时,荣德生还要他跟从申三总工程师边实习边钻研,提高专业理论水平和实际工作能力,不久将他派赴上海担任申新二厂、五厂等厂长职务。其次,建立职业培训教育制度,自己培养人才。早在1919～1927年,荣氏企业就在无锡开办公益工商中学,设工、商两科。荣家各厂从中择优录用一批毕业生,他们大多担任技术员,后来也有当上了工程师和厂长的。1928～1932年,申新纺织公司又在无锡开办职员养成所,聘请留学归国的专家传授纺织专业知识和生产技能,培养纺织技术专门人才和企业管理人才,学员毕业后也都成为申新各厂的重要骨干力量。这两个培训教育机构都设在无锡荣氏家乡,招收的学生大多是荣氏同乡、同族的子弟。后来还开办在职职员的训练班,分期分批培训。据统计,1928～1940年,申新在无锡和上海开办的养成所及训练班,先后共培训250人,他们大多数都在荣氏企业服务。

在企业中下管理层中,荣氏兄弟也不是简单"唯亲"地任用同乡、同族,而是选用那些在自己的培训机构受过现代科学知识教育,并遵循忠信礼义伦理原则忠于自己的同乡、同族人员。美国学者高家龙的研究也指出,荣氏兄弟一方面任命家族成员为公司的经理,另一方面又利用社会关系网任用同乡、同族为公司的职员,"塑造成了组织完善、联系密切的管理等级制……将其企业联为一体"。事实上,荣氏企业人事组织管理这种效仿西方企业的管理等级制模式,已作为一种制度性的安排一直延续到20世纪40年代末。

随着企业的发展,荣氏兄弟也对企业组织作了某些调整。根据申新一厂早期的无限公司章程规定,公司的职员只分为总经理和办事员两项。荣宗敬为总经理,掌管公司业务;办事员由总经理任免,公司的组织系统十分简单②。由于茂、福、申新各厂的总经理都是荣宗敬,随着新设厂不断增多,由总经理直

---

① 上海大学、江南大学《乐农史料》整理研究小组、荣德生:《荣德生文集》,上海古籍出版社,2002年。

② 上海社会科学院经济研究所:《荣氏企业史料》(上册),上海人民出版社,1980年。

第九章　荣宗敬、荣德生的管理思想

接掌管各厂业务已不大可能，因此在1921年组建成立茂新福新申新总公司。这个总公司不是法人单位，只是各个股权独立的无限公司企业或合伙企业的总管理机构，总公司总经理当然也是荣宗敬本人，下属各企业则新增经理或厂长一职，驻厂执行生产制造业务，由总经理指派聘任，向总经理负责。各厂的原材料采购供应、产品的销售由总公司集中管理。由于各厂股权独立，实行独立核算，但规定多余资金必须存放在总公司，由总公司统筹，代为各厂筹措营运资金。人事安排上也由总公司统一调度。这样，总公司成立后下属各企业的治理结构有了一些变化，公司的组织系统实际上演变为股东大会—总经理—经理或厂长—办事员。总经理一人独揽一切的情况，因各厂新设经理或厂长职务负责生产业务而有些放权。这种放权体现了企业体制上人治管理方式的某些转变。当然，总经理荣宗敬利用这个变化，把属下各厂的人事、财务和经营业务更加系统而全面地掌握在自己手中，对各厂相互挹注、调剂余缺，更加得心应手。

无限公司的组织形式和家长制集权管理体制的弊端在荣氏企业也是不可避免的。在总经理荣宗敬一人独揽企业大权之下，各厂经理或厂长仅对总经理负责，执行生产业务，生产什么，生产多少，都按总经理指令办事。在总经理的人治管理下，往往不注重建立必要的监督制度，以致不可避免地出现各种弊端，乃至为腐败行为开了方便之门。无限公司的无限责任投资风险，以及荣氏企业公司章程规定排斥新的外股入股，也都约束了企业扩大聚集资本的可能性。因此，荣氏兄弟每每在增设新厂、扩建老厂、更新设备或急需营运资金时，向行庄借贷。债重息高，不仅企业受制于金融机构，而且成本加大，这是其企业历史上多次出现危机的重要因素之一，而1934年的危机更是由于向银行借贷过巨无力偿还而触发酿成。①

第三节　科学管理的实施

一、工头制改革

20年代初，各民族资本家先后着手改革工头制。荣宗敬考察发现日商丰田纱厂工作效率极高，该厂也有工头制，但工头只是监工，并无进退工人权，

---

① 黄汉民：《荣氏家族企业的公司制度变革》，《近代中国》2005年第15辑。

也无技术执行权。对比之下,荣氏企业还是放任自流的经验管理,谁干什么干多少,都是没有科学控制的。荣宗敬决意学习日本纱厂,改革工头制,并从无锡申新三厂开始试点。

1924年7月,荣氏企业从申新三厂开始,尝试改革工头制。荣德生先后聘请一批原在日商纱厂工作过或从杭州甲种工业学校等专业学校毕业的技术人员到申新三厂担任技术工作。在遭到武场工头的强烈反对后,荣德生采取了新老两派分头管理的办法,将生产效率较高的英制纱机交由工头按原来的体制进行管理,而将生产效率较低的美制纱机交由新进厂的工程师、技术员管理,并从行政到技术管理采取了一系列改进措施。很快,新职员管理的美制纱机在出数、质量、耗费方面,明显优于工头管理的英制纱机,既增加了产量、提高了质量,又降低了耗费,还减少了工资支出。在更大的改革即将展开之际,工头们挑动工人殴打新职员,导致工厂停工。后经警察和他厂工头调停,资本家妥协,新职员大多调离申三,旧工头班底仍旧,工头制改革受挫。

此后荣德生采用釜底抽薪的办法,一方面在添置新机器时,任用新职员管理;另一方面对旧工头逐渐实行退休、调动或干脆养起来的办法,如工头沈阿富退休后每月得30元退休金,给予利益上的补偿,减轻其反抗。经过几年努力,到20年代末,申三基本废除了工头制。把过去设的总管、文场、武场,由头脑(工头)、领班直接管理生产,监督工人的组织形式一律取消,建立了由技术人员负责的保全部、考工部和试验室等新的管理机构,实行行政、技术统一领导。各厂以至车间都实行了由工程师、技术员负责组织生产、管理工人。对原来的领班、工头用辞、歇、降、调等办法予以处理,统一了全厂的行政、技术管理。时人对此举的评论是:"厂内工程管理,多由工程师,工务主任、公务员等任之,已无文场武场之别。权责统一,纠纷自少。虽尚未达科学管理及工作合理化之阶段,而于论工论货工资之厘订,以及工人之训练考核(招募生手工,由教师就指定机台,专事训练按期考试),均有相当改进。"① 这样,实现了新职员对旧工头的替代,使直线制管理贯彻到基层。

1932年,李国伟主持的汉口申新四厂发生火灾。1934年,申四重建,李国伟废除工头制,大量招收养成工加以培训,然后对工人实行全面的科学管理,制定《申四厂规》包括经营、生产、生活各方面,涉及对象不限于车间工人,也包括全厂管理人员。这是荣氏企业中第一部自订的科学管理法规。其中,废除工头制、招收养成工对于科学管理具有关键的意义,通过养成工制度,使工人摆脱了封建性的人身依附关系,与资本家发生直接联系,使工人在

---

① 陈真:《中国近代工业史资料》(第四辑),三联书店,1961年。

第九章　荣宗敬、荣德生的管理思想

本质上进入了现代工人的范畴。①

二、技术创新

作为后发国家的民族工业，其技术开发与创新一般表现为对引进设备的仿造和部分机件的改进。荣氏企业的发展在技术创新上经历了仿造、改造、创造的过程。

在技术引进方面，与多数企业通过中间商（外国在华洋行）购买不同，荣氏兄弟较早直接从国外厂商购买机器设备。1919年，荣氏兄弟筹办申新三厂时，特地委派族兄、国民政府交通部电政司司长荣月泉对欧美工业和科技进行考察，选购机器设备。最终订购了3万锭英国好华特新式纺机，购进两副美国制造的16000瓦发电机。在面粉业，荣氏在先后以钢磨代替石磨、以柴油引擎代替蒸汽机的基础上，又于1910年引进当时最新式的美式制粉机，使得产品质量大大提高，生产规模迅速扩大。

荣氏企业重视对引进机器设备的仿造和改造以提高其效能。申新三厂将道勃生纺机的细纱滚筒提轴改为钢珠转轴，使细纱机前罗拉转速提高了30%。茂新面粉厂在引进设计能力为日产面粉2400包的美式600筒粉机后，聘请有经验的机匠和技术人员进行研究改进，最终使日产量达到3500包左右，最高达到4200包。此外，还在生产流程中仿造圆筛，改进清麦设备，添置5号直立打麦机、风箱等装置，使生产出来的面粉质量好、色泽优，取得了市场优势。

技术创新方面最重要的领域是机器制造业的发展。荣德生在1919年投资1500元，在荣巷创立公益铁工厂，下辖金工、木工、铸工和机械4个车间，配备先进的各种新式机床，既作为公益工商中学学生实习基地，又承担为荣氏企业修配纺机的职能。1927年，经过扩充改造，该厂成为独立经营的机器厂，对外承接机械修配与零配件制造业务。以后，公益铁工厂不断扩建，成为一家装备和技术在国内都堪称一流的机械修造厂。该厂主要生产的产品有织布机、络筒机、浆纱机、打包机、剪毛机、洗涤机和磨粉机等。这种生产不是简单的仿造，而是在消化吸收的基础上不断创新。如该厂的"公益式"布机就是在对德、美诸国最先进织机兼收并蓄基础上创造出来的，堪称一流产品，但造价却不到进口机器的一半。申新四厂最初纺机出纱强度不高，16支纱产量一直徘徊于每锭日产1磅以下。为此，李国伟亲自组织自主研发，改进设备，调整工艺技术，合理调节车间温湿度，结果见奇效：16支纱每锭日产量提高到1.2

---

① 潘必胜：《荣氏企业组织研究》，《中国经济史研究》1998年第2期。

磅，纱支强度从 70 磅提高到 120~130 磅，成本下降，质量上升，得到了较好的市场回报。

在抗日战争的艰难时期，荣氏企业的技术创新不仅没有停步或退步，反而更加突出，成为企业生存发展的核心力量。荣氏企业一支以公益铁工厂为主迁往四川，另一支以申四机修部为主迁往宝鸡。宝鸡的铁工厂利用废钢、矽铁和飞机残骸等回收冶炼，生产出钢铁代用品——灰口铁；利用废旧机车、钢轨等制造纱锭；用废铜烂铁制造出纺织机械及 3000 千瓦发电机组；用废纱、花为原料，开设造纸厂；根据川湘苎麻资源丰富的情况，创办苎麻实验室，研究苎麻生产技术问题。许多技术难题相继被攻克，于 1945 年生产出第一批麻纺织品。1944 年夏，荣尔仁主持创立公益工商研究所，研究范围包括麻、棉纺织、机械、化工等领域，由申茂福共同出资 1200 万元，开展经济技术研究，旨在为荣氏企业在战后的恢复发展进行技术储备。①

第四节　战略管理

一、战略选择

荣氏兄弟在选择企业所进入的行业时，是以当时的市场需求和行业的利润率为基础的②。

通过对国内市场需求和产品盈利空间的分析，他们选择了与民生紧密相关的产业。荣氏兄弟认为"以吃、穿二项货物最为好销"，先后进入了面粉加工和纺织业。进入面粉生产的主要契机是，开钱庄出身的荣氏兄弟从往来的金融业务中了解到，由于战争，使当时多数行业均不景气，只有面粉业比较兴旺，而国内面粉又不收捐税，利于办厂③。于是，他们选择了具有成长性的面粉产业，投入到创办面粉加工的事业之中。荣氏兄弟选择了重点发展纺织生产的战略，其主要原因可以归结为纺织业的利润率高于面粉产业。面粉的利润率水平总体比较低，平均在 10% 以下；而纺织企业的利润率水平较高，一般在 10%

---

　①　吕庆广：《荣氏企业文化的建构与特色》，《江南大学学报》（人文社会科学版）2006 年第 5 期。

　②　朱晋伟、金其桢：《民族实业家荣氏兄弟的企业发展战略》，《苏州大学学报》（哲学社会科学版）2006 年第 6 期。

　③　上海大学、江南大学《乐农史料》整理研究小组：《荣德生与企业经营管理》，上海古籍出版社，2004 年。

以上，纺织企业的相对较高的利润率是荣氏企业不断扩大纺织业规模的重要原因。

荣氏兄弟在企业经营过程中，慎重选择产业，一旦确定下来，始终坚持主业，将主业做大做强，不轻易涉足其他产业。荣氏兄弟所经营的领域，集中在面粉和纺织两大行业，每一个行业都进入业内的前列。由于专心做好两个产业，使企业可以获得规模效应，从经验曲线上看，可以减少学习的成本，提高企业的劳动生产率。如在纺织生产领域，从荣氏企业实际运行的效果看，虽然由于内外环境的变化，企业生产有一些波动，但整体上企业的产量呈稳步增长的趋势。

随着荣氏企业规模的扩大，他们也涉足了机器翻砂、堆栈（仓储）、打包行业，这些可以看成是企业的纵向一体化战略，是为企业主打产品进行配套的，在规模上远远不能与主要的面粉加工和棉纱制造相比。从总体上看，荣氏企业没有实施多元化战略，而是实施专业化生产战略，并取得了成功。

二、资本运筹与扩张战略①

荣宗敬、荣德生兄弟从学徒、伙计起步，发展至拥有亿万元资产的实业界巨擘，十分重要的一点是成功地组织资金运筹，实现资本扩张。与一般企业投资战略不同的是，当企业有了盈利之后，荣氏兄弟不是把盈利部分分掉花光，而是用于扩大再生产。正如申新总公司会计部门职员荣德其所说，"申新除发股息外，一般不发红利给股东，盈余不断滚下去，用来扩大再生产；如像烧肉，老汁永远不倒出来。别的厂就不同，红利都分掉，所以碰到困难，就站不住脚了。"②

荣氏兄弟创办企业之初，采取的是集资合股办法——先在至亲好友之间，以后也面向社会。在企业立定脚跟，获得一定程度发展后，荣氏企业越来越重视自身的资本积累。辛亥革命后，振新纱厂主持厂务的荣氏兄弟与股东之间，在见利分红还是积累扩大投资的问题上发生争议，最终导致荣氏兄弟退出振新。通过吸取这件事的教训，荣氏兄弟定下了一条规矩：无论是新厂创办还是老厂增资扩股，各股东三年内不得提取红利，股息一律存厂，用于清偿建厂欠款和日常生产周转。三年期满后，他们还通过一定方法吸引股东把股利"存厂生息，以厚资力"。福新二厂创办时，从福新一厂盈利中划拨过来作为资本的8.44万元，就是股息和红利。以后他们又以福新一厂的盈余作投入资金开

---

① 汤可可：《荣氏企业的资本运筹与扩张》，《江南论坛》1998年第3期。
② 上海社会科学院经济研究所：《荣氏企业史料》（上册），上海人民出版社，1980年。

办福新三厂,以福新二厂的盈余盘下相邻的中兴面粉厂,改称福新四厂。申新一个至四厂的新建和扩建改造资金,大部分也是靠粉纱各厂的盈余调拨。其中申新一厂的切始投资30万元,主要来源是茂新、福新的利润。以后历年盈余、红利均滚入股本,1919年资本额扩大到80万元,1922年达到300万元,增资中吸纳的追加资本仅40万元,而股息、红利和利润滚存占85.2%。一段时间内,荣氏企业就是靠这种"滚雪球"的方式,将企业越滚越大,越滚越多。

在扩张过程中,荣氏企业进行了一系列成功的资本运作。

一是"欠入、赚下、还钱"。荣氏兄弟从"欠机"进而到"欠厂",把分期付款的方式运用到工厂的兼并之中,从而实现了资本的较快增值。如申新五厂到九厂(八厂除外),就是在20年代末30年代初激烈的市场起落中,通过收买上海德大、厚生、英商东方和三新等纱厂,再经改组而成。在这一系列并购中,荣氏兄弟既抓住被兼并厂陷入困境、售价极低的时机,采用分期付款的方式支付,减轻一次性筹资的压力;又把买得的工厂资产转押于银行,获得银行的借贷资金,用于恢复和改进生产,获益匪浅。如收买三新纱厂,商定售价40万两(不含地皮),仅及资产净值的一半,而且只要先付佣金5万两,余款暂欠。荣家向钱庄借款5万两,买下三新后,立即着手厂务整顿和机器调试,一周后纱、布机全部开齐,实际是用工厂的盈利分期偿还欠款,未花投资而盘下一爿工厂,可谓是成功地运用"欠入、赚下、还钱"方法的典型。

二是租办、收买、兼并。1921年前,荣家共计经办过15家面粉厂,其中租办的6家,租期届满后收买的3家,续租的1家。租办和收买的粉厂设备(粉磨),占当时茂福新系统设备总数的16.7%。至1931年,荣家经办的纺织企业有10家,其中租办和收买的计6家。租办、收买是荣氏企业兼并扩充、壮大资产规模,减少竞争对手,扩大市场占有份额的重要途径。荣家租下或买下企业后,按照自己经营管理企业的成功经验整顿管理,改进技术,并利用已有的销售渠道和商标品牌,扩大销售,往往能够较快见效。如荣家收买厚生纱厂后,立即从申新各厂调来技术力量,运来所需机件物料,仅一星期左右,就使停产近一年的工厂恢复生产,并出纱上市。

三是负债经营。初始阶段,荣氏企业主要在流动资金短缺时向银行钱庄告贷,以后向行庄借款也用于扩大投资或收买工厂。这一时期与荣氏关系最为密切的是中国银行和上海商业储蓄银行。荣氏兄弟利用儿女亲家关系,以申新公司的名义分别在这两家银行投资25万元和45万元,并由荣宗敬出任两家银行的董事,荣氏企业向这两家银行的借款余额则各在400万~500万元。此外,荣宗敬还以个人名义投资9家银行、钱庄,投资额合计25万元。他说,在这些钱庄搭上1万股,就可以用它10万元、20万元的资金。到30年代初,申新系统借入资本(包括股东、职工存款和往来借款)高达4374万元,比10年前增加2.75倍,借入资本与自有资本之比为2.4∶1。茂福新系统的借入资本也达到1332万元,较10年前增加0.86倍,与自有资本之比为1.2∶1。荣氏企业负债经营,是它迅速扩张的条件,但同时,它也因此而受到高利盘剥和金融资本的钳制,并给随后的发展留下了隐患。

四是吸收职工储蓄。开始时,公司和各厂用旧式存折吸引职工存款,考虑到普通工人工资收入微薄,起存点降低到以每角为单位。以后,吸储对象逐步由工人扩大到员工的亲属、朋友。到20年代后期,存款余额增加到100万元,而当时荣氏企业常年向行庄借款的余额也不过300万元左右。1928年,荣氏兄弟创办了茂福申同仁储蓄部,总部设于上海总公司内,同时在无锡申三、常州申六、杭州茂新批发处、汉口福新批发处设立分部。储蓄部成立后,首先以较高利率吸引存款,通常较银行同期存款利率高出0.5~1个百分点。以后又实行大额累进利率,即存款在100元以上的户头,年利率提高为5厘,存款在500元以上者,年利率6厘。同时,储蓄部开辟了多种存款方式,除常规的定期、活期、零存整取外,还开设定期取息、复利滚存、礼券存款、活期流通等项目,并根据储户的不同要求,在存取手续、利息计算上不断加以改进,提供方便。其中活期流通存券可以在各地茂福申工厂、批发处、办麦庄、收花处通存通兑,具有较大的灵活性。储蓄部还打出"以实业保证储蓄,以储蓄发展实业"的旗号,强调公司的可靠性,以吸引储户。储蓄部成立当年,存款余额即达到147万元,连同原有旧式存折存款,总计达250万元。到1931年,储蓄部存款达到503万元,旧式存折存款也突破140万元,两项合计超过了中国银行、上海商业银行各自对茂福申总公司的贷款数额。储蓄业务的扩大,不仅部分地解决了荣氏企业兼并扩充和生产经营对资金的需要,而且减少了企业向行庄借款的利息支出。据估计,这一时期总公司因吸收存款而节省银行贷款利息支出每年在20万~30万元。从抗战时期到战后,荣氏企业吸收员工存款的做法始终没有间断。如内迁的申四、福五两厂,到1945年,吸收存款超过10亿元,为银行贷款余额的4.5倍。这笔稳定可靠的存款,对维持企业的生产经营发挥了重要作用。在沦陷区,荣德生又突破同仁储蓄部的局限,于1939年发起组织广新银公司,在吸收储蓄的基础上,经营银行存贷业务。

第五节 社会责任

一、善待员工

荣德生曾多次公开声明他不是资本家，而是事业迷或事业家。他认为，资本家"大多仅以企业为发财之过渡，既已发财，便不再谋企业之发展"。而事业家则以事业的发展为目标，有更宏大的社会抱负。他说，"治家立身，有余顾及乡。如有能力，即尽力社会。以一身之余，即顾一家，一家有余，顾一族一乡，推而一县一府，皆所应为。"①

在荣氏企业就职的许多职工为荣氏族人，荣氏企业曾资助许多族人接受教育，因此包括荣氏企业中的许多职工都曾受助于荣氏家族而接受教育从而改变了他们的生活。1928年，荣德生还在无锡申新总公司开办"申新纺织总公司职员养成所"。这个"职员养成所"招收高中和中专毕业生，学员半天上课，半天到工厂实习，教授职工日语、企业管理、机械设计等。之后又在上海、武汉、重庆等地开办职工养成所，据不完全统计，在抗战期间培训的职工千余人。举办劳工补习教育，分晨校、夜校、星期班和多种专业传习班等类别。时间为一年、半年或数周不等，主要为在职工人增进文化知识、提高技术水平而设。具体内容涉及生产技术、文化知识到娱乐、体育、家政、园艺、副业、音乐、医疗等。在中国民族工业发展初期，这种方式不仅解决了荣氏企业所需的人力资源，培养了职工的技能，同时增加了职工福利和职工归属感。②

荣氏企业为员工提供的福利还有：

(1) 为劳工子女提供文化教育。凡不足3岁的劳工子女一概进入初级托儿所，托儿所负责管理保姆哺乳等事宜；3~6岁儿童则入高级托儿所，进行启蒙教育；6~10岁进初级小学，接受初等教育与训练；10~13岁进入高级小学，予以较高程度的教育与训练，并与公益中学相衔接，做深造准备；其余则送各级养成所、补习学校和技术补习班。

(2) 创办消费合作社。宗旨是引导工人合理消费，减轻生活负担，同时，

---

① 上海大学、江南大学《乐农史料》整理研究小组、荣德生：《乐农自订行年记事》，载《荣德生文集》，上海古籍出版社，2002年。

② 颜节礼、朱晋伟：《荣氏家族企业的诚信理念、社会责任及启示》，《商业经济与管理》2011年第7期。

培养工人的合作精神。合作社种类甚多，涉及衣、食、住、行和娱乐等方方面面。

（3）组织工人进行自治训练。如以民主方式推举室长、组长、村长和正副区长（分为单身男工区、单身女工区和家属区三个区），自主管理其生活区。以民主协商方式组织自治法庭，承担调解、裁判、惩罚等职能，协调处理工人之间的矛盾与纠纷。

（4）建立企业医疗机构，1932年设立由中西医两部分组成的医院，其中有X光机等先进医疗设备。

（5）建立各种文化娱乐与体育设施。如电影院、图书馆、阅览室、大礼堂和运动场等。此外，还试办劳工保险、劳工储蓄和劳工公墓等。

1930年，在荣德生积极支持下，荣氏企业进行劳工自治区实验。主要做了以下几个方面：一是保障。即增加工薪，改善福利，减轻消费负担，改善物质生活条件。二是激励。通过劝导和参与式激励来激发工人的协作互助意识，培养工人的团队精神，增强归属感、成就感和荣誉感。特别是企业设立功德祠，对为本厂做出重要贡献的已故职工设长生牌位于其中，定期公祭。并规定，职工凡因工受伤殒命，或在本厂服务达10年以上并无过者，死后可设立牌位，"入祠奉祀"。这大大激发了工人活着好好干、死后有归宿的认同感。①

申新三厂的劳工自治区实验在当时引起了广泛关注。传媒一致称颂："凡工人自出生至老死，均已顾及。""在申新三厂办理劳工事业稍有成效年后，劳资间的隔膜不曾发生，一切大小纠纷也就没有了。罢工停产的事件更不用说了。"报界称此为"劳动界仅见之成就"。②

劳工自治区实验的结果是，企业生产成本进一步降低，工人技术水平普遍提高，增强了企业抵御市场风险的能力，并在潜移默化中促进了社会风气的良性转变。

二、心有社会③

早在投身实业不久，荣德生就曾经前往南通参观张謇的企业办社会实验，深受影响和启发。荣宗敬作为国民政府的经济委员会委员，曾经向民国历届政府提出过许多改革建议，曾发表过《救济民食刍议》、《振兴实业，发展经济，以惠民生计划书》、《实业救国刍议》等，荣德生在抗战期间还发表《西北殖

---

① 唐文起、马俊亚、汤可可：《江苏近代企业和企业家研究》，黑龙江人民出版社，2003年。
② 严克勤、汤可可等：《无锡近代企业与企业家研究》，黑龙江人民出版社，2003年。
③ 吕庆广：《荣氏企业文化的建构与特色》，《江南大学学报》（人文社会科学版）2006年第5期。

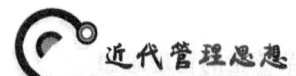

边大农计划》。虽然荣氏兄弟从事实业的出发点主要是逐利谋富，但他们的社会责任感极其强烈。他们认为，"政以业兴"，必须兴办实业才能"为国堵漏卮，为民添衣食"①。他强调"致富济贫"，兴办实业是创造财富的唯一途径，也只有此途径才能改变中国贫穷落后的面貌。

荣氏兄弟积极参与地方建设发展规划，努力为地方现代化进程出谋划策。民国元年秋天，荣德生作为全国工商代表到北京出席全国首届工商会议，回来后写就《无锡之将来》小册子，提出一套系统的无锡改造与建设计划：拆除城墙，修建环形马路，通行电车；填塞里城河，所得土地用于建造厂房和新市场；统一规划市政和公共设施建设，建造大型发电厂，以保证电车和企业动力来源；在惠山脚下修建大商场，修筑火车站至惠山的直通马路；在锡山、龙山一带建造居民区，房屋沿山"盘旋而上"，"上下俱赖电车"，"夕阳西下时，家家灯火齐放，若一极大之灯塔，洵奇观也。"②

1929年，城区人口已达到19.6万人的无锡筹备设市。荣德生、薛明剑等工商界人士积极参与进来，他们通过创办杂志、发表文章，对无锡城市的规模、走向、布局等提出自己的规划设想。在调查、统计和讨论的基础上，他们共同制订了详细的划分市区计划，将无锡全城划为行政、工业、商业、住宅、田园、风景六区，还有系统的交通建设规划。但由于南京中央政府于1930年修改了设立省辖市的条件，对人口、税收等有了新规定，无锡条件不具备，这一次设市筹备活动只有一年时间就偃旗息鼓了。

抗战结束后，荣德生对重建家园再展无限信心。1947年，他写作《今后之无锡》一文，提出"建设大无锡"的构想。认为无锡不仅是繁荣宁沪、复苏江苏之"先决要点"，而且其影响将"远及全国"。在接受记者采访时，他畅谈家乡发展前景，详细介绍他的蓝图：依托老城重建商务区，在近郊开辟新工业区，建设新的住宅区。开筑贯通南北东西的交通干道，形成"有规模之大动脉"，推动无锡城市向东西方向延伸发展，最终形成"雄踞京沪线，并合苏常，人口数百万之大都市"。至于城市建设所需之巨额资金，他认为可以通过由政府出售和租赁房地产的方式加以筹措。荣氏企业的高级管理人员薛明剑也写了《愿望十则》一文，对无锡整体发展进行了勾画，对无锡地方当局编制《新市区计划》产生了影响和推动作用。

荣氏兄弟积极参与和投资地方市政基础建设。荣德生认为，交通之于城市犹如血脉之于人体，交通不畅，势必将影响城乡往来和经济发展。1912年，

---

① 荣敬本、荣勉韧：《梁溪荣氏家族史》，中央编译出版社，1995年。
② 严克勤、汤可可等：《无锡近代企业与企业家研究》，黑龙江人民出版社，2003年。

第九章 荣宗敬、荣德生的管理思想

他开始筹划修筑马路。1914年，联络地方人士共同发起建造由梅园至西门长达9公里的开原路。1918年，捐款铺筑火车站至惠山的通惠路，打通惠山至河埒口的马路，并陆续修筑了申新路、德溪路和其他城乡道路。至20年代末，所修筑道路里程达80余里。1929年，荣德生又与其他工商界人士一同发起成立百桥公司。在公司存在的8年中，共建成大小桥梁88座，其中57座在无锡。这些桥梁中最著名的是横跨五里湖的长桥。该桥由荣德生捐资修建，在当时被誉为"江南第一大桥"。与此同时，荣德生还发起并资助疏通梁溪河，使太湖沟通运河的这一黄金水道重新畅通无阻。

早在1906年，荣德生访客苏州，萌生在无锡建造园林的念头。翌年初步形成建造梅园的蓝图。1912年，荣德生在太湖东山、浒山一带购山地150亩，开始兴建梅园。植梅3000株，建亭台楼阁，后向游人开放，成为江南赏梅胜地。荣宗敬则拨茂新厂分与之盈利11万元在小箕山建造锦园，成为观赏湖光山色的一佳绝处。此外，荣德生还先后出资修复南禅寺妙光塔，捐资造开原寺，资助修复宜兴善卷洞、庚桑（张公）洞，建造通往两溶洞的公路。

1916年，荣德生在荣巷开办大公图书馆，藏书最多时达到20余万册，免费向社会人士开放，这在当时是不多见的。

在荣德生看来，人才为事业之始基，而"人才的造就，端赖学校之培育，故兴学实为建设之本"。因此，在向社会各级各类学校慷慨解囊捐赠助教兴学的同时，荣氏兄弟对直接投资兴办学校的兴趣尤其浓烈。举办教育是荣氏仅次于实业的终身事业。荣氏所办教育呈现出一道从无到有、从小到大、从低到高、从少到多以及从单一到多样化的发展轨迹。1906～1947年，荣氏共先后投资创办小学、中学和大学等各级各类学校10余所，为地方教育事业的发展做出了重大贡献。

三、顾客为上

荣氏兄弟兴办实业一直强调"进德修业，业以德先"。荣德生曾经有言"以诚为之，富贵其难事哉？"荣氏在对待客户上向来以诚信为之，绝不采取违背诚信理念和商业伦理的"不德"手段。荣氏"为国堵漏卮，为民添衣食"的创办实业，始终坚持"顾客为上"的经营原则。1911年，南方大水，粮食堆栈积水，茂新上万石小麦受潮变质。荣德生断然决定扔掉1万石麦子，确保面粉质量，不让一粒变质小麦流向市场。就在这一事件后"兵船牌"替代了"老车牌"面粉的市场地位，成为市场的标准粉[①]。

[①] 荣敬本、荣勉韧：《梁溪荣氏家族史》，中央编译出版社，1995年。

补充材料：荣德生启事（1917年5月8日）

敬启者：鄙人从前经理振新厂务，自觉无愧。乃近来该公司董事会忽以账目含糊为词，控诉鄙人于法庭，淆乱观听，莫此为甚。爰将清宣统二年五月接手至民国四年九月脱离为止，其间之大略情形及账略，略述梗概，以告各界诸君，尚希公鉴。

按清宣统二年五月间，振新亏折极巨，资本二十七万元，只存十三万余元，势难支持，即经该厂董事一再商请鄙人任经理。鄙人列为股东，诚以血本攸关，即于是月十三日任职，竭力整顿，意图恢复。不料该厂董事荣瑞馨已将厂基押入汇丰银行，时橡皮风潮起，上海道派员封厂，事势甚危。鄙人兄弟多方挽回，并由周舜君等尽力维持，得以转危为安。此中苦况，详知底蕴者尚多其人。所幸是年得有盈余，足以抵补上半年之亏折。自是以后，连年皆获盈余。

辛亥革命风潮，最属危险，竭尽绵力，得以渡过难关。次年营业渐佳，非添机不足发展，遂定添锭一万八千。适二次革命又起，往来全绝，而机价待付，建筑需款，无一能延，商之董事，股款无着，而进行岂能遽停！筹思十余天，幸得茂新帮助，始能将新机装置完毕。即经出纱，销路大好。民国三年，计余十四万七千余两，在局为之一定。

讵料董事会从此节节争权，大不满意于经理，而总董瑞馨为尤甚，欲得种种私利，均经鄙人拒绝，以是怀恨日深，而有意谋我矣。鄙人明知其故，屡欲告退，深以脱离关系为快。只以经手事多，隐忍到三月开股东会时，始得当众告退。讵知总董布置未妥，一时无人接手，不得已而仍因循过去。至八月，总董招到垫款经理，遽用公告手段，使鄙人离职。鄙人即于九月初十凭居间人立振新、茂新互换股份合同，划分清楚后，即将全厂及各项账目，一并将由商会会长孙鹤卿接收，各批发交由唐水成接收。交待后，毫无异言。

所有前两年各账，因查账员报告含糊，鄙人当众请交商会复查。而商会所请之查账遇曹钰如，延不盖印，扬言非有查账费若干，不肯查理。鄙人自问，办理振新，毫无私弊，岂肯如此行为，抗不应允。不料曹钰如一再延宕，始终不理。至上年七月，勉强开出疑问十余条，以图含糊害人。而孙会长对于此事，即不彻究，又不招鄙人质问，将账搁起半年有余，至上月初，始行函知。而瑞馨得某某之暗助，即呈诉县署，希图吓诈。此鄙人与振新之大概情形也。

实业历史如振新者，诚所罕闻。苦心办理如鄙人，而瑞馨尚欲以诈欺手段，毁及个人名誉。结果如此，凡为经理者，能不寒心耶！除向县署辩诉外，

第九章 荣宗敬、荣德生的管理思想

特将拉接时全厂只有十三万余元，加以招股十五万元之苦况，至脱离时全厂实数达八十二万五千元之实在情形，及乙卯年九月交卸时之账略，一并录请公鉴。希将瑞馨接手后之账逐一比较，其中关系，尚祈各股东勿自暴自弃为幸。

此启。

资料来源：上海大学、江南大学《乐农史料》整理研究小组、荣德生：《荣德生文集》，上海古籍出版社，2002年。

第十章　张元济、王云五与商务印书馆的管理

商务印书馆1897年成立于上海，创办人有夏瑞芳、鲍咸恩、鲍咸昌和高凤池等。最初是专营印刷业的，但在张元济、王云五等人的主持下，发展成为著名的出版机构。他们的经管活动中包含丰富的管理思想。

第一节　张元济的管理思想

一、以扶助教育为己任

张元济（1867~1959），浙江海盐人。1902年应商务印书馆创办人夏瑞芳邀请进入商务印书馆，先后任商务编译所所长、经理、监理，自1926年开始任董事长长达28年之久。对于张元济在商务印书馆的成就，茅盾在其回忆录《我走过的道路》中评价道："在中国的新式出版事业中，张菊生确实是开辟草莱的人。他不但是一个有远见、有魄力的企业家，同时是一个学贯中西、博通古今的人。"[1]

维新变法失败后，张元济认定中国要富强，教育乃是"根本中之根本"，他在1901年便认为，"国民教育之旨，即是尽人皆学，所学亦无须高深，但求能知处今世界不可不知之事，便可立于地球之上"[2]。张元济从事出版之初就与夏瑞芳相约"以扶助教育为己任"。他认定"盖出版之事，可以提携多数国民，似比教育少数英才尤要"[3]。这是张元济的教育理想，也是他"出版救国"

---

[1]　茅盾：《我走过的道路》，人民文学出版社，1981年。
[2]　张元济：《张元济日记》（上册），商务印书馆，1981年。
[3]　张元济：《张元济全集》，商务印书馆，2007年。

第十章 张元济、王云五与商务印书馆的管理

的理想。

张元济鄙视"利在前而后从事学"的出版商业习气,以"宜多出高尚书,略牺牲营业主义"①为经营准则,把商务印书馆办成了一个"不粗制滥造,不惟利是图,讲求质量,出版对读者有益的书"的一流出版社。对于获利微薄的古籍,他不惜代价进行编纂出版,以"保存吾国数千年之文明"。1920年左右,张元济与北京大学签订协议出版《北京大学月刊》,规定如印数不超过2000册,一切亏损由商务承担,如有利润则四六分成,北京大学得六成,商务只得四成。这"被认为是中国近代史上罕见的买卖"②。

张元济是抱着教育救国思想加入商务印书馆的。他认为,中华民族要"立于世界",必须"亟施以教育","无论从何方面着想,终不能不从教育入手。"③他提倡普及教育,指出教育的关键和归宿是"意欲取泰西种种学术以与吾国之民质、俗尚、宗教、政体相为调剂,扫腐儒之陈说而振新吾国民之精神"。他认为商务印书馆应是"重要的教育机关"④,出版适合中国国情、跟上时代的教科书和其他书籍刊物,有利于"鼓动人心",推行普及教育,使"民智大开"。

在"以扶助教育为己任"的经营方针指导下,张元济以出版教科书作为商务的中心业务。张元济在抓重点书的同时,还注意门类品种的多样化。他以出版教科书为圆心,充分利用教科书的优势和特长,率先打开局面,然后编印各种各样的书籍刊物,不断巩固和扩大市场。为了贯彻推行"以扶助教育为己任"的出版经营方针,商务印书馆逐渐形成了一个传统:不粗制滥造,不唯利是图,讲求质量,出版对读者有益的书。

他着眼于长远,反对片面追求盈利。坚持商务的编辑工作"以发展事业为主旨"⑤,"仅求一些盈利,以维持公司资本、个人生计,则滔滔皆是,将有不能与人竞争之一日"⑥。1903年底,《最新国文教科书》编成。由于与清政府公布的《奏定初等小学堂章程》大相径庭,夏瑞芳担心课本没有销路,要求改变其体裁和内容,"为谋利起见,颇有欲强从之意。"张元济等表示反对,绝不见利忘义而降格以求,迫使夏瑞芳做出让步,课本得以顺利出版。

他把传播新文化看成是自己的职责,在他就任编译所所长的第二年(1904)创办国内最有影响的综合性杂志《东方杂志》。1909年起,商务印书

---

① 张元济:《张元济日记》,商务印书馆,1981年。
② 陈原:《张元济蔡元培与西学传播》,载《陈原出版文集》,中国书籍出版社,1995年。
③④ 《张元济书札》,商务印书馆,1981年。
⑤⑥ 庄俞:《三十五年来之商务印书馆》,载《最近三十五年之中国教育》(卷下),商务印书馆,1931年。

馆又先后创办了《教育杂志》、《小说月报》、《少年杂志》等19种杂志。其中有商务自己编辑的，也有其他学术团体编辑而由商务印书馆出版的。张元济对工具书的出版非常关心，在他的亲自规划下，1915年，我国第一部新式辞书《辞源》问世，接着又出版了《中国人名大辞典》、《中国地名大辞典》和各色各样的中外文工具书。

他一贯重视汉译科技和社会科学名著，商务印书馆在沟通中西文化方面贡献卓著，清末至1936年的汉译科技书籍有963种，这些译著的出版大多出于张元济的精心挑选。

张元济所领导、管理的商务印书馆，不是单纯的工商企业，而且强调出版物的社会效应"振新吾国民之精神"。张元济在1952年写《别商务印书馆同人》诗句："昌明教育平生愿，故向书林努力来，此是良田好耕植，有秋收获仗群才。"[1] 这反映了他的思想。

二、健全机构网罗人才

张元济认为，在出版活动中，编辑工作居于关键的位置。编辑是经营方针的执行者和体现者，书刊的质量取决于他们的组织和加工。张元济进入商务印书馆后就着手健全机构，成立编译所。商务印书馆是中国第一个建立编辑部的出版社。

编译所后，张元济积极网罗人才。他聘请了一批热衷新学，思想开朗，有新知识结构的人。他聘请蔡元培为第一任编译所所长，聘请高梦旦为国文部主任，招聘杜亚泉为理化数学部主任，任用邝富灼为英文部主任，邀请蒋维乔、庄俞、夏曾佑、颜惠庆担任编辑，并请蔡元培、胡适、陈独秀等为馆外特约编辑。还不惜重金聘请有才实学的知识分子做编译员，如翻译家伍光建，著名文人徐珂等，都是当时"已有建树，而后入本馆员负荷其文化事业之使命者"[2]。张元济重用这些学有专长的人士，并不断地注意这支队伍的充实和加强，成功地组建了编译所的编辑队伍，为商务的发展奠定了基础。

不仅如此，商务印书馆还成为学者的摇篮。商务印书馆中有一批既是作家、学者，又是善于发现人才的慧眼伯乐，如恽铁樵、郑振铎、叶圣陶、周予同、郑贞文等。鲁迅、老舍、茅盾、冰心等的第一篇文学作品都是在商务印书馆发表的；金岳霖、冯友兰、伍光建、梁漱溟等一大批学者都与商务印书馆保

---

[1] 张元济：《别商务印书馆同人》，载《张元济诗文》，商务印书馆，1986年。
[2] 庄俞：《三十五年来之商务印书馆》，载《最近三十五年之中国教育》（卷下），商务印书馆，1931年。

第十章 张元济、王云五与商务印书馆的管理

持了密切的合作关系。在商务印书馆的大力支持下,很多人成为一代大师。①

三、广为储才,裁汰冗老

在用人问题上,张元济提出了一些精辟见解。

在人才培养上要舍得花钱投资,很注意依靠商务印书馆自身的力量培养、训练人才。商务印书馆设立了商业补习学校,毕业学员分派在商务印书馆各部门实习一段时间后,再根据各人特长和兴趣分配工作。后来,相当一部分学员成为商务印书馆的骨干力量,有的担任了科长、厂长,有的被提拔为各部主任、各分馆经理。商务印书馆开办了夜校,规定工人要进入夜校读书,以提高职工的文化技术水平,逐渐培养出一支可以胜任工作的职工队伍。商务印书馆还投资兴办国语讲习所、图书馆学讲习所等教育事业,吸收一些学生为职员,以改善企业的劳动力素质。

张元济十分重视为员工的发展创造机会。张元济在商务印书馆选聘员工实行的是考聘制度,经过考试录用的员工都需要经过半年或者一年的入职培训。为此,张元济在商务印书馆开办补习班专门用于培训新进员工。1909~1933 年先后办了 7 期,"这七期补习班共有毕业生 318 人,他们在各部门轮流实习后,分配到比较适当的岗位上工作。这些人中的大多数以后成为商务管理上的骨干力量。"②

1904 年张元济入主商务编译所不久便创立了编译所图书室,后于 1909 年定名为涵芬楼,目的是为商务员工提供学习、参考之地。"张元济指令图书馆不论业内或业余时间,馆内图书,任人借阅,好学者受益匪浅。"③张元济的这一创举为商务员工提供了一个自学成才、自我发展的机会和场所。

张元济对有相当学识的编辑员工,常由馆方给予资助,支持其学习深造。当时学习深造的主要方式就是出国学习考察,通过参观考察国外现代出版业在经营管理等方面先进的经验,借鉴并运用到国内出版业中。张元济以商务的名义资助过王云五、胡愈之、郑太朴等人出国考察,其中,王云五成为了商务的总经理,并带领商务成为当时世界三大出版机构之一;胡愈之则是当时享誉全国的《东方杂志》的主编。④

对商务印书馆的人才培养工作,有人提出了异议,认为"开支过费"。为

---

① 高生记、崔晓庆:《编辑出版家——张元济》,《沧桑》2002 年第 8 期。
② 林尔蔚:《商务印书馆前期经营管理思想》,《上海大学学报》(社会科学版) 1987 年第 3 期。
③ 王稚文:《出版家——张元济》,《辽宁大学学报》(哲学社会科学版) 2001 年第 6 期。
④ 程业炳、韦文联:《张元济在商务印书馆的人力资源管理思想》,《科技与出版》2014 年第 1 期。

此，张元济提出了自己的看法。他指出，商务的日常支出有两种情况：一种是不必要的开销，即使花钱不多，也是浪费；另一种是必不可少的支出，如培训职工、延聘人才之类。如果对这些支出"专事俭啬"，势必造成不利的后果，则"事必有所不举，而人必有所不能展布也"。因此，张元济强调：在人才投资上，要舍得花大本钱，"其事当办……虽费万金固无伤于俭德。"① 张元济在其给时任商务总经理高凤池的信中说："惟鄙意公司事业日繁，人才甚为缺乏，且旧人中之不能办事者甚复不少，若不推陈出新，将来败象已露，临渴掘井断来不及"②；"公司范围日广，罅隙日多。吾辈均年逾始衰，即勉竭能力，亦为时几何？且时势变迁，吾辈脑筋陈腐，亦应归于淘汰，瞻望前途，亟宜为永久之根本计划"③。

张元济指出，时代是不断发展变化的，要顺应历史发展的规律而起用新人，"旧人之无用者裁去，用推陈出新办法"④。须"退无用之人，而进有用之人"。"用少年人……不论识与不识，但取其已有之经验而试之。"⑤ "五年前之人才未必宜于今日，则十年前之人才更不宜于今日。即今日最适用之人，五年之后，亦必不能适用也。"如果在人事管理中，论资排辈，"不能进用新人才，无久远之计划，恐以后公司将堕落。"⑥这样，张元济从历史进化的观点出发，为拔擢新人找到了一条理论依据。⑦

张元济的结论是："生平宗旨，以喜新厌旧为事……公司今日所以能此成绩者，其一部分未始鄙人喜新厌旧之主义之所致。"他虽然感到"引用新人之艰"，却坚定地表示："余意重在用新人……余志必不改变。"⑧直到1926年，他在致董事会信中还大声疾呼："不能不破除旧习，不能不尽用人才。人才何限，其已在公司成效昭著者，固宜急于拔擢，勿以其匪我亲故而减其信任之诚。其有宜于公司而尚未为吾所得者，更宜善为网罗，勿以其素未习狎而参以嫉忌之见。此为公司存亡成败所关。"⑨张元济在用人上一直是任人唯才，而其判断选用的人是否有才能的依据就是实行考聘制。"商务印书馆对管理人员基本上实行招考制，对编辑人员，特别是高级编辑人员则实行聘用制……聘用编辑人员订有合同，合同期满，视工作需要和本人志愿决定续聘或解聘。"⑩

商务印书馆之所以能吸引、留住人才，除了它的物质待遇好和张元济的个人品格外，还和张元济重视员工的福利待遇有很大关系。具体表现在：首先，

---

① ⑤ 张元济：《张元济全集》（第3卷），商务印书馆，2007年。
② ③ ⑥ ⑧ ⑨ 张元济：《致高凤池（翰卿）》，载《张元济书札》，商务印书馆，1981年。
④ 汪家熔等：《张元济日记》（上册），商务印书馆，1981年。
⑦ 郑学益：《近代出版家张元济的经营管理思想》，《江淮论坛》1988年第2期。
⑩ 林尔蔚：《商务印书馆前期经营管理思想》，《上海大学学报》（社会科学版）1987年第3期。

第十章　张元济、王云五与商务印书馆的管理

推行6小时工作制。张元济在当时的这一理念无疑为商务印书馆的编辑们提供了一种相对轻松、愉悦的工作环境。其次，1913年4月1日，张元济"参加商务董事会，并提议对女子实行五十六天产假照发工资之制度"①，这一提议获准通过实施。最后，"商务还具体设置疾病扶助金、同人人寿保险、同人子女教育扶助金、俱乐部、疗病房等，这些都出自张元济的倡议或得到张元济的支持。"②

张元济反对商务印书馆高级职员利用特权安插子女。1918年9月，商务印书馆高级职员王莲溪之子赴美留学，高凤池建议："由公司酌与津贴，异日学成归国，堪为公司效力"。张元济认为，高级职员的子女在公司工作，有两大不利因素：一是"子弟席父兄之余荫，必不能如其父兄之知艰难。不知艰难之人，看钱必易，用钱必费。"二是父兄在公司身居高位，其子弟有"不合之处"，人们却不敢处理，这样"用人失其平，而公司愈受其害矣"。因此，张元济主张："父兄在公司任职者，鄙意勿轻用其子弟"。这些子弟应该"在外办事，多受磨炼"，③具备了一定的工作能力和经验，然后再由公司延聘。在人事管理中，张元济不仅不赞成高级职员的子女到公司任职，而且对商务印书馆主要领导人的子女工作问题，也持同样态度。

张元济以身作则，言行一致，带头不搞子女特殊化。20世纪30年代初，其子从美国留学归来。他是学经济的，既不愿意进政界，也不愿进洋行企业，而极想到商务印书馆工作。张元济明确表示反对："你不能进商务，我的事业不传代。"他的儿子始终没有进商务印书馆。

第二节　王云五的管理思想

一、出版家王云五

王云五（1888~1979），生于上海。1921年任上海商务印书馆编译所所长，1930年任总经理。1930年，王云五出版了《科学管理法的原则》，倡导对中国企业实施科学管理。1943年，他又在重庆出版《工商管理一瞥》一书，

---

① 张树年：《张元济年谱》，商务印书馆，1991年。
② 王稚文：《出版家——张元济》，《辽宁大学学报》（哲学社会科学版）2001年第29期。
③ 张元济：《致高凤池（翰卿）》，载《张元济书札》，商务印书馆，1981年。

更系统地阐述了他的工商管理主张。

王云五任商务印书馆编译所所长后在出版、发行、推广、销售等各环节采取新的做法,实行预约预定、特价打折、分组发售、分期付款邮局代收书款、银行代收书款等营销办法。1928年前后推出的"万有文库",先后出版了两辑,第一辑1010种、1.15亿字,分装2000册;第二辑700种,2028册,总字数约1.9亿字,规模巨大。在出版界影响巨大的"汉译世界名著"即是"万有文库"的一个重要组成部分。他坚持以"教育普及,学术独立"为出版方针,出版了大量的古典、中外名著和教科书辞典,为我国近代文化教育事业做出了大量贡献,成为我国近代著名出版家。

二、科学管理的初步尝试

1921年进入商务印书馆编译所不到三个月,王云五就提交了《改进编译所意见书》,并着手进行改革。主要内容有:①实施"按事计值"。高级行政人员按业绩考核,校对员和勤杂人员按工作时间考核。一切编译、审查、计划人员的薪水,一律按人员资格和工作本身的难易而定。②保存编写教材所用资料,以后遇到时势变化而需要编写新教材时就不用另起炉灶,只需要对原教材进行适当的修改。出版书籍要考虑系统性,以免重复出版或者出现混乱。③编译人员在学识经验方面必须有所特长,馆方要善于发现人才,并加以合理使用,如眼光深远的通才、精专一门的专家、精通教育者、长于国文者、精通外文者、编辑经验丰富者、能与知识界沟通者、能公正考核勤惰者、办理行政干练者、书法精美者、擅长绘画者、善于校对者。④加强部门之间的协作。各部门"向例各有独立,联络甚鲜","难收互助之效","故当以全所人员作为一个有机体,如手与足,与耳与目,各尽所长,各补所缺"。⑤编著书籍当"激动潮流",不宜追逐潮流。追逐潮流为短视行为,而激动潮流即便一时不能畅销,但从营业上特加注意,逐渐发展,最终会效果显著。①

这些改革取得了显著效果。1921年商务印书馆出书230种,营业数为685.8万元,在王云五担任所长两年之后的1923年,商务印书馆出书667种,营业数为815万元,两年时间出书数量翻了近2倍,营业数增加近20%。② 同时他在工作制度和计酬方法的改革涉及了编译所工作人员的切身利益,从而引起了更大的争议。

---

① 《改进编译所意见书》,载王寿南:《王云五先生年谱初稿》,台湾商务印书馆,1987年。
② 郭太风:《王云五评传》,上海书店出版社,1999年。

三、推行科学管理法

1929年10月，王云五因为各种原因辞去商务印书馆的职务。然而数月之后商务印书馆以行政最高职务——总经理相邀，召回王云五，并且答应了王云五提出的条件："一是取消现行的总务处合议制，改由总经理独任制，经协理及所长各尽其协助之责。二是在我接任总经理后，即时出国考察，并研究科学管理，为期半年，然后归国实行负责。"①

1930年9月，王云五结束为期半年的出国考察回到国内，向商务印书馆董事会提交了"科学管理法计划"和"编译所工作报酬标准"两个文件，并经过董事会讨论通过。这次改革的主要内容有②：

(1) 财政预算和成本核定。商务印书馆各部编制预算，各部下属机构再根据所属部的预算再编制分布预算，以此类推达到最小的部分。将馆内财政预算分为公司、各所各处、各部各科以及个人四级，先编制前两级预算，以后酌情把考核计酬用于后两级。为确保财政预算的准确性，就要搞好成本核定，明确商务印书馆实际盈余，严格规定工作标准。

(2) 推行标准化，各项工作合理衔接。馆方对于各种设备、原料、方法、产品等，事先研究出适当的标准，再令各部实行，达到节省耗费的目的。对大到机器设备小到工具、账本、档案等通过汰旧迎新的方法逐步做到标准化。原料的标准化主要是做到用纸标准化，减少用纸的种类，利于适量储备，以改变以往购买各种型号纸张过多而使资金呆滞的弊端，库房管理也能够简便节约。产品标准化，指的是减少版本样式，尽可能做到大批量印书，多出畅销书，不出滞销书。所谓"工作的合理衔接"，首先是指各个工序内部的紧密衔接，使得工人受到机器的约束，达到管理上不需要过严而自严、人与机器一致的效果，并改日班为三班制，以充分利用机器设备。其次，各项工作之间也要合理衔接，从编辑、发稿、排字、校对、印刷，直到发行销售，要做到环环相扣。

(3) 明确职责，量化工作，按成绩计酬。对各项工作进行切实调查，明确规定各岗位工作的性质、责任、所需技能及工作。王云五竭力主张在工人里推行泰罗制，他认为"动作与时间研究"是对工人实施科学管理法的两个关键因素，应当参照美国经验在商务印书馆所属工厂推行。他制定的标准计算方法是：熟练工人基本动作的平均值，加上50%的间歇时间，等于完成每一操作的标准时间，工作量超出这个标准的加发奖金，不足者培训，培训后仍然达

---

① 王云五：《岫庐八十自述》，台湾商务印书馆，1967年。
② 代常健：《王云五管理思想及其根源》，汕头大学博士学位论文，2009年。

不到标准者就调岗或者解雇。对于那些不适应泰罗制的生产部门,则实行计件工资。售货员的工资标准,先计算出最近几年的售出产品的平均值,确定基本日薪,超出部分参照美国、日本的标准,按照货价的5%左右发给奖金。脑力劳动也要量化,重新规定编译人员每人每天译稿、编写以及编审来稿的字数,并要求每位编辑列出工作进度计划。王云五认为月薪的测定应该由馆方全权确定,工人或者工会不宜参与。关于工资之外的奖励,王云五提出两种基本方式:一是奖金属于薪水的一部分,以年终特别加薪的方式发放,此法简单易行;二是按期发放奖金,优点是具有伸缩性。

(4) 变通销售手段,打开图书市场。销售部门的员工要加强业务训练,图书陈列要一目了然,在结账计算、收钱找零、包装书籍等方面做到灵活快捷。商务印书馆总馆派专员去各地调查图书需求详细情况,使各地销书的种类和数量更加合理,既可扩大销售又不至于积压图书。王云五还提出了改良和发展邮购即"通信营业"这项业务。

(5) 果断处理劳资矛盾。王云五深受美国华盛顿泰罗学会总干事伯尔森博士的启发:劳资纠纷一旦激化,雇主方面最忌讳的就是同职工代表讨价还价,以至于旷日持久的交涉严重恶化双方感情。雇主方面应该明确待遇问题可以解决的尺度,在一开始就向劳方摊牌,不再退让。为了使馆方了解劳方的要求与动向,从而及时采取措施,王云五开辟了沟通渠道,增加馆方与职工接触的机会,由总经理或者经理隔日以一两小时接见职工,每次接见不超过10分钟。

(6) 改革组织结构,实行总经理独裁。为强化总经理集权,把人事、财务以及研究决策等职权从原来的科室分离出来,交给特别设置的专门机构分管,并直接对总经理负责。王云五提出另设人事科和研究所,新老机构归他一人统管:"除原有之总务处人事股宜扩大范围改为人事科,将三所一处之人事,如考成进退、待遇等问题一切归该科考核,秉承总经理办事处,其研究所一项,并特设专所,独立于三所一处之外,归总经理直辖,俾便独立进行研究改造。"① 新设的人事科、研究所以及原有的编译所、印刷所、发行所、总务处都对总经理负责,并且王云五将商务印书馆最关键的部门都置于其直接控制下,他本人兼任研究所所长,后来又兼任编译所所长,人事科科长则由协理兼任。之前商务印书馆的重大事情由总务处会议商量决定处理办法,参与者为总经理、经理、所长、处长等,如果不改变这种集体决议制,王云五的总经理独裁制就无法推行。王云五在草案里引用国外经验对集体议事制进行了直接的批

---

① 王云五:《岫庐八十自述》,台湾商务印书馆,1967年。

第十章 张元济、王云五与商务印书馆的管理

判:"本馆现有总务处会议,其性质系以委员制主持公司,然结果则重大事件往往议而不决,或互相迁就,于是主张未易贯彻,处事亦常延宕……况当内部风潮甚多,应付频繁之时,更非以一贯之方针,迅捷之决定应付不可。"① 在对待工会、职工会的问题上,尽管王云五认为它们是推行科学管理的阻力,但马上取消这些组织势必引发冲突,于是便先设法加以控制。他提出成立一个由劳资双方共同组成的委员会,由资方指定的各所处特派人员和各工会、职工会代表组成,以便上下沟通,为实施全面改革消除障碍。

表10-1 王云五科学管理法的内容

1. 预算制度	8. 标准化和简洁化
2. 成本会计制度	9. 按件计酬制和售货比较制
3. 统计制度	10. 组织改革
4. 工时管理	11. 训练员工与管理人员
5. 岗位分类与职工管理	12. 迅速处理劳资纠纷
6. 动作研究	13. 改进出版物内容
7. 工作标准与奖励制度	14. 更新印刷技术

资料来源:王云五:《岫庐八十自述》,台湾商务印书馆,1967年。

自1931年1月10日起,王云五陆续宣布各项改革计划,其中就有他亲手拟订的《编译所编译工作报酬标准试行章程》。但该章程公布之后,在编译所里立即激起轩然大波,遭到所内全体职工的一致反对。进而印刷所、发行所和总务处三所一处的职工会也行动起来,最终造成三所一处全体职工一致反对"科学管理"的浩大声势。编译人员不习惯在刻板的规定下工作。1931年1月下旬,馆方宣布撤回《编译所编辑工作报酬试行章程》。2月,馆方宣布撤销改革全案。由于人事纠纷不断,部分股东和旧同人对王云五深怀不满,王云五的此次改革基本失败。

四、科学管理法的实施②

商务印书馆在1932年的"一·二八事变"中遭到重大损失,印刷所、制造总厂及栈房全部被日军炸毁,东方图书馆的五层大厦被烧得只剩一个空架子。据事后统计,商务印书馆所损失的资产总值达1633万元,东方图书馆积

---

① 王云五:《岫庐八十自述》,台湾商务印书馆,1967年。
② 代常健:《王云五管理思想及其根源》,汕头大学博士学位论文,2009年。

累30年的中外藏书全部化为灰烬。

灾难过后,商务印书馆重振事业需要投入资金,旧同人和股东都支持王云五主持规划复兴商务事宜。这成为王云五在商务印书馆继续推行"科学管理法"的契机。

王云五首先就提出了一个非凡的方案:以解雇总馆厂全体职工为代价,竭力保住商务印书馆。

从复业的第一天起,商务印书馆就开始实施由王云五提出的总管理处组织章程:"在该馆总管理处下,分设编审、生产、营业、供应、主计、审核六部及秘书处与人事委员会,编审部于部长之下分设无定额之编审员及编译员,部长一席,则由我以总经理及前任编译所所长之资格兼任"①。除了董事会规定的事务外,全公司行政主管权归于总管理处,由总经理主持总管理处一切事务;总经理决定编译人员和副科长以上的人选,其余人员的聘用由人事委员会负责。这样一来,王云五把商务印书馆的经营权和主要人事权都牢牢掌握在他一人手中,重新开始推行他的科学管理法。人事改革是推行"科学管理法"的第一步,王云五本着精简的原则共聘用职工1378人,其中1309人是商务印书馆的原职工,王云五据此对外宣称,录用旧同人的比例高达95%,远远高于社会局规定的比例,因此足以补偿当初将职工全体解雇的遗憾。但事实是,大约2/3的商务原职工被永久解雇了。为了便于精简职工,王云五制定了亲属回避原则,即父子、兄弟如有一人已经被录用的,则其他人一概不再录用。其表面理由是在重新聘用旧同人时要考虑机会均等,但其深层目的是为了避免日后工作中的"私情包庇"。王云五又鉴于商务印书馆以前复杂的劳资纠纷,在重新聘用旧同人时把"情性"作为选择标准,实则是把那些敢于抗争的职工拒之门外,以免再生工潮。但他也不完全忽视技能,"情性"作为第一标准,技能作为第二标准,力求二者兼备,但在技能没有他人可以替代的情况下,可以暂时不计较"情性",首选技能之人,这也体现了王云五用人的原则性和灵活性的统一。

王云五将常日班改为三班倒,过去机器一天开动8个小时,现在一天24小时不停顿地运转,同时通过流水作业紧密衔接各生产环节,这样就达到了一部机器等于四部机器的效果,这是"尽物力"。王云五又要求职工"尽人力",以前是三四个人操作一台机器,现在规定两个人操作一台机器,实行按件计值制度,奖勤罚懒,促使职工竭尽全力地干活。王云五对物质刺激的作用依然深信不疑,他制定出了土洋结合的奖励办法:普遍分红和特别奖励。普遍分红是

---

① 王云五:《工商管理一瞥》,商务印书馆,1943年。

第十章　张元济、王云五与商务印书馆的管理

商务印书馆的老传统，特别奖励是王云五的科学方法。两者配合使用，既可避免职工产生抵触情绪，又起到了刺激作用。王云五还制定了严格的工作标准和管理制度。尤其是对编译所的改革，严格管理编译人员是王云五这次推行"科学管理法"的重点之一。首先决然取消了编译所，另设编审部。八小时工作制同样适用于编译人员，而且得到了严格的执行。不再依靠编译人员编译书稿，而是改为主要使用外来投稿或约稿，这样做既可大大减少编译人员的数量，同时又削弱了编译人员的重要性，并且再也不用担心编译人员因为不愿意受到约束而提出辞职，因为辞职的编译人员带不走书稿，而新来的编译人员也可以很快地上手。

王云五吸取了推行"科学管理法"初始阶段因为大张旗鼓而惨遭失败的教训，在复业阶段没有使用"科学管理法"的名义，而是暗中施行"科学管理法"之实。就像王云五自己说的："我的科学管理法，毕竟已经悄悄地实施了。"复业后的几年管理改革没有引发工潮，甚至极少发生公开的抵制现象，对此，王云五认为这是推行"科学管理法"之后使职工的生活得到了改善，劳资双方又能相互体谅，纠纷就自然消失了。

由于日本帝国主义加快了侵华步骤，中日民族矛盾日益尖锐，抗日救亡运动日趋高涨。王云五不失时机地提出了"为国难而牺牲，为文化而奋斗"的口号，将振兴商务事业的管理改革与发扬爱国精神和发展民族文化事业联系在一起。在这种氛围下，劳资双方在共赴国难这点上达成了一致，从而在生产上也形成了彼此合作的精神，恰好类似于科学管理法所提倡的"心理革命"。另外，王云五在商务印书馆盈利之际，采取了一些改善职工福利待遇的措施，如增薪加发奖金，办职工子弟学校、托儿所，发放职工补习教育扶助金，对职工的伤病生育给予免费治疗和休养假期，并辅以津贴和抚恤金，为职工办理人寿、火灾等保险。如此齐备的福利待遇，在国内企业中是罕见的。①

科学管理提高了工效，商务职工"每天工作八小时，都在分秒必争"②。此外，节工省料，密切各生产环节的衔接，加快资金流转，通过培训提高职工专业素质等。1934~1936年的4年中，商务出书量占全国的48%，1936年出版新书4938种，9438册，占国内新出版物的52%③，而且多是纯正的学术文化类著作，对近代中国出版事业和文化教育事业作出了重要的贡献。商务印书馆因此名列世界三大出版业之一。

---

① 郭太风：《王云五在商务印书馆推行科学管理的功过是非》，《东华大学学报》（社会科学版）2001年第1期。
② 金云峰：《我和商务印书馆》，载《商务印书馆九十五年》，商务印书馆，1992年。
③ 王云五：《岫庐八十自述》，台湾商务印书馆，1967年。

五、王云五的组织人事管理思想

王云五在诸多方面都提出了自己的管理思想,尤其在组织、人事等方面有较多论述。

王云五非常注重组织的建设,"工商管理,首先须注重组织,在事业计划就绪,一般政策决定后,未采何种管理方法以前,至少须定立一种组织大纲。一个优良的组织,固未必即可收管理的大效,但是一个凌乱或不良的组织,却可断定其不能收管理的大效。"王云五提出:"无论何种事业,其组织上的基本原则应有四项:①注重事业之目的;②树立确定之监督系统;③赋予固定的责任;④注重个人能力之差等。"同时他还指出,组织的具体类型应该视事业的情况而定,事业的不同会影响到组织的建设,即注重形式和效率的统一,他认为要建立科学的组织,"一方面固当极力罗致人才,以参加组织的各部分,另一方面却不可昧于实际,徒重形式;盖组织之各部分有互相联系之必要,一个人才比例不相称的完备组织,还不如一个各部充实的简单组织为有效也。"①王云五在商务印书馆的管理改革中,在援引西方经验的基础上,最终建立起了纵横结合的组织形式,效果显著。

人事方面,王云五认为,任何事不能不靠人去做,因此人事在工商管理上当然是很重大的问题。王云五指出:"要研究人事问题,至少须注意三个方面:选用;训练;考核。"其中最为重要的是选用,选用有推荐和考试两种途径:"推荐因有推荐之人,对于被推荐者的性行家世,知道较为清楚,假使毫无偏私,自有其优点。不过人是情感动物,岂能学太上之忘情;一夹有私见于其中,则被推荐者之性行不免渲染;此其弊也。其尤甚者,则莫如在职人员引用自己的子弟。"推荐一方面具有能全面了解被推荐者的优点,但另一方面又难免会夹杂私人感情。王云五强调不论是在政府部门还是工商企业都应该避免任人唯亲,"我独以为不仅公务机关应绝对回避引用子弟,即在工商业中,亦以极力避免此事为宜。盖因引用之时,终不免带有偏私之见,或所用非所长,或力图提高其位置,一方面将致不能称职,另一方面势必引起他人之不平。"考试则比较客观公平,但又不能全面地了解应试者。王云五主张除了进行知识和技术的考试外,最好再进行心理测验:"考试系纯粹客观的选择,在选择人才方面,当然远胜于推荐,不过仅凭一时之试验,对其人之性行,似乎不易明悉……故考试时除文字及技术外,尚能兼及心理测验,亦有补益。"

王云五还指出了一个一般被人们忽略的用人问题:人们往往都只会看到一

---

① 王云五:《工商管理一瞥》,商务印书馆,1943年。

第十章 张元济、王云五与商务印书馆的管理

个人才能不胜任职位的问题，但却忽视了一个人才能远远高于职位所需的问题。这会使得一个人渐渐失去兴趣和感到不平，进而最终导致低效能。因此王云五主张才能和职位相称最为合宜："大抵为事择人，材具不胜任者固属不宜，材具过高者亦有未当。""要业务处理得最妥当，自以材具与职责相称为原则。"

在训练方面，王云五强调要改革教育体制，推广职业化的教育，同时又注意汲取继承传统学徒制度做法中的长处："我国工商业旧日训练人才，系采用学徒制度，专重工业之技能，以接受师傅为唯一目的。因此世世相承，绝少进步，其训练也极迟缓。这些都是学徒制的缺点。可是学徒制也有其优点，他们的技能都是从实地领悟得来，既切实，又不易遗忘；有许多非普通训练方法所能获得的技巧，都从有意无意中得到了。"[1] 在考核方面，王云五认为考核的关键是考核标准的制定，不同的事业，不同的岗位，考核的标准肯定是不一样的。如公务机关的考核标准就比工商企业的考核标准更为复杂和抽象。[2]

王云五考察9国返沪后，结合商务改革设想，于1930年9～12月，在馆内多次作科学管理法演讲，还应邀去复旦等高校及机关、团体作10余次演讲，引起学界和企业界广泛关注。[3] 抗战时期，王云五在重庆演讲科学管理多达数十次，以致舆论认为，"谈工商管理的，首先要以商务印书馆为主"[4]，王云五被公认为"科学管理先驱者"。王云五具有强烈的事功色彩，更加注重个人的理想和价值的实现，从这一点上看，与近代众多的民族实业家相比，王云五更像是一位"职业经理人"。

商务印书馆全面施行科学管理的主持人是总经理王云五，而其他高层领导，包括元老张元济等人给了积极辅助。王云五回顾自己在商务印书馆25年的工作和改革，一再肯定张元济的支持与辅助，"在此期间，我的一切举措，他无不赞助，在高梦旦先生尚健在时，我们三人无话不谈，在高先生逝世后，菊老（张元济）简直把我视为唯一可以无话不谈的人。"

补充材料：组织

工商管理，首须注重组织。在事业计划就绪，一般政策决定后，未采何种管理方法以前，至少须定立一种组织大纲。一个优良的组织，固未必即可收管

---

[1] 王云五：《工商管理一瞥》，商务印书馆，1943年。
[2] 代常健：《王云五管理思想及其根源》，汕头大学博士学位论文，2009年。
[3] 《王云五先生年谱初稿》，台湾商务印书馆，1987年。
[4] 郑君实：《经济界的文化人》，《重庆商务报》1944年11月21日。

理的大效,但是一个凌乱或不良的组织,却可断定其不能收管理的大效。规模较小的商业,尚可藉一二人的特别努力而无待复杂的组织,但是规模较大的事业,非有适当的组织,断不能作适当的管理。组织的规定,当视事业的情况而转移,事业的种类,对于组织亦有影响。然无论何种事业,其组织上的基本原理应有四项:(一)注重企业之目的;(二)树立确定之监督系统,(三)赋以固定的责任,(四)注重个人能力之差等。关于第(一)项,我们首须明白,组织是为便利企业的进行而设立,企业却非为促进组织的完成而设立。所以在计划组织之时,应先注重企业之目的。以出版为目的之书局及以纺织为目的之纱厂织厂,性质既有不同,组织自不能强同。同一原理,以营业为目的的工商业及以处理公共事务为目的之政府机关,性质更有不同,组织亦不能强同;因此,组织上具有因事制宜之必要条件。关于第(二)项,则任何机关,不论是行政方面,或是工商方面,更不论是何种工商事业,为使事业之进行合乎所定方针,不可无监督指导之部份,但如监督指导之部份,组织纷歧,或彼此职权冲突,或职权不甚分明,则受监督指导者既无所适从,而执行监督指导者,非彼此诿责,即彼此争权。故确定的,就是职权分明的监督系统实为必要。关于第(三)项,则与第(二)项原理相同,殊途同归。盖监督之权既须分明,工作之责亦万不可混淆,必须责任固定,始能望人人不至诿责,人人亦可尽责。关于第(四)项,则组织固须考虑事之性质,亦当注意人的能力。如不顾可能罗致的人材,只管将组织扩大而务臻完备,则许多部份势必有名无实,有组织等于无组织。故第(一)项,注重因事制宜,本项则为因人制宜。换言之,一方面固当极力罗致适当的人材,以参加组织的各部份,他方面却不可昧于实际,徒重形式,盖组织之各部份有互相联系之必要,一个人材比例不相称的完备组织,转不如一个各部充实的简单组织为有效也。现在且就具体上略述美国工业上的组织。

美国工业的初期组织,通称为军队式的组织,又名直线式的组织,即权力循直线而下,由总经理而达厂长,由厂长而达工头,再由工头而达工人,仿佛像军队中的师旅团营一般。此种组织,在小规模的工厂及富有经验的工头尚无不可,否则总经理发一命令固容易,厂长执行时,集诸事于一身,已自不易,工头则对于工务事务均须照料,更觉不易应付。泰罗氏曾就此种组织,分析管理机器之工头应尽之职责及其应具之智能与品质篇九项:(一)须为一良好的机器匠;(二)须能了解工作设计图;(三)须预先计划,准备所需之各种工具;(四)须监视机器之整洁;(五)须能鉴别出品之优劣;(六)须督促工人勤奋工作;(七)须注意各部工作循序配置于机器之上;(八)须记录工作时间及出品数量,计算件工工资;(九)须调练所属工人,并调整其工资。其

第十章　张元济、王云五与商务印书馆的管理

结论则谓欲使工头均为能履行上述职责及具备上述能力性行之全才，殊为不易。故主张改行分职的组织，以分职的工头八人分司其事，其中四人从事一般设计工作，完全离开工场而置身于设计室中；其他四人，则在工场中分工任事：一司准备，凡未上机器以前之一切准备工作由彼主管；一司速度，注意工作开始后能否达到适当的速度；一司检查，对出品之能否适合标准负其责任；一司修理，对机器之洗刷、加油、预防损坏之工作，及万一损坏后担任修理之工作负其责任。泰罗氏此项主张，虽以工人受监督之工头过多，靡付不易，致未能广行采用，然较向来军队式的组织，原则上大有进步，已为工商界所承认，加以变通利用，成为现在分职制的组织。此后更进一步有所谓纵横的组织，即合并军队式与分职制于同一组织之中，凡直接从事生产者，则采军队式组织；其非直接生产，仅为辅助生产者，如会计、人事、检查等部份，则采分职制组织。前者之工作不限于本部份事务之一方面，且有生产的工人归其管辖；后者通常只司一方面之事务，而无生产的工人归其管辖，故其间区别至为显明。除上述三种组织外，近来工商界复增设种种委员会，用讨论之方式，将其集中之意见供各部份采择施行，亦可以补上述三种组织之不备。

自从二十一年（1932年）秋间，商务印书馆经"一·二八事变"复业后，我对该馆总管理处的组织，即采取纵横式而汇委员会的制度，现在举其大要，俾资说明我在该馆总管理处之下，分设编审、生产、营业、供应、主计、审核六部，及秘书处与人事委员会。编审部于部长之下分设无定额之编审员及编译员，以及独立的事务股。编审员和编译员仿佛是大学校的教授和副教授，各自独立担任职务，而辅以助理编译员及编译生，这仿佛又像大学校的讲师和助教。公司的经理协理或其他各部部长学有专长而富凡编译经验者，亦得兼任编审员。所以这一部仿佛是一个独立的学术机关，部长一席，则由我以总经理及前任编译所所长之资格兼任。生产部下设出版科及各工厂。营业部下设分庄科及推广科，并辖上海发行所及各分馆。供应部下设进货科及栈务科。主计部下设会计科、出纳科及稽核科。审核部下设检查科及考工科。秘书处设秘书，无定员，而以首席秘书主持一切，下设许多股，分掌不属于各部各科之事。人事委员会设委员无定员，而以主席一人主持会议，并辖人事科。该委员会因掌管人事之升迁、进退、奖惩等事，为避嫌起见，委员人选概不公开，仅由主席及兼任该会书记之人事科长公开任事。以上各部份，分工合作，且互相监督。试举购买纸张一项为例。发动者为生产部，随时按照需要之种类与数量通知供应部发交进货科采购。采购后，经审核部之检查科检查认为适合标准后，即由供应部之栈务科接收保管，再由主计部之出纳科根据栈务科之收货凭证与检查科检查合格凭证而支付货款，最后由会计科记帐。又如工厂出品，除由出版科

监督格式外，即移交栈务料接收保管，再按营业部分庄科所开派发单派发货，同时由审核部考工科考核其工作是否合乎标准，如认为印刷不良，即提出样本送生产部饬令工厂改良或纠正。前一例关于款项，后一例关于工作，均有许多部彼此合作，与互相监督；而其组织实属分职之制，至生产部长之对于各工厂，各厂长之对于各课长，各课长之对于所属之工人；又营业部长之对于各分馆，各分馆经理之对于各股主任，各股主任之对于所属之职员，其管辖皆循闰直线，故其组织，系仿军队式。不过厂长课长工人对于生产方面虽直接受其直系上级之管辖，又分馆经理股主任及职员之对于营业方面，虽亦直接受其直系上级之管辖，然旁系之监督，如人事科对于厂管人事，检查科之对于厂馆存货存款，考工科之对于工厂出口品质，会计科及稽核科之对于厂馆账款之登记与稽核等等，实为直线管辖以外之监督。因此商务印书馆之组织，实为纵横制之显明例证。其人事委员会各委员虽不仅为备咨询而贡献意见之机构，然而随时增设专备咨询或研究物种问题之委员会，如安全委员会，节约委员会等等亦复不少。这种组织固不敢说是完善，然对于组织机构上的基本原理四项，似尚一一相符。即如编审部之设立，系配合企业之目的，各部及人事委员会之设立，合乎确定之监督系统。而各部各科各厂各股，皆有显明的职掌，亦合乎固定的责任。至于各部分人员之调整，无不注重个人能力之差等，不敢过分铺张，却亦不甘简陋，务求适合需要与实际而已。

资料来源：王云五：《工商管理一瞥》（第四版），商务印书馆，1946年。

第十一章 刘鸿生的管理思想

刘鸿生（1888~1956），浙江定海人，其父亲曾是轮船招商局的买办。他7岁入读上海第一所新式儿童启蒙教育学校梅溪书院，13~18岁在圣约翰中学、大学就读，接受西式教育。

刘鸿生投资创办了众多企业，被称为"火柴大王"、"实业大王"。他曾指出，"凡百业，实如欲抵御外侮与改良货品，非具有相当之资力与'适法'之组织，决难获得良好之效果。"[①] 刘鸿生十分重视企业管理，他在回顾自己的经营生涯时曾总结："鄙人前后所经营之公司，现已有十余处，虽性质不一，工厂出口亦各不同，然关于根本之管理方法，则无不宜适用科学的方法，以顺应世界之新潮流。"[②]

第一节 实业大王刘鸿生

一、从销售煤炭起步

1909年，刘鸿生经人介绍，进入英商上海开平矿务局当"跑楼"。所谓"跑楼"就是跑到茶楼推销煤炭，因为当时上海的煤炭交易主要是在青莲阁等一些茶楼中进行的。这样，刘鸿生便跨入了经营煤炭业的大门。

刘鸿生销煤工作很有成绩，使开滦（开平矿务局于1912年与滦州矿务局合并，组成开滦矿务总局，仍由英商控制）的煤在上海及长江下游地区打开销路。1911年，他遂被提升为买办。刘鸿生到外埠推销开滦煤的同时，着手广设销煤机构。在上海设义泰兴煤号、福泰煤号和元泰煤号，接着又在苏州、

---

① 青岛市工商行政管理局史料组：《中国民族火柴工业》，中华书局，1963年。
② 上海社会科学院经济研究所：《刘鸿生企业史料》（上册），上海人民出版社，1981年。

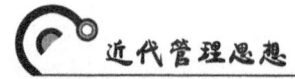

无锡、常州等地与人合伙设立开滦煤分销机构，还在南通设生泰恒振记煤业公司，在镇江合组大华煤业公司。刘鸿生的销煤业务，从上海市区延伸到长江下游地区，巩固和扩大了开滦煤销售网络。煤炭销售使刘鸿生从中获得了巨额利润。后来刘鸿生曾回忆说："短短几年的推销煤炭工作，使我突然从一个贫寒的大学生成了百万富翁。"① 财富的积聚，为他日后经办实业奠定了坚实的物质基础。

二、实业投资

刘鸿生自称："在短短的买办生涯中使我感到，外国人瞧不起中国人，我觉得中国之所以受气，是因为没有工业、没有科学。因此就想利用口袋中的现钞做点事。"② 他积累财富后将资金投入了创办民族工业。

（一）创办鸿生火柴厂

1920 年 1 月，刘鸿生出资 9 万元，杜家坤、杨奎侯、黄伯敏、徐淇泉、陈伯藩、刘吉生 6 人各出资 5000 元，创建华商鸿生火柴无限公司。刘鸿生任总经理，总厂设于苏州，事务所设在上海。

（二）创办华商上海水泥厂

刘鸿生在顺利地办起鸿生火柴厂后，将注意力集中于有利可图的水泥行业。

欧战期间的上海是国内工业和国际贸易的中心，也是东南亚最大的商埠之一，无数企业家前来投资，各行各业都在大兴土木，水泥的需求与日俱增，价格由每桶 5 元飞涨至 12 元。因此，"国内资本家对于水泥工业，更认为是投资的唯一出路"。③ 刘鸿生投资水泥工业，还因为制造水泥需要大量煤屑做原料，其比重约占水泥的一半。兴办水泥厂，一方面可为其销售煤炭后剩余的煤屑寻找出路，增加收入；另一方面也解决了水泥厂就地取煤的问题，可谓一举两得的事。

1920 年 9 月，刘鸿生筹划创办华商上海水泥厂。水泥厂第一次发起人会议决定，新厂设在上海龙华，全套水泥生产的机器设备从德国买进，总资本额为 120 万元，分 1200 股每股 100 元。刘投资最多，约占投资数的 60%。重金聘用德国人马礼泰任总工程师，韦斯门为总化验师，卜克门为机械工程师。经过三年筹建，终于 1923 年 8 月开工生产。

（三）创办码头堆栈

随着煤炭业务的日益扩大，刘鸿生决定建立自己的码头堆栈。1919～1922

---

①③ 上海社会科学院经济研究所：《刘鸿生企业史料》（上册），上海人民出版社，1981 年。
② 上海社会科学院经济研究所：《刘鸿生企业史料》（下册），上海人民出版社，1981 年。

年，他利用英商壳件洋行经理克拉克的关系，购进了董家渡北栈、南栈；又与义泰煤号经理杜家坤合作，创办码头堆栈。①之所以要用洋人的关系，由于当时上海的航运业控制在外国资本家手里，洋人开具的栈单常被人们认为是最可靠的，并可在市场上作抵押。刘鸿生委托英商壳件洋行在码头上做账、出栈单、收支、联络外国客户等，吸引了大客户前来洽谈生意。

1924年，与涌记煤号等合资在浦东白莲泾创建义泰兴白莲泾栈。1926年，又以英国人葛尔德名义购进浦东周家渡地皮250余亩建造码头。随后，刘鸿生又将义泰兴董家渡南北栈、煤业公栈、义泰兴白莲泾栈，与周家渡码头合并组成中华码头公司。这是旧上海华商中首屈一指的码头堆栈业。除上海外，刘鸿生在长江下游各埠遍设码头堆栈，有南京码头、江阴码头、镇江码头。码头堆栈业在刘鸿生资本积累和转化的过程中，起了十分重要的作用。一方面，它为刘鸿生积累了一笔可观的资金；另一方面，为他创办工业提供了燃料来源。特别是上海水泥厂以及中华煤球场所需的煤屑，大部分都是用各码头积存的煤屑。工厂的创办解决了码头的煤屑的去路问题；码头的设立也为工厂生产提供原料来源。此外，各码头前临浦江，后有仓库，为工厂的原材料和产品运输，装运与存储，都提供了方便。

（四）创办章华毛纺厂

1926年12月，刘鸿生买进原日晖织呢厂的产权，后将其厂房机器设备迁到浦东周家渡，开设毛纺厂。额定资本80万元，当时实收资本75万元，共计7500股。其中，刘鸿生兄弟子女共占7430股，占99%以上，实际上是独资经营。1930年7月正式开工投产，主要设备有：织机40余台，纺毛机3台，全套整理机、织毛机、洗毛机、烘毛机，形成了纺、织、染较为齐全的毛纺织厂。

（五）保险、银行和其他投资

刘鸿生于1927年，伙同上海商业储蓄银行陈光甫等组织大华保险公司，注册资金12万元，刘氏兄弟占一半，推举潘学安为总经理。1927~1933年，该公司历年盈余总数达22万余元。

企业创办的过程中，苦于资金短缺，为了集中调度资金，吸收社会游资，不断充实企业资金的来源，刘鸿生于1931年11月自办了中国企业银行。

此外，刘鸿生投资的其他企业有，1926年2月，筹资10万元，在义泰兴董家渡码头南栈创建中华煤球厂，主要是推销煤屑。1929年10月，又以22600元盘顶上海市煤球公司的全部机器、房屋，建立中华煤球公司第三厂。1928年，又在浦东周家渡中华码头投资10万元创建华丰搪瓷厂。

---

① 上海社会科学院经济研究所：《刘鸿生企业史料》（上册），上海人民出版社，1981年。

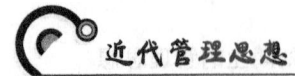
近代管理思想

刘鸿生于20世纪二三十年代，投资创办10多个企业，涉及面广泛，有火柴、水泥、毛纺、煤矿、煤球、搪瓷、码头堆栈、煤炭经销以及银行、保险等，1934年，刘氏资产总额达1200万元，在全国煤炭、火柴、水泥等部门中占有较大比重。1930年，大中华火柴公司的生产量占全国火柴业的22.43%；销售占22.25%。① 刘鸿生被时人称为"火柴大王"、"实业大王"。

（六）抗战中的刘氏企业

刘氏企业集团在抗日战争初期损失惨重，租界以外的企业，包括上海水泥厂、中华码头公司在浦东的三个码头和仓库、大中华火柴公司所属的荧昌火柴厂、周浦火柴厂、东沟梗片厂、章华毛纺织厂、华丰搪瓷厂、中华煤球厂、炽昌牛皮胶厂等，部分被日军占领，这些工厂占刘鸿生企业总数的2/3以上。可以继续营业的企业有企业银行、章华营业门市部、大华保险公司、开滦售品处等，业务也一蹶不振。刘氏企业面临着战火的破坏，一切急需做出安排，刘鸿生仍腾出不少时间从事抗敌活动。他以民族企业家身份，带头参加由上海500多个团体联合组成的上海市各界抗敌后援会，并担任伤兵救济委员会会长和物资供应委员会总干事，同时出任中国红十字会总会副会长。淞沪战争开始，为了及时救治伤员，刘鸿生以中国红十字会总会和伤兵救济委员会的名义，联合世界红十字会，在上海租界内设立了14所伤兵医院。1938年6月，刘鸿生为了逃避日军胁迫，出走上海，暂避香港。

1940年4月，由刘鸿生、中国国货银行、香港火柴同业和大中华火柴公司四方投资的大中国火柴厂在香港投产，至1941年12月太平洋战争爆发，盈余达五六十万港元，相当于投资数的2倍。1940年12月，刘鸿生突然接到蒋介石的电报，邀请他去重庆主持建立后方工业基地。刘鸿生到渝后，创建华业和记火柴公司，成为四川最大的火柴工业之一。1940年5月，刘鸿生又创建了中国火柴原料厂股份有限公司，生产硫酸钾、赤磷、硫化磷、牛皮胶等。这是中国大后方唯一的一家火柴原料厂。

此后，刘鸿生向西南邻近各省伸展。1940年，以华业和记的名义同贵州企业公司合作，将贵阳火柴厂改组为贵州火柴公司。1943年同广西企业公司合组广西火柴公司。又于1942年8月增设贵阳分厂，次年同昆明企业公司合作，在昆明增设分厂。1944年又同广西企业公司合作，成立广西化学工业股份有限公司。抗战时期，刘鸿生在西南地区，直接或间接投资的火柴厂和火柴原料厂计8家之多。

筹建西南火柴实业的时候，刘鸿生对毛纺业的创建工作也在同步进行。

---

① 上海社会科学院经济研究所：《刘鸿生企业史料》（上册），上海人民出版社，1981年。

第十一章 刘鸿生的管理思想

1940年1月，与孔祥熙投资合办的中国毛纺织公司于巴县李家宅成立。该厂的主要设备是上海浦东拆迁的章华毛纺厂的机器。中纺厂成立以后，获利颇丰，刘鸿生借此有利时机，又将目光转向西北，在兰州成立了西北毛纺织厂股份有限公司。此外，刘鸿生又凭借创办上海水泥厂的经验在四川巴县创办建国水泥公司，并于兰州开设第二厂，同时投资乐山嘉华水泥公司。他又与人合作在重庆合办承安电磁厂，这一时期刘鸿生在西南各省（包括西北）的投资总额近千万元。①

第二节 战略管理思想

一、投资环境论

刘鸿生十分重视投资环境，他曾明确指出："工厂之创立与发展，须适应经济环境之条件。"②他认为，企业投资要"水陆交通便利"，"有深水港可停泊外洋航轮"，"动力充足"，"原料丰富"，"市场广大"，"须在国家控制力下"③等经济地理环境。他认为"上海工厂之所以较能发展者，因有其经济环境之条件在焉。航轮、铁道二者兼备，且水陆交通之便利，外来货料，既易进口，内轮行销，又极灵便，此其一。金融流畅，划汇简易，内外国银行林立，集资与借贷迅捷，此其二。当地市场广大，本埠行销畅旺。人口密集，仰给自多，供需适合，营业自盛，此其三。工厂与工厂间以及工厂与他业间，多有相扶相依情形，如食物与制罐、制瓶厂，书业、印刷业与造纸厂。上海各业较内地发达，工厂亦多，此其四。外侨商业茂盛，吸收外资较易，因之行销外国，亦较畅便，此其五。"④刘鸿生将他的火柴公司、水泥公司及毛纺厂等企业开设在上海，就是判断上海有适当的经济地理环境。

刘鸿生还认为，政府对企业的保护和支持是企业投资的重要的政治社会环境，政府应在金融、税收、交通条件等方面给予企业保护和支持。面对30年代中期民族资本企业共同面临的困难局面，刘鸿生曾和荣宗敬等人联名向国民政府请求金融援助，提出了两条措施建议："一、请政府建设特种银行，或先由中央、中国、交通三行立拨巨款救助事业，以便各事业家得以充分运用所有

---

① 李桂荣：《刘鸿生企业经营管理思想研究》，贵州师范大学博士学位论文，2006年。
②③④ 上海社会科学院经济研究所：《刘鸿生企业史料》（下册），上海人民出版社，1981年。

之资本。二、请中央银行减低市面利率，并设法收回高利之债券，以奖励一般国民投资实业。"①

刘鸿生1927年在赴美考察期间曾发表了"中国工业与外商贸易的一些实际问题"的演讲，明确提出了"关税问题是中国工业发展的主要障碍"的观点②，强调必须对税制进行改革。他认为当时在税制上最大的问题，一是民间企业税额苛重，致使企业"成本愈高，而工作愈困；销路愈蹙，则售价愈低。停工倒闭，前后相望。其幸存者，咸岌岌不可终日。"③ 二是在关税上洋商和华商待遇不一。"由于受外商利益的阻碍，我国政府目前不能规定海关税则。外商享有低关税税率的特权，可是他们的中国同业，却完全处于海关的外籍官员的虐待之下。华商因为缺乏对等权利，在外商竞争之下而处于绝望。"④为了改变这种局面，他主张由中国独立自主地制定符合国际惯例的海关税则。

刘鸿生指出民族煤矿业得不到应有的发展，究其原委，"国内交通，未尽便利，水陆运输，时多阻梗，纵增产量，无从输出，实亦一大主因。"⑤ 他主张政府必须制定切实可行的便利交通措施。

二、市场选择战略

刘鸿生经营管理思想的最大特点，是他在办企业之前重视战略决策，并有一套进行战略决策的思路。他的儿子称赞他说："我父亲有一个特性，在未作最后决定以前，总得先做调查研究工作，谋定而后动，决不掉以轻心。"⑥

他创办鸿生火柴厂时就进行了周密的筹划。1919年苏北发大水，大批灾民流离失所，为办企业提供了充足的人力来源。刘鸿生初办企业，资本不雄厚，而火柴工业设备简单，不需很多投资，而使用劳动力则比较多。于是，他初步考虑以火柴业作为自己的第一个经营目标。他又认真调查研究了国内火柴的供求情况，了解到当时华资经营的火柴厂有两种情况：大部分厂家制造黄磷火柴，另一部分生产安全火柴。黄磷火柴有毒，也容易自燃，在国外早已淘汰，刘鸿生认为，这种火柴在国内迟早也将被淘汰，办工厂生产这种火柴决无前途。至于生产安全火柴的华资工厂，大多设备、技术落后，缺乏竞争能力。在中国市场上畅销的是两种外国火柴：一是从瑞典输入的"凤凰"牌火柴，因远涉重洋，运费高昂，竞争力不强；二是日本在中国开设的火柴厂所制造的

---

①② 上海社会科学院经济研究所：《刘鸿生企业史料》（中册），上海人民出版社，1981年。

③④ 上海社会科学院经济研究所：《刘鸿生企业史料》（上册），上海人民出版社，1981年。

⑤ 刘鸿生：《一年来的国产煤业》，载钟祥财：《对上海地区经济思想发展的历史考察》，上海社会科学院出版社，1997年。

⑥ 刘念智：《实业家刘鸿生传略》，文史资料出版社，1982年。

"猴子"牌火柴,质量好销路畅,是最难对付的竞争对手。经过这样的调查和分析,他认识到办火柴厂的发展前途取决于同日本"猴子"的竞争,只要在产品质量上赶上以至超过猴子牌,办火柴厂就大有可为。

刘鸿生重视市场创新。他的投资多集中"新兴的企业部门",如火柴、水泥、码头、保险等新兴行业。"不搞一般所争逐的棉纺和面粉"。① 同时他还注重不断为市场开发新产品、新工艺、新服务。源于为码头存放的煤屑寻找出路,他从日本居民使用煤球煮饭、烧菜得到灵感,于是,他特地派人带上煤屑和黄土前往日本,进行机制煤球的实验。② 他将机制煤球引入国内市场,改变了以往上海居民一般都用柴爿、稻草等的习惯。为了推销煤球,他特地制作了煤球炉出售,中华煤球厂通过煤球炉的廉价出售和赠送等办法,使煤球销量激增。

刘鸿生认为,关系企业成败的重要因素是产品质量能否提高,他经常说:"自由竞争,优胜劣败,办企业必须服从这一规律。"③ 为提高产品质量,增强企业的竞争能力,他十分重视改进技术和设备。如火柴厂建立之初,火柴头因不耐潮而容易自行脱落,因磷面粗糙容易发生闭火,消费者称之为"烂糊火柴"。为解决此问题,刘鸿生专门成立技术科,聘留美化学博士林天骥为总工程师,研究配方,改进技术,经过半年多的努力,采用高度粘力剂,解决了火柴头受潮脱落的问题。并购置磨磷机,提高了赤磷边的质量。④ 改进后的火柴,头子大,发火快,火苗白,磷面经久耐用。为了战胜日商"猴子"牌火柴,他亲自去日本磷寸株式会社的火柴厂参观学习,以高价购进全套生产设备,并高薪聘请日本技师来我国传授技术。通过这些努力,鸿生火柴厂的火柴质量一举跃居国产火柴的前列。同样,在水泥市场的竞争中,他的水泥厂进行了原材料和技术上的改造,用本厂锅炉每天排出的废弃煤渣代替铁矿砂,获得了成功,制成的水泥质量优良。⑤ 刘鸿生敢于涉足新领域,尝试新技术,善于创新,刘氏企业才得以保持旺盛生命力。

三、多元化经营战略

刘氏企业实行了多元化产品经营战略。从1920年鸿生火柴厂创办,至1926年上半年,刘鸿生相继对煤炭业、码头业、火柴业、水泥业、码头堆栈及商业等的投资。1928年至20世纪30年代中期,刘鸿生又涉足搪瓷、毛纺

---

①②④ 上海社会科学院经济研究所:《刘鸿生企业史料》(上册),上海人民出版社,1981年。
③ 刘念智:《实业家刘鸿生传略》,文史资料出版社,1982年。
⑤ 上海社会科学院经济研究所:《刘鸿生企业史料》(中册),上海人民出版社,1981年。

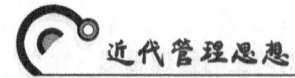

织、煤矿开采、保险业、银行业。抗日战争时期,在西南各省(包括西北)除投资于火柴及原料、毛纺织、水泥等行业外,还有给水、电磁、制帽及一些零星的工商业。①

刘鸿生在投资活动中信奉"Don't Leave All Eggs in One Basket"的英国谚语,意思是"鸡蛋不放在同一个篮子里",目的是降低风险。刘氏企业多元化呈现的特征有:一是将资本集中在新兴的能获取稳定利润,竞争风险少些的新兴工业部门。二是以煤炭销售、火柴制造为主业,逐步向配套产业链拓展。煤炭销售带动码头创办,码头上煤屑堆积煤屑促使煤球厂、水泥厂开办。创办鸿生火柴厂后,需要火柴原料的供应,他就相继收买和创办了火柴梗片厂等企业。由此可见,刘鸿生所涉及的部门虽然互不相干,但在各产业之间又有产业链的衔接关系,从而形成了颇具实力的民族工商业资本集团。②

刘鸿生实行多元化产品经营战略,使各企业得以独自经营,自负盈亏,又能在全部企业的盈亏上起平衡作用,以保持整个企业集团的稳定性。

四、联合竞争战略

刘鸿生在其主营的火柴、水泥等行业里,先以市场挑战者的形象进入,然后相机实行联合、兼并的扩张战略,进而在该行业占据一席之地。

(一)火柴市场的同业合并和中外同业产销联营

面对瑞典火柴厂的倾销压力,刘鸿生首倡国产火柴同业合并。1928年他指出:"外来火柴充斥,营业竞争,危机潜伏,再三思维,惟有合并数厂为一,以厚集资力人才,借图竞存。"并在《告火柴同业书》中,分析了合并的六大益处:"可减少对内竞争,以免自相残杀之害";"可调剂出生产数量,以期供求之适合";"各种经营均可通盘筹算,最合经济原则";"直接定购大宗原料,可省洋行佣金,并可得廉价利益,每年为数不赀";"新公司规模宏大,即可聘请专门技师,改良出品,以与外货相竞";"新公司负担力较强,一切改良事宜,均可次第实进,前途光明,不可限量。"③

经过反复磋商、协调,刘鸿生与荧昌、中华终于达成共识。此后,他分阶段实施了同业合并。1930年,荧昌、中华、鸿生三家火柴厂分别清产作价,合并为大中华火柴股份有限公司,由刘鸿生担任总经理,统一生产和经营。1931年,收购了汉口燮昌火柴厂,合并九江裕生火柴公司,收买扬州耀杨厂,承租了芜湖大昌厂,以扩大控制和进一步垄断市场。1934年,又并进了杭州

---

①③ 上海社会科学院经济研究所:《刘鸿生企业史料》(上册),上海人民出版社,1981年。
② 李桂荣:《刘鸿生企业经营管理思想研究》,贵州师范大学博士学位论文,2006年。

第十一章 刘鸿生的管理思想

光华火柴公司。使大中华火柴公司成为一个拥有七个火柴厂、一个梗片制造厂，年产15万箱的全国最大的火柴企业。大中华火柴公司生产规模的扩大，机器设备的增添，生产技术的提高，产品市场的扩大，及售价的增长、盈余的出现，说明了这一同业合并的经济效果是显著的。

同业合并，是近代资本主义企业建立垄断组织托拉斯的最重要的方式之一。所谓同业合并，是指生产同类产品的不同企业在市场竞争中相互联合，将各自的资本、营业合并，成立一个独立的大公司。合并后原企业在法律上和业务上不再具有独立地位。同业合并的浪潮最早发生在美国，以1882年成立的J. D. 洛克菲勒的美孚石油托拉斯（或称标准石油托拉斯）为发端。此后近十年中，美国企业界掀起了第一次同业合并的浪潮，托拉斯组织乃成为美国经济的主要垄断组织形式。第一次世界大战后，德国、英国等西欧国家相继出现许多托拉斯组织。日本的纺织业在"一战"即将结束时也开始大规模地同业合并，将国内众多的小纺织厂联合成九大公司，以期战后与英、美、德纺织业托拉斯相抗衡。中国近代企业界在外国商品的激烈冲击下，认识到托拉斯组织的庞大势力。有识之士不断呼吁中国企业应当同业合并，组成大公司，以增强势力，抵御外货入侵。早在1903年，梁启超游历美国之后便感到美国托拉斯组织对中国的威胁，并深望中国能发展自己的托拉斯①，穆藕初也深感日本纺织联合公司对中国民族纺织业的威胁，认为"按商学之原则，应世界之新运，非从速组织我国纺织业托拉斯不为功"。② 刘鸿生是中国近代企业界具有强烈的同业合并意识并成功付诸实践的企业家。正是欧美各国企业界的同业合并趋势，激发了刘鸿生在本国组织行业托拉斯的思想。他在1927年到欧美各国游历时，深感其同业联合之发达，便力图仿效，组建行业托拉斯，实现资本集中、垄断市场。而且在实践中他克服了前人曾论及的关于中国同业联合中的种种困难，成功地促成江浙一带实力最强的三家火柴公司鸿生、中华、荧昌同业合并，并不断地兼并、扩张，发展成为中国民族火柴工业中实力最强的托拉斯组织。

当时美国收购白银的政策，引起中国银根紧缩。在政府压榨，外货侵逼，同业倾轧、资金匮缺的情况下，大中华火柴公司亟于谋求自全之道。1934年刘鸿生联合苏、浙、皖、赣、鄂等省火柴统业，筹划组织联营。1935年7月，成立华中地区火柴产销管理委员会。1936年成立中华全国火柴产销联营社。联营社章程主要内容为：联营社有权控制全国火柴产销数量，编制分配生产比率，派遣驻厂稽核人员等。用协定产销的办法，划分了以大中华火柴公司为

---

① 梁启超：《二十世纪之巨灵托拉斯》，载《饮冰室合集》卷2，中华书局，1989年。
② 赵靖：《穆藕初文集》，北京大学出版社，1995年。

首，国产火柴大厂与在华日资火柴厂划分势力范围，把日资火柴业势力稳住在华北、鲁豫两区，以便维持国产火柴大厂在华中、华南、华北火柴业的领导地位。产销联营总社的成立，由于竞争减弱，销路稳定，售价上升，"大中华火柴公司获得了巨利"。抗战时期，国民政府的工业内迁，促进了大中华火柴厂向中国西南地区的扩张，它以参股、控股的方式，控制八家火柴厂，确立了在西南火柴业中的霸主地位。[①]

刘鸿生提倡火柴业合并，是同类企业间的全面联合。联合的各企业实行清产作价，折成股份，合为一体，经营上也完全统一调度，通过资产合并，形成产权和经营权统一的企业集团。这种联合不同于兼并，它不存在资产的买卖过程，联合的一方不需要拥有收买另一方的财力，因而比较容易促成资本的集中。

（二）水泥市场的"同业联营"

1923年8月，华商上海水泥公司开工出货。当时，全国国产水泥厂共有7家。在华日资水泥厂有两家，生产能力占全国同业的19.63%，占领东北市场。国产水泥厂实力较为雄厚的天津启新的生产能力占全国的33.62%，主要市场为华北、华中。当时刘鸿生的华商水泥厂的象牌水泥的生产能力占全国的8.83%。1924年，水泥市场的形势出现变化。外商倾销，在华外厂生产与外商进口水泥达120万桶，占全国销量的44.93%，致使国产水泥市场越来越狭小。于是，国内同业之间，为了各自的生存和发展，展开了剧烈的竞争。面对不利的形势，刘鸿生倡导与启新公司进行同业联营，几经磋商，终于在1925年6月达成协议，签订了联合营业合同。后来又与南京龙潭中国水泥公司谈判，经过4年的反复折冲，华商、启新、龙潭中国终于达成联营协议，规定联合销售的区域、各企业的销售量及销售价格，并根据市场情况随时调节产量，保持产销平衡和价格稳定。三家水泥公司联营，对当时的国产水泥行业来说，具有重要意义。这三家产量合计约占国产水泥的85%，一经联营，颇有左右市场的能力。联营后，三家都呈现产销两旺、盈利增加的情况，启新洋灰公司自1921年到1930年，三次增资，资本由651.4万元增至1234.1万元，增资主要来源于利润，华商1931年度九个月盈余既达48.3万余元，为1930年盈余的6倍，该公司也于1928年、1931年两次增资，资本由120万元增至163.8万元。

五、资本经营战略

在资金运作方面，刘鸿生建立了自有的金融机构——刘鸿记账房和中国企

---

① 江满情：《论刘鸿生的同业合并思想及其实践》，《安徽史学》2006年第3期。

业银行，来调度资金。刘鸿记账房于1911年创立，当时主要掌管刘鸿生的个人财产，管理刘家的私家账务。但在20年代后期，刘鸿记账房在亲友中吸收了大量存款，主要目的是对刘氏各企业贷款，作为各企业周转之用。1932~1935年刘鸿记账房对外放款额分别为288.3万元、141.6万元、178.3万元、135.5万元、210.8万元。除了以上方式外，刘鸿记账房还以借出刘鸿生本人所持票据的方式，帮助各企业办理抵押借款。可见，刘鸿记账房在一定程度上起到了调剂刘氏各企业资金的作用。刘鸿生的企业分属火柴、水泥、煤矿、毛纺、运输、码头仓库、金融等各个领域，规模越来越大，其本身的财力有限，难以满足刘氏各企业巨额的周转资金的需要，刘氏企业仍不得不向其他银行大量举债。而在其所属企业中，有的企业有时有积余资金，而有的企业却缺乏资金。为集中调度资金，刘鸿生在1931年创办自己的银行——中国企业银行，专为集团企业融通调度资金。通过自办银行，吸收了社会大量游资，充实了企业资金的来源，对刘鸿生及其所属企业的放款，方便了刘氏集团各企业间资金的使用。刘氏企业在一定程度上摆脱了其他银行特别是外国银行的控制，避免因借债过多而被吞并的危险。

第三节 科学管理思想

一、人事管理思想

刘鸿生善于择人和用人。他认为："缺乏经营管理能力以及缺少训练有素的人才，成为企业经营管理失败的重要原因之一。"① "要办好一个企业，首先得物色好专门人才，没有人才，不可冒昧从事。"②

刘鸿生对人的管理，是基于"人无全人，才无通才"，"人各有所短，各有所长"的人性认识。首先，他使用人才的原则是"量才使用，人尽其才"，"要把适当的人，放在适当的位置上"，"用其所长，避其所短"。他把是否能合理地使用人才看成是一门"书本里学不到的学问"，强调"要学会善于用他们"③。

刘鸿生十分重视人员培训，刘氏企业人员培训主要针对技术人员和工人。对于外聘洋人，他认为"月薪既巨，对公司利善之观念又至薄弱"，故原则是

---

① 上海社会科学院经济研究所：《刘鸿生企业史料》（上册），上海人民出版社，1981年。
②③ 刘念智：《实业家刘鸿生传略》，文史资料出版社，1982年。

只能作为暂时的措施。从长远看，"唯致意于厂内人员的培养，与国内专才之罗致"，才是从根本上解决人才缺乏的办法。刘鸿生企业人员培训方式，一是外派人员出国学习。1931年华商上海水泥公司因解雇德籍工程师汉谋引起诉讼后，刘鸿生深切体会到本厂生产技术专门依赖外国人的弊病，于是决心逐步培养本国水泥专家。他派人专门到日本、德国学习水泥制造的新技术。二是捐资于教育事业，培养储备人员。他在家乡定海办了两个学校：一个是定海中学，另一个是定海女子中学。此外，他还几次捐款圣约翰大学建筑校舍。1922年为了便于圣约翰大学同学的联络，还创设了"梵皇渡"俱乐部。圣约翰大学培养的许多学生也成为其他企业经营管理人才。如吴清泰主持了上海水泥厂，林兆棠担任了章华毛纺厂会计主任，范季美、叶起凤担任中国企业银行经理、襄理，黄锡恩担任中华煤球厂的厂经理等。对工人的培训则是先以一定的标准被选拔、招聘以学徒的身份进生产车间锻炼，或半年、一年，技术熟练后，经过考核然后升为正式工人。另外，还开设各种培训班，对技术工人进行培训。

刘鸿生围绕着激发和调动人的主动性、积极性展开管理，重视和研究人的需要，他对中高层管理人员和科技专家，既以优厚的待遇礼之，又予以充分尊重、信任，使专家有职有权，有的工程师领取的高薪在当时的民族企业中是不多见的。企业经理在管理上取得一定的成绩后，刘鸿生也给予相当的物质奖励。在他的企业里，经理、厂长、工程师、高级技术人员，有很多是在国外学有专长的留学生，或者是国内著名大学的优秀毕业生。他以较高的工资待遇吸引知识青年进厂工作，因此，刘氏企业里跳槽的人很少。

二、分科集权制的组织管理[①]

刘鸿生根据"科学化管理"原则，对新组建大中华火柴公司实行分科管理，同时注重集权与分科的结合，建立所谓的分科集权制。

首先，在管理制度的设置上，刘鸿生一开始便采取了分科制度，以分解原来各厂的职权。他强调，"工厂组织应以能适合经济及提高效能为原则。横的方面务须分工合作，纵的方面务须上下联系。故应明定各部职掌，并制定组织表，俾明系统而收统一之效。"新公司成立不久，便设立总事务所，总事务所下分设总务、营业、厂务、会计、考工5科，各有专职、分科办事。为进一步明确各部职掌，加强分工合作，1931年8月又将技术、采办两项从厂务科管辖下划分出来，各自独立设科。各厂的厂务也实行专业化分工，分设工账房、

[①] 江满情：《中国近代股份有限公司形态的演变——刘鸿生企业组织发展史研究》，华中师范大学博士学位论文，2003年。

第十一章 刘鸿生的管理思想

总账房、火柴栈、物料栈、盒清房、贴排部、齐梗部、排板部、油药部、拆板部、装盒部、刷边部、包装部、动力部、修理部、配药部等。1932年，为明晰事权，总事务所将厂务科改称制造科，专司各厂制造上一切指挥监督之责。技术科仍用原名，但将所属管理监督权移交制造科，专司化验室及各厂制造技术之研究设计。将生产事务与为生产服务的管理事务分离出来，也就是分设权力机构（生产部门）和职能机构（为生产服务的部门）。这是一种以生产经营职能作为划分标准而形成的职能制组织形式，其优点在于根据管理业务划分的专业管理部门，各自在其职权范围内对下级行使管理职责，责任明确，效率高，能提高企业管理的专业化程度，适应大型化、复杂化企业的管理需要。有利于加强企业内部的组织性，提高企业的管理水平和生产效率。

其次，在实际运作当中，刘鸿生首要的目标是集中权力。由于原来各厂情况复杂，制度不一，旧习惯势力很大，刘鸿生注意采取渐进措施，以免管理制度的改革对公司造成动荡。为减小改革阻力，刘鸿生妥善安置合并前各厂的人员。原在老厂任经理、襄理的，则任新公司各科科长，原在老厂任厂长的，现仍为新公司各厂厂长。由于要尽量安排原来各厂人员，大中华成立时总公司的机构比较臃肿。1932年总事务所协理徐致一即指出："本公司自成立以来，一切设施均采取渐进主义，而在组织方面，因有种种关碍，不得不于规划之初，牵就固有之事实，自未便于短期内骤图彻底改革，以致分科制度之效用迄难尽如理想。"各驻厂员与各厂长在权力上这种互不领导的并列关系，造成了各厂的多头领导，实际上是在分割和制约各厂厂长的权力。这样，厂长的权力受到进一步限制。

到1934年，各厂旧习惯势力有所削弱、经营管理渐趋统一时，总事务所才取消了驻厂人员，改为分课办事。每个厂设有总务、工务、会计三课，各课所经办的事项，由厂长转陈总事务所各主管科请示办理。原来的驻厂员则升为厂长。由于鸿生火柴厂的厂务本身就掌握在刘鸿生手中，因此，整个大中华火柴公司的管理权便集中到刘鸿生手中，集中到总事务所。

刘鸿生之所以能成功地整顿大中华火柴公司的管理，从而最终完成合并，主要得力于他在建立科学化的分科管理制度时，采取了渐进的方式。分科制的目的在于分解权力，即将权力从原来公司头目手中分解出来，分设各个部门，这些部门最后对总经理负责，从而将原来三家公司的管理大权集中于新公司的总经理手中。但刘鸿生并没有将原来公司中担任职权的人员大量裁撤，而是保留其职位，并予以高薪，然后削减分解其原来的职权，在重新划分职能的同时，逐渐集中权力于新公司的总事务所，最终实现了对原来三家公司管理权的集中，并完成了新公司各部门管理职能的分设。这个过程的完成前后经历了7

181

年之久。但无论如何，刘鸿生通过这种"分科集权制"，最终成功地解决了同业合并管理集中的难题。

事权统一后，刘鸿生便着手精简机构。他认为这一时期一些大公司在实行科学化管理时，过分强调分科办事，部门设置过多而缺乏相互联系，以致效率低下，应采取集权制作为补充。

加强统一管理，使企业的运转更加有效。早在1930年，他就采取国外企业托拉斯的管理模式，对所属各种企业进行集中管理。他认为这种做法，是近代企业发展到一定程度的必然产物，"经济社会之组织，其始由简单而趋于复杂者，其终必由复杂而更趋于简单，此自然之趋势，而各业大规模之联合并所由产生也。"① 他在《实行集中管理之计划及其方案》一文中对这种做法的优越性进行了分析：

其一，实行统一管理，能使企业的运转更加有序，"集中在同一公司之下，则参差者可使之整齐，纷乱者可使之划一。不惟总务、财务两处集中一地，运用灵便，监督周密，可收指臂相连之效；即如技术、考工等事项，既设专科，责有攸属，亦可本平日之研究与经验，为最适当之处置。"②

其二，实行统一管理。能使企业的经营更加有效，"将各公司性质相同之事务，分别部署，各设专管人员，分工愈精，效力愈大。即分析至极小部分，苟以一人而主管十余公司之同类事务，人才决不至不经济，而事务亦以专精而愈娴熟。"③

三、财务管理

随着创办企业数量增多、规模的扩大，老式的记账方法不能适应需要。刘鸿生认为在工商业竞争中，应"极力研究如何降低成本、增加生产、削减售价以及用其他种种手段来推销他们的商品。如不讲求、研究成本计算，仍按照过去那样糊里糊涂的做法，必致失败"。④ 因此，在财务管理上，刘鸿生重视成本会计。他说："一套完整的成本会计制度，可以告诉你哪一部门是厂里最薄弱的环节，需要想法子改进；哪一部门有浪费，需要想法子克服。成本会计是你的眼睛。"⑤ 他认识到严格的会计制度有利于监督开支，节省成本，而"只有降低成本，才能提高竞争能力，增加企业利润"。⑥在他经营的企业内普遍施行了成本会计制度，对每个厂的生产成绩、原材料消耗、工资、制造费、

---

①②③ 上海社会科学院经济研究所：《刘鸿生企业史料》（中册），上海人民出版社，1981年。
④ 马伯煌：《刘鸿生的企业投资与经营》，《社会科学》1980年第5期。
⑤⑥ 刘念智：《实业家刘鸿生传略》，文史资料出版社，1982年。

厂务费以及各分事务所的销货数量、营业费用和利润等逐项比较分析,通报各厂、各分事务所,作为改进生产经营的参考。

在推行成本会计的财务改革中,章华毛纺织厂"制定表式发交各工场详细填载。凡经纬毛线支数量、单位价格、金额,逐一注明;并减去人工、制造费用、退回原料等,得到真确之成本数字,先由工程师制定预计表,以与实际相比较"。① 1936年11月,4家银行对章华毛纺厂进行调查,认为"该厂厉行成本会计""最有价值,""此种严密算法,各厂急宜仿行"。② 为了保持会计工作的独立性。对于会计工作人员,在用人时即明确规定,不受企业内部任何变动的影响。对所属各企业,每年都要求聘请本国或外籍会计师查账,以建立企业信誉,防止发生弊病。③

四、商标管理

刘鸿生之所以会被称为"水泥大王",是与他创立的"象牌"水泥商标密切相关的。"象牌"水泥是刘鸿生于1921年创立的水泥行业中的名牌产品,也是我国水泥行业中最早注册的商标。

20世纪初期,国人因为对于商标的使用和保护意识还较为淡薄,所以吃了不少亏。但是,在与洋商打交道的过程中,洋商对于商标的使用和保护也渐为华商所认同,商标的重要性也逐步为华商所认识。1923年5月3日,在国内工商业人士、外国公使、商人等各种力量的不断催促下,北洋政府终于颁布了我国第一部内容完整的商标法律——《商标法》,以及第一部商标组织机构法规——《商标法施行细则》。同年5月16日,中国商标史上第一个商标局——北洋政府农商部商标局成立。

刘鸿生深知商标对一个企业的重要性,在商标局刚开始对外办理商标注册后,他就通知部下将"象牌"商标由上海送到北京商标局申请注册。1923年9月15日,"象牌"商标的审定公告被荣幸地刊登在农商部商标局编印出版的我国商标史上第一期《商标公报》上。在1924年3月15日第7期《商标公报》上,"象牌"商标正式被核准注册,注册号为"一一二号"。

除了"象牌"水泥商标,刘鸿生还注册过很多其他商标:毛纺行业有"绵羊头牌"商标;搪瓷行业有"如意牌"商标;煤球行业有"星牌"、"红箍青星"等商标;火柴行业有"宝塔牌"、"五蝠牌"、"鸡牌"、"天女散花

---

① 马伯煌:《刘鸿生的企业投资与经营》,《社会科学》1980年第5期。
② 徐鼎新:《民族资本企业经营管理经验初探》,《社会科学》1980年第3期。
③ 李桂荣:《刘鸿生企业经营管理思想研究》,贵州师范大学博士学位论文,2006年。

牌"等商标。

在拥有自己的商标后,刘鸿生充分利用商标的宣传功能,进行了形式多样、效果突出的商品宣传。刘鸿生与当时我国著名的华成烟草公司合作,把其公司印有"美丽"字样的美女图案的商标,翻印在大中华公司出品的火柴盒上做广告。1931年,上海大中华火柴公司开始制造并销售这种"美丽牌"火柴。由此,大中华公司一举两得:一方面可借"美丽牌"商标使火柴畅销于市场;另一方面又可拿到华成公司的一大笔广告费。此举也开创了我国火柴工业与烟草企业联袂推出系列产品的先河。1939年前后,上海大中华火柴公司又为中国信达烟公司出品的"金虎牌"香烟和"好来西牌"香烟设计推出了两种香烟广告火柴。此后,众多烟草、火柴企业纷纷仿效这种各取所需、联合共赢的生产方式。①

20世纪30年代,刘氏企业相继采用科学管理方法,建立起合理的管理机构和管理制度,通过规章制度来进行管理。刘鸿生企业制定了包括成本会计、职员、工人的职责及生产设备的使用管理办法等在内的一整套规章制度,如《职员保证书及处理规定》、《各厂职员服务细则》、《工友服务细则》,对生产设备管理有《各厂机器管理规则》、《各厂电器设备暂行管理办法》。此外,各科还制订《办事细则》,对生产、工作职责、职员任免、作息时间、例假、纪律、损害赔偿等方面都有详细具体的规定。处处有条例为凭依,有规程为准绳,严格的制度,明确责任,保证了正常的生产秩序和工作秩序。

第四节 委托代理制的公司治理结构

一、清晰的委托代理关系

刘鸿生投资的行业比较分散,各业之间的关联性不大,且又属新兴工业,每一个企业都需要有专门的管理知识和专业知识。并且刘鸿生没有如荣宗敬、郭乐那样庞大的家族力量可以依靠。这样,刘鸿生就需要依靠专门的经理人员来照管他的企业。刘鸿生将企业委托给他人经理,便产生了委托—代理问题,经理们的经营行为在需要激励的同时,也需要对之进行监督,以确保企业的顺利经营和发展。虽然刘氏各企业是单一单位的小型公司,而且股权十分集中,

---

① 左上:《试论民族企业家刘鸿生的商标意识》,《知识产权》2011年第3期。

第十一章 刘鸿生的管理思想

但由于刘鸿生投资过于分散，不得不将各企业交由经理人代为管理，因而需要设置治理机构来治理各企业，使得刘氏企业偏离了家族式或企业家式的企业模式。

刘鸿生创办的近代企业，引进西方的公司制组织形式，采取股份有限公司制。在刘氏的各企业中，普遍设置了委托—代理制的治理结构，并在实际中发挥治理公司的作用。他将大部分企业委托给经理人管理，赋予经理以管理实权，刘鸿生本人则通过各公司的股东会和董事会来监督这些经理们，以确保投资利益不受损害。

刘鸿生创办的第一家工厂——鸿生火柴厂，于1926年改组为股份有限公司。在改组前，鸿生火柴厂是典型的企业家式的企业，刘鸿生既是老板又是经理，其他职位则由合股者担任，并没有将股东会作为一个正式机构来设置。在由无限改组为股份有限公司后，鸿生火柴公司就在章程（1926）中明确地设置了治理机构——股东会和董事会。章程在体例上就明确列出总则、股份、股东会、董事会及监察人、职员、结算六章。关于股东会，章程规定，"股东会分为定期会和临时会……定期会于每年结账二个月中由董事长召集之，董事会或监察人认为必要时，或应股份总额二十分之一以上之股东之要求得由董长召集临时会。"股东会在议决时，"股东每股有一决议权及选举权，但股东有十一股以上者应以五股作一权……股东会非有股份总额半数以上出席不得开会，非有出席股权半数以上同意不得决议，可否同数由议长决之。"必须由股东会议决的事项有"解散与合并、变更营业、增减资本、修改章程"。关于董事会，董事、监察人选任方面，章程规定"设董事五人、监察人二人，由股东会于有股份十股以上之股东中选举之……董事任期二年，监察人人任期一年，得连举连任"。关于董事会的召开期限、职责问题，章程规定"董事会之规则另定之"。关于职员，章程规定"设总经理一人，由董事会于股东中选任之，总经理得由董事兼任之……公司其他职员由总经理任免之；总经理执行公司一切事务，但遇有重大事件应得董事会之同意；总经理之薪水由董事会定之。"股东会选举产生董事会，董事会选任总经理，股东会—董事会—总经理这种委托—代理关系十分清楚。章程还规定，公司的总经理必须在股东中选任。

刘鸿生创办的其他股份有限公司，如中华煤球股份有限公司章程（1929）、章华毛绒纺织股份有限公司章程（1931年11月修正）、中国企业经营股份有限公司章程草案（1932）、华商上海水泥公司章程（1931）、大华保险股份有限公司章程（1936），中国企业银行股份有限公司章程草案（1937年6月），均如鸿生火柴公司一样，设置了委托—代理关系十分清楚的治理机构，

只是各章程中对总经理的人选问题,不再如鸿生火柴公司那样要求必须在股东中选任。在刘氏企业中,股东会对公司的董事、监察人选以及分配方案有实际的最终表决权,对董监人选及分配方案实际的最终表决权,表明股东会在公司中是实际的最高权力机构,董事会受股东会委托掌管公司事务,并对股东会负责。

中国近代为数不少的股份有限公司虽然在制度安排上设有股东会、董事会等治理机构,但实际上它们并不真正发挥治理公司的作用,企业的创办者操纵企业的一切事务。如卢作孚创办的民生公司,虽然总公司之上设有股东大会和董事会,实际上却是有名无实的,在企业管理中,卢作孚高度集权,公司的机构增减、航线开辟、投资方向、基本建设等重要的经营决策,都须由他拍板生效。① 上海永安公司虽设置了股东会、董事会、经理,但最终权力掌握在香港永安公司手中。然而刘氏各股份有限公司,由于刘鸿生不直接掌管各企业的经营,股东大会和董事会制度就受到重视。不仅各企业在章程中明确设置了股东会和董事会,厘定了各自的权限,而且使它们在实际的公司治理中是发挥决策作用的。

二、公司治理结构完善的时代背景

在近代中国,股份有限公司组织是一项制度创新。中国传统的企业组织主要是独资经营和合伙经营两种形式。中国人虽然已于1872年开始实践股份公司制,但直到1904年之前,并无所谓"无限责任"与"有限责任"之分,实际上都是无限责任制。1904年,清政府颁布《公司律》,第一次在法律上确立了"有限责任"的概念,确立了"股份有限公司"的企业组织形式,实现了股份制企业组织制度的重大突破。然而,股份有限公司制作为一种企业制度的创新,并没有因此就得以完成,因为股份有限公司制除了有限责任制之外,还包括其他多方面的制度特征,如法人地位、股东权利、股东会制度、董事会制度等,这些制度的安排与完善都需要一个过程。一方面,政府相关的公司法令处在不断的发展之中,如1904年的《公司律》尚未明确地规定股份有限公司是法人,公司法人概念直到1914年民国政府颁布的《公司条例》中才被提了出来;另一方面,民间更是在对公司制不断加深认识的过程中来实践公司制的。因此可以认为,股份有限公司制作为近代中国的一项企业制度创新,直到民国时期仍在进行之中。这种企业制度的创新过程,是政府与企业家两方面共同进行的,它是在政府相关政策、法令的变化与企业家对公司制度的选择与实

---

① 金铮、邓红:《论卢作孚对民生公司的有效管理》,《近代史研究》1990年第3期。

第十一章 刘鸿生的管理思想

践两个方面共同的作用下推进的。

刘氏各企业之所以能设置完整的治理结构，与这一时期近代中国人对股份有限公司制的认识与实践水平是密切相关的。王处辉指出，甲午战争后的晚清政府、民国北京政府、南京国民政府，随着各自公司法令及相关法规的颁布实行，逐渐加强了近代企业的制度供给。这些法令、法规促进了中国近代企业的发展，使其走向规范化、准则化，使其加强自身的制度建设。① 1914 年民国政府颁布的《公司条例》，与 1904 年《公司律》相比，内容详尽，法理进一步完善，更为重要的是其在具体的执行中可操作性得到加强，从而使得公司的运作得以规范化。1929 年，南京国民政府颁布《公司法》，对于股份有限公司，增订了更多的内容，包括第一次应缴股款的比例、召开创立会、股票面额、股东表决权、董事人数、监察权力、防范公司经营风险等。刘氏各股份有限公司制度的设置，正是直接依据了政府关于股份有限公司制度的规定。刘氏各企业的章程中均载明"本公司根据现行公司条例股份有限公司之规定组织"，或"根据公司法股份有限公司之规定组织"，说明《公司条例》或《公司法》中有关股份有限公司组织的相关规定，实际上为刘氏企业各股份有限公司制度的设置提供了基本框架，刘氏企业各章程中关于资本实收额、股票及其转让方式、股东会、董事会等都是以《公司法》关于股份有限公司的条款为依据的。②

补充资料：在经营管理上下功夫

我父亲一生办过很多企业，有成功的，有失败的。他说："生财有道，必须在经营管理上下功夫。"他有一套经营管理经验，主要的是：

一、重视调查研究

我父亲说："你要管好一个企业，就得首先详细了解整个企业的全部生产过程。"他在创办鸿生火柴厂、华丰搪瓷厂和上海水泥厂以前，曾经几次去日本参观调查；以后又到德国水泥厂实习生产过程；在创办章华毛纺织厂以前，曾到英国参观了解。

他注意了解国外先进设备、先进技术和先进产品的发展情况，除阅读各种

---

① 王处辉：《中国近代企业组织形态的变迁》，天津人民出版社，2001 年。
② 江满情：《中国近代股份有限公司形态的演变——刘鸿生企业组织发展史研究》，华中师范大学博士学位论文，2003 年。

情报资料外,每年要到国外参观,其中以到日本的次数为最多,有时在一年中去几次。

他注意了解市场的供求情况,听取顾客和同行的意见,比如在推销煤炭时,他曾跑遍长江三角洲一带广大农村和京沪沿线的各个城镇,亲自调查了解。在推销章华呢绒时,他经常到上海棋盘街各呢绒铺了解呢绒销路情况和对产品质量的要求,作为改进产品、提高质量的参考。我父亲做调查研究工作,是不辞辛劳的。抗战时期,后方缺乏火柴原料。为了查找火柴原料的矿藏,他在四川、云南两省境内跑了好多地方,终于在云南找到了磷矿,在昆明办起了磷厂。为了创建码头,他跑遍了浦江两岸,亲自调查码头岸线的吃水深度,详细了解水陆交通情况后,再行选定码头地点。选择厂址的时候,也是这样。未经调查清楚以前,他决不盲目作出决定。

由于事前做了调查研究,做好各种准备工作,所以建厂时间都比较短,投产也比较快。

但是调查疏忽,研究不够,判断错误,或者情况发生变化,因而造成失误的事,是经常碰到的。比如,章华毛纺织厂和中华煤球厂在创办初期所受损失,都是事前没有做好调查研究的结果。中国火柴业的发展,经过多次反复,几起几落,与华洋同业竞争消长的变化有密切的关系。情况是不断变化和发展的,稍一疏忽就会造成业务上的损失。刘氏企业并不例外。

二、重视成本核算,重视节约

他说:"每一个企业,一定要有一套完整的成本会计制度。它可以告诉你哪一部门是厂里最薄弱的环节,需要想法子改进;哪一部门有浪费,需要想法子克服。成本会计是你的眼睛。"他不惜用高薪聘请第一流的会计专家给各企业设计会计制度。上海水泥公司的全部会计制度,就是由会计专家华润泉和林兆棠会同设计的,章华毛纺织厂的会计制度是由上海商学院教授安绍芸(新中国成立后曾任财政部司长)和林兆棠设计的。当时被称为中国最标准的成本会计制度。

他要求各个企业每年盘底两次,查明货物材料有无短少、损坏、霉烂或积压情况,及时作出处理措施。对于企业的开支,他要求精打细算,注意节约,防止浪费。他说:"应花的钱,决不吝惜;不应花的钱,分文不花。"

他要求每一个企业负责人,必须重视成本核算,分析企业盈亏原因,千方百计降低成本。他说:"只有降低成本,才能提高竞争能力,增加企业利润。"

但是"言之匪艰,行之唯艰",事物的发展,往往不能尽如人意。在刘氏企业中,机构庞大,人事臃肿,铺张浪费的现象,并不是个别的。就拿大中华火柴公司来说,这个公司在企业大楼中占了一层楼的门面,办事员一百多人,其中高薪阶层约占十分之一。摊子大，排场阔，分支机构多，管理不周，浪费严重；同时生产落后，手工操作，产量不多，产值不大。以低水平的生产，负担高标准的开支，竭蹶情况，可以想见。到了新中国成立前夕，这个厂的经济情况在刘氏企业中是比较差的。从这个反面例子，也可以概见成本核算和防止浪费的重要性。

三、重视产品质量，注意引进先进技术

产品质量能否提高，在我父亲看来，这是企业成败的决定性关键。因此，改进技术，提高质量，成为我父亲十分重视的问题。比如，章华毛纺织厂开办初期，因为机器和技术不先进，产品质量不好，销路不畅，我父亲就下决心花几十万元采购新设备，并聘请外国专家来传授技术，从而改进了产品质量，打开了销路。父亲说"自由竞争，优胜劣败"，办企业，必须服从这个规律。

在工业先进国的强大压力下，我父亲办工业总是不惜重价，不断引进先进技术和先进设备，不断改进产品质量。他每年都要出国，不是日本，就是美洲、欧洲。据他自己说："我不是为游历，而是为了学习。"就是说，出国是为了学习新技术、新工艺，为了调查新产品。他说："在国际竞争非常激烈的时候，决不能关起门来办工业。"

说来遗憾，对于引进和采用先进技术、先进设备的问题，在我父亲生前，并没有完全做到。举例来说，对于采煤工业和码头搬运操作，当时世界先进各国已经采用了自动化设备。对于火柴工业，当时外资美光公司也已经采用了自动化工艺。不幸的是，华东煤矿、中华码头和大中华火柴公司的各个工厂，当时都还保留着手工操作的原始生产方式。艰苦的劳动条件，恶劣的工资待遇，高昂的生产成本，所有这些，都与当时生产设备和生产工艺的落后有密切关系。

四、与人便利，于己得利

"有饭大家吃"，这是我父亲在经营方面常说的一个原则。他说："你要发大财，一定要让你的同行、你的跑街和经销人发小财。有饭大家吃，不可一个人独吞。最愚蠢的人，就是想一个人发财，让别人都倒楣。"在这个原则指导下，他首先考虑的是给跑街和经销商以优厚的利益，使他们乐意推销。对于同行，如火柴的同业联营，水泥的划区推销，是这一原则的体现。照他的说法，这叫作"与人便利，于己得利"。

五、要为顾客着想

他在经营方面的另一个原则是，一切要为用户和顾客着想，他说，首先要坚守信用，保证质量，不要让顾客吃亏上当。其次，要时时想到用户的利益，处处为用户谋便利，提高对用户的服务质量。他在水泥和煤炭的推销，在码头

的经营中，都采取了这些原则。在呢绒的推销中，他采用了分期付款的办法，将呢料直接赊销给消费者，既满足了消费者的需要，又考虑到消费者的支付能力，从而达到了广开销路的目的。

资料来源：刘念智：《实业家刘鸿生传略——回忆我的父亲》，北京文史资料出版社，1982年。

第四阶段

文化管理潮流

　　中国近代管理的发展受到西方思想文化的深刻影响，在这一过程中，封建观念逐渐消退，西方法治观念、效率观念、科学观念、民主观念在增强。与此同时，中国传统文化的精神并没有隐退，相反，先进实业家的管理思想与实践体现着中国优秀统文化的精华，如"天下为公、兼善天下"的价值取向，注重群体和社会利益并以个人利益服从群体和社会利益为标准的伦理道德观，强调"人和"的立身处世之道，等等。很多企业家身上本身体现出东西方文化兼容的特征，如穆藕初少读儒学，还是一个虔诚的佛教徒，后来留学美国，推崇泰罗的科学管理；先施公司马氏家族一方面信奉基督教，另一方面对中国传统的中庸之道欣赏有加。

　　20世纪30年代前后，卢作孚、宋棐卿等实业家，自觉地将优秀的传统文化与现代资本主义企业制度相结合，将中国近代企业管理推向了一个新的阶段。

第十二章 卢作孚的管理思想

卢作孚（1893~1952），重庆市合川人，实业家、教育家、社会活动家。1925年创办的民生公司是中国近现代最大和最有影响的民营企业集团之一。1946年，没有受过正规教育的卢作孚被聘任为重庆大学客座教授，讲授工商管理学。他总结自己的实践经验，撰写了《工商管理》一书。著名学者厉以宁曾说："卢作孚先生创立的民生公司，有理由被认定为20世纪20~40年代内企业文化建设卓有成效的一个范例。"[①]

第一节 卢作孚和他的民生公司

一、由教育救国转向实业救国

卢作孚幼时勤奋好学，1908年，15岁的卢作孚步行到成都，他先进补习学校学数学，同时自学英语。曾先后编著《数学难题解》、《代数》、《解析几何》等课本，其中《应用数学题解》于1914年正式出版。

1910年他在成都参加同盟会，从事反清保路运动。1914年周游上海、北京，后回乡在合川中学任教，参与编写《合川县志》。后又去成都，相继担任成都《群报》、《川报》编辑、主笔和记者，1919年接任《川报》社长兼总编辑。积极投身"五四运动"，参加李大钊等组织的少年中国学会，主张"教育救国"。1921年任沪洲永宁公署教育科科长，积极开展通俗教育活动，聘请中国少年学会会员王德熙和恽代英分别担任川南师范学校校长和教务主任，开展以民众为中心的通俗教育与新教育试验，影响全川。后因四川军阀混战，这次教育实验夭折。

[①] 厉以宁：《卢作孚文集序》，载《卢作孚文集》，北京大学出版社，1999年。

1924年，卢作孚到成都创办民众通俗教育馆，担任馆长，在少城公园内建立了各种陈列馆、博物馆、图书馆、运动场、音乐演奏室、游艺场和动物园等文化娱乐场所，红火一时，后又因政局变化而重蹈川南教育实验的覆辙。由此他产生了"实业救国"的念头。

二、航运巨擘

卢作孚认为四川经济落后的一个重要原因是交通闭塞，因此，"创业的顺序应当是：第一，交通；第二，实业；第三，文化教育。从而最终达到实业救国之目的"。于是，他回到家乡合川，筹办轮船公司，从而开始了20多年的航运事业。

卢作孚白手起家创办航运，当初筹资极为困难，幸亏得到友人支持，筹得8000元资本，后靠朋友借款，东拼西凑才凑足了2万元船款。卢作孚亲赴上海订购载重70.6吨浅水铁壳小船一艘，于1926年秋驶回重庆。1926年6月10日，正式成立公司名称为"民生实业股份有限公司"，卢作孚任总经理。

20年代，川江上除了有日清、太古等外国轮船公司，还有三北、华阳等国内公司，民生与之相比，不但船小，而且资本少，实力弱。卢作孚和他的同仁经过调查与分析，采取"避实就虚，人弃我取"的方针，专走水急滩多、无船航行的渝合线，站稳脚跟，积蓄力量，为将来进入长江打下基础。与此同时，在管理体制上，民生公司坚决摒弃具有浓厚封建色彩的买办制，代之以董事会领导下的总经理负责制。1929年又新制了"民用"、"民望"两艘轮船，总吨位230吨，航线从嘉陵江渝—合线扩大到长江渝—涪、渝—沪线。这一年，卢作孚被刘湘任命为川江航务管理处处长，他明令中外轮船进出重庆港，都必须向川江航务管理处结关，迫使日清公司接受中国海关检查。

当时日本的太古、信和、日清及美国的捷江等轮船公司，凭着强大的实力，大幅度降低水脚，企图挤垮华轮公司，独霸川江。面对此种局面，卢作孚提出了"化零为整"统一川江航运的策略，主张将川江所有华轮公司联合组成一个公司，一致对外。从1930年起，在川江航线上以民生公司为中心，开展了"化零为整"统一川江航运的活动。凡是愿意售卖轮船的公司，民生公司予以收买，凡愿意同民生合并的公司，其轮船财产均以较高价格折价，然后用部分现金偿还原公司的债务，其余作为加入民生公司的股本，人员全部接收，量才录用。不到一年，即合并了重庆上游航线的7个轮船公司。接着便向重庆下游扩展，又合并了7个公司。

到1935年，美国捷江公司和一个英国轮船公司在竞争中垮台，11只大轮船为民生公司收购。日清公司由盈转亏，太古、信和亦悄悄退出川江航运。这时民生公司拥有轮船 42 只、吨位 16884 吨，职工增到 2836 人，有股本 120 万元、资产 730 万元，经营了川江航运 61% 的业务，成为川江第一大航运公司。同时还开办了民生机器厂、合川电水厂和三峡织布厂，并对华通物产公司、煤矿等相关企业进行了投资。到了 1937 年抗日战争爆发前，民生公司一举成为拥有 46 只轮船和其他产业的巨型实业集团，不仅将外国轮船公司逐出长江上游，统一了川江航运，在长江中下游也举足轻重。

1938 年秋，武汉失守，大量后撤重庆的人员和迁川工厂物资近 10 万吨屯集宜昌，不断遭到日机轰炸。卢作孚集中全部船只和大部分业务人员，采取分段运输，昼夜兼程抢运，不顾日机狂轰滥炸，经过 40 天的奋战，终于在宜昌失陷前，将全部屯集的人员和物资抢运到了四川。8 年抗战民生实力迅速扩张，船只数激增，固定资产迅速扩大，并大量投资于相关企业，成为国民党大后方最大的航运集团。

抗战胜利后，民生航运由内河走向了海洋。1946 年夏，"民众"轮首航台北成功，民生公司正式开通了从上海到台北的第一条海运航线，实现了卢作孚梦寐以求的走向海洋的愿望。到新中国成立前夕，民生公司的各类船只总数达到了 148 只的最高峰，总吨位达 5 万多吨。分公司遍及全国各地，办事处远至曼谷、纽约，成为旧中国最大的民营航运公司。1944 年，一位美国的航业巨子在重庆航业协会发表演说时叹称："世界上有史以来航运事业的发展，都是由海洋而江河，由下游而上游，唯独民生公司由江河的支流发轫，由上游而下游，这是一个奇迹。"

第二节 科学管理思想

一、改"买办制"为"四统制"

卢作孚创办民生公司时，中国轮船航运业普遍采用"买办制"。就人事任用方面来说，实行"买办制"的轮船，其各部门的人事任用都由买办自行定夺：驾驶包给船长，以下大副、二、三副，舵工，水手甚至领江，皆由船长自用，轮船公司无权过问；轮机部包给大管轮，以下二、三管轮，机匠等均由大管轮私用；事务部包给大买办，以下二、三买办，账房，理货员，茶房直至厨房小工，都由大买办做主，形成"舵工由领江用，水手由水手长用，理货员由二买办三买办用，茶房由茶房头脑用之类，又为包办中之包办，集团内之集团，甚至有每一小集团内又分更小集团之事"的局面①。这样一来，一艘轮船本应是一个有机的整体，却被人为地分割，根本谈不到统一管理。因承包者可以自由掌握月薪开支，所以用人不必求贤，只以薪工低廉为目的，各级头目又层层征取押金，层层以此为奥援，即使是最大的买办也"不能指挥约束，最后至于一茶房亦难更换矣"。就航运业务方面而言，也是采用包办。公司就每个航次"限定若干金钱包办之"，其他一概不过问，更"不问该件事承包者之盈亏"②。承包人为了赚钱或装运私货，或敲诈勒索商旅，或相互勾结共同营私舞弊，各使出浑身解数中饱私囊，不一而足，公司对此却无能为力。轮船耗材也采用包办。即船上五金材料、燃料、润滑油等的用量，公司以一定款项交与承包者。这样，承包者为其私利，"于量上则过于节用，于质上则劣品充数，亦有以抹肥皂代替机油之往事"③，严重地影响了船舶的性能，缩短了船舶的使用年限。结果，这种"买办制""闹得公司折了本，而买办一个赚了大钱。"④

鉴于此，卢作孚一创办民生公司，就断然摒弃了"买办制"，实行"四统制"，亦即"经理制"：全船人员由公司统一任用；每船设船长一人，统一指挥全船驾驶事宜；船上业务、事务统一由公司派经理负责；船上的五金材料、燃料、润滑油等统一由公司购买与分配⑤。这样公司通过派遣经理到船上负责轮船的全面工作而有了管理轮船的大权，使轮船的指挥调度灵活，公司的各种意图和管理措施可以得到全面贯彻落实，服务质量和经济效益显著提高。如采用"买办制"的轮船公司，在渝（重庆）叙（府）航线上的轮船，一般需要航行7天左右才能完成一个航行周期，而采用"经理制"的"民望"轮只用了3天，效率高出一倍⑥，充分显示了"经理制"管理体制的高效率给公司带来的高效益。⑦

民生公司以股份有限公司的形式创办，建立股东会、董事会、监事会，在确定企业的发展方向、经营目标时，以集体决策的方式行使职权，以确保决策的正确性与有效性。卢作孚作为总经理，在企业的管理方面，他可以不受干扰和限制地在公司建立一套公司集权领导，分公司、办事处、轮船层层节制的分

---

①③ 《民生实业股份有限公司十一周年纪念刊》，重庆新民印书馆印刷，1936年。
② 卢作孚：《工商管理》，北碚私立北泉图书馆印行部石印，1949年。
④ 卢作孚：《在民生实业公司八周年纪念大会上的开会词》，《新世界》1933年第32期。
⑤ 童少生：《回忆解放前的民生轮船公司》，载《工商经济史料丛刊》（第一辑），文史资料出版社，1983年。
⑥ 郑东琴：《民生公司创业阶段纪略》，载《重庆工商史料》，重庆出版社，1983年。
⑦ 龙汉武：《卢作孚行为科学管理思想及其实践》，《四川师范大学学报》（社会科学版）2000年第6期。

第十二章 卢作孚的管理思想

工合作体制,使他的管理思想、制度和办法得到贯彻和落实。民生公司建立了高度集权的总公司集权制,公司的实际权力成功地落在以总经理为代表的技术人员和行政人员手里。民生公司的管理制度极为细致,执行也非常严格。如关于如何办好航空信件这件小事,就有如下规定:"邮班期一到,即派人到邮局候取,立即分发,须复者立即拟稿核稿,核稿应随到随核,核定一稿交缮一稿,每日八时前交缮。当日之稿当日缮完,并负责校对和盖章交收发室后才能离开。内收发登记信务于九点二十分起送邮局,以赶上当时邮班。"

二、改善劳动条件以提高效率

工人劳动条件的好坏与工作环境的优劣,关系他们的身心健康、人身安全,也直接影响他们劳动积极性的提高和创造性的发挥。卢作孚重视营造良好的工作环境、改善劳动条件,以提高员工的工作效率。为求得适当之工作环境,他认为应注意下列数事[1]:

(1)"火灾之防范,工厂备有多量之消防设备";

(2)机械、房屋虽系因陋就简,则十分注意安装厂房的电灯、玻璃及窗帘,用以调节光线,"使光线柔和,不伤目力……以不损工人健康,不碍生产效率为原则";

(3)注意工作环境应保持适当的"温度、湿度及空气之流通";

(4)保持工作场所的"清洁卫生,避免一切因清洁所发生之疾病者有由来也"。

三、人员选拔和培训

在选拔人才方面,民生公司坚持"任人唯贤"的方针,做到"大才过找,小才过考"。所谓"大才",是指具有专门知识的高级管理人员和技术人员。只要是有才干之人,卢作孚不惜一切代价去网罗。据1936年统计,民生公司41名处级以上的干部中具有大学本科以上学历的有38人,其中5人曾在国外留学,年龄都在30~40岁,他们后来都为卢先生的得力助手[2]。"小才"指一般的职员和船员,通过公开招收和考试的方法录取。录用新职工,一般均经过考试择优,使他们感到"他们之到公司是凭自己的能力,不是家庭和亲戚邻里朋友的关系"。据统计,1932~1936年,民生公司招收的一般职员共576人,

---

[1] 《民生实业股份有限公司十一周年纪念刊》,重庆新民印书馆印刷,1936年。
[2] 梁志全、罗平:《卢作孚和民生公司》,《中国科技史料》第8卷,第2期,1987年。

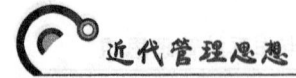

就是从报考的4666人中择优录取的①。

在使用人才方面,坚持"人尽其才"、"人才要用得当"的基本原则。在民生公司,凡专业学校毕业者,都专业对口;凡有专长者,即使没有学历,卢作孚也大胆使用。民生的管理人员大多都是从基层提拔上来的,普通员工的劳动技能和经验有机会得到尊重和承认。1931年,民生公司提升职务者141人,占当时职工总数的27.2%。1939年公司提职687人,占职工总人数的10%。20世纪30年代的10年里,公司提职者有数千人次。"民生公司在迅速发展中所需的大量驾引人员与管理人员,主要是靠自己培养出来的,向外招聘的只是少数。"公司也不拘一格提拔人才,有茶房(服务员)被提拔为轮船上的经理,水手被培养提拔为大副、船长、工程师,公司中级干部亦大多是从考试录用的学员、练习生中逐步提拔起来的。如水手出身的"土专家"张干霆,1933年被起用主持打捞"万流"轮获得成功;茶房出身的周海青甚至被任命为大船的船长。

在人才培养方面,卢作孚提出了"中国的根本问题是人的训练"的论断。他认为"中国什么也不缺乏,只缺乏人——只缺乏有训练的人","只要训练人成功,不要怕所创造的社会失败,即是不要怕所经营的事业失败;只要人成功,一个公司偶然失败了,会有若干公司成功,一个医院失败了,会有若干医院成功"②。卢作孚坚持全员训练,即对管理人员、技术人员和一般职工全部进行一轮为期三个月至一年半的训练。民生公司的培训方式有三种:一是公司自己开办训练班,如茶房训练班、理货训练班、艺徒训练班等。二是一边工作一边受训。如组织职工举办读书会,在船上举办不脱产的扫盲班。为加强民生精神的宣传,公司还创办了《新世界》和《民生杂志》两种定期刊物,建立图书馆,并设立流动书箱。三是委托外方代培,如电报员学习班、会计学习班等。在创办太平洋轮船公司时,还曾派200多人到美国学习。

四、独具特色的工资制度

民生公司实行的工资制度是根据员工职务、技术水平和不同工种制定的。同一工种的工资都有不同的等级差别,且差别很大;同一等级内又分若干档次,差别很小。每年2月、8月为员工晋级进档,年底发双薪。晋级是对有突出贡献者的奖励,如革新技术的、对企业提出合理化建议并被采纳产生效果的、保护公司财产免受损失的,等等,都可以获得按时晋级或提前晋级的机

---

① 《民生实业股份有限公司十一周年纪念刊》,重庆新民印书馆印刷,1936年。
② 卢作孚:《中国的根本问题是人的训练》,《大公报》1934年3月20日。

第十二章 卢作孚的管理思想

会。进档是对工作效果的奖励。晋级者必进档，进档者不一定晋级。凡公司职工兢兢业业工作，不触犯公司纪律，无论有无突出成绩，在一定时期内也可在本等级内加薪，表现突出，如抢救公司财产，避免海损事故，长期保持航行安全或服务质量优异者，还可加薪两级或三级。公司按工作性质和职责，规定了多种职称及相应的薪级。如30年代公司职员的等级是：练习生每月8~14元，助理员每月17~26元，办事员每月30~110元，主任每月50~180元。公司每年举行一次大规模的考绩，成绩达到晋升要求者，给予晋级，如从练习生晋升为助理员，助理员晋升为办事员等。成绩未达到晋升要求，但表现良好者，在同一级别内给予加薪，如练习生可加至每月9元、10元至14元。考绩不及格者则给予一定处分。这种工资制度，使有能力者得因提级而加薪，即使无特殊能力，只要踏实工作，表现良好，也能随工龄的增长而不断增加收入。这种将工资与工龄、能力、表现、职务挂钩的办法，既公平公开合理，又刺激了员工的工作热情、创造精神和进取心。①

五、严格奖惩制度

卢作孚很重视奖惩手段的作用，认为奖惩制度是加强企业管理、调动和激励员工积极性创造性的一项重要手段。为了使奖惩客观真实、公平合理，卢作孚坚持做到以下几点。

第一，为了使考绩公开、公平、合理，考绩表格由员工本人逐日填写，再由各级主管人员定期核定，并加注意见，按月汇总公司。总公司每年底组织人员到基层抽查考绩情况，考察基层工作，核实汇总的各种考绩表格，作为公司奖惩、选拔和使用人才的最后依据，从而既保证了各种考绩的准确性与可靠性，又使考绩成为奖优罚劣的好形式，极大地激发了员工争当先进、争创佳绩的热情。

第二，使奖惩"有明白之标准以资考察及比较"。公司颁布了《职工考核条例》，其中考核范围包括工作技能和效率、品德行为、待人接物、服装仪表等。每项又分多项子目，订明奖惩分数，每月汇总一次。奖励有嘉奖、记功、记大功、提薪提职之分，惩罚有警告、记过、记大过、罚薪、降级、停职直至开除之类。

卢作孚认为，奖励的目的"在使工作者有成绩，有成绩者得赏识"，惩处的目的"在使人醒悟，绝非表示厌恶"，对受惩处者"仍寄以无穷之希望，不

---

① 龙汉武：《卢作孚行为科学管理思想及其实践》，《四川师范大学学报》（社会科学版）2000年第6期。

可使觉绝望。免职、解雇为不可轻用之办法"①。据1939年统计,"员工记大功者,共39人,40次;记功者共249人,254次;被奖者506人,506次。得奖金者共1111人,奖金总数401911元。记大过者34人,35次;记过者149人,149次;被告诫者129人,131次;记罚分者共24人,140分。升职人数687人,降职人数共计1人"②。在民生公司奖惩记载中,受奖者多,受罚者少,开除或解雇者极个别。

卢作孚认为,"奖惩有力,不在轻重,而在经常举行,非偶然为之"③。即奖惩不是某人一时的心血来潮,更不是针对某人的一时性行为。民生公司科学合理的奖惩制度和措施,是刺激员工兴趣、挖掘员工潜力、调动员工积极性的有效手段。

第三节 行为管理思想

一、"企业的基本建设应为心理的"

工人劳动生产率的提高和潜能的发挥,除了与工人的工作技能和文化素质的高低有关系外,与他们的工作兴趣和奉献精神有直接的联系。重视人的因素,诱发职工的生产积极性,是行为科学的出发点。早在20世纪二三十年代,西方行为科学还处在萌芽状态的时候,民生公司的企业管理措施已有许多属于当代行为科学范畴的东西。

卢作孚说:"人是事业的原动力",如果控制和掌握了这个原动力,"事业便会有新的产生和不断发展"。

他认为,企业管理活动应以人为本,因为"人是社会的动物,是由社会刺激而起反应的动物"④。因此,"企业的基本建设应为心理的"。而心理建设的首要任务,就是如何使工作人员"有事业上远大的志趣与工作上当前的兴趣"。要做到这一点,就要"使每一个工作人员认识现有的职业地位即是成功的地位","就自己的地位推动事业的经营,就事业的地位推动整个国家的建设"⑤。他进一步指出:"兴趣是成功之母,有兴趣做事才积极。"他还认为,"每一个

---

① ③ ⑤ 卢作孚:《工商管理》,北碚私立北泉图书馆印行部石印,1949年。
② 童少生:《抗战中的民生实业公司》,《西南实业通讯》1940年第2期。
④ 卢作孚:《什么叫做自私自利》,《大公报》1934年2月17日。

人都有天才"，因此民生公司用人要求"人尽其材"，"人才要用得当"。凡科班出身者，都专业对口。稍有专长或培养前途者，即大胆使用或指定专人进行培养。

卢作孚强调员工献身企业的集体主义精神，同时也十分重视员工的自我价值意识。他认为，"人是社会的组合分子，所以他的活动常喜欢站在社会面前。换句话说，就是怕使了力别人没有看见"。他要求公司各级领导干部设法使员工感受自己在公司的地位和作用，满足其自我价值意识实现的需要。第一，倾听员工的呼声，采纳他们的合理化建议。凡公司召开的重要会议，提倡员工畅所欲言，表达意见，参与公司重大决策的制定和管理措施的落实，以增强员工的自主感和责任感，削减了他们旁观者、局外人的心理。第二，卢作孚要求各级管理人员"找寻常常接近工作人员的机会，时刻照料着他们"①，拉近管理者与被管理者之间的距离，增加相互理解相互信任的程度，使员工时刻感受到做人的尊严和自我存在的价值。各级管理人员无论是向员工提出某个问题，还是下达某项任务，都注重摆事实讲道理，不以权压人，使员工心悦诚服地接受和完成任务。第三，平等对待不同工作岗位的员工。公司内如茶房、水手之类的"低级"职工觉得没地位，不受人尊重，没有前途，卢作孚等公司领导就反复启发他们，使其知道他所担任的那一部分工作与整个事业的关系，以及他在整个组织中人的连锁上所占的地位之重要。事业一旦有所进步，卢作孚就明确指出，成就的取得，不是少数领袖人物的能力，而是靠公司"由上而下，由大而小，一般职工的努力奋斗"，表示公司对职工的"永远感谢"。②

二、全面的福利制度

良好的福利能增进员工的归宿感，增强企业的凝聚力。民生公司在福利制度方面走在了时代的前面。卢作孚认为，为员工谋福利，要全面考虑个人、家庭当前的乃至未来的需要，"其属于物质方面者，应视经济能力设施之，其属于服务方面者，应竭所有人力趋赴之"③。在吃的方面，民生公司员工膳费全部由公司支付，八人一桌，四菜一汤，有荤有素。以 1939 年为例，该年人均膳费 85.6 元，是同年人均工资 432.8 元的 19.78%。在穿的方面，全体员工统一着"民生服"，"以强调集体和民族的精神"。制服津贴统一由公司拨付，据

---

① 卢作孚：《促进工作的研究》，《新世界》1933 年第 30 期。
② 龙汉武：《卢作孚行为科学管理思想及其实践》，《四川师范大学学报》（社会科学版）2000 年第 6 期。
③ 卢作孚：《工商管理》，北碚私立北泉图书馆印行部石印，1949 年。

1938年统计，该项开支为员工发制服当月工资的18.8%。住的方面，单身员工免费居住公司宿舍，统一供应生活用具。据1933~1936年的统计，公司逐年提存的员工住宅基金共计40万元。抗战开始后，虽然修建"民生新村"的计划被迫中断，但公司仍为员工租有宿舍（包括有家职工）。医疗保健方面，除了在轮船上备有急救药品之外，公司设有医务组，员工及家属一般药品免费，诊费全免；员工及家属住院、手术，医药费一律九折；员工因工受伤，医药费全部由公司支付，因工致残或殉职有救助金、抚恤金；员工生病期间工资照发，退休有养老金。

卢作孚还以举办家属工业社和职工消费合作社的形式为职工谋福利。前者是低收入职工的家属在卢作孚的夫人蒙淑仪的主持下学习和掌握湘绣、刺绣、缝纫、针织等基本技能，参加文化补习，目的是"养成妇女独立生活，减轻公司负担"，"力谋职工家庭职业化，提高家属教育"。后者是在抗战时期物价不断上涨的情况下，公司为解决员工的后顾之忧，利用航运便利和地区差价，向职工出售低于市价的粮、盐及百货用品。卢作孚设想，公司每两年放假一月，使员工旅游、生息、调剂生活。公司已经或准备建养老院、医院、小学校、电影院、戏园、图书馆、博物馆、运动场和公园，以实现"凡你有所需要，它都会供给你"的理想①。虽然上述理想并没有完全实现，但是卢作孚已经注意到解决员工生存需要对调动他们的积极性有着密切关系这一点。

民生公司在20世纪30年代制定有《职工救助金条例》，《职工互助保险章程》，规定公司职工均加入互助保险会，月薪1~10元者，由公司津贴保险费1/2，10~20元者，津全贴1/3，20~30元者，津贴1/4。尤为突出的是《职工救助金条例》第二章还规定，"凡年满六十岁以上，体力衰退不能再任一切职务者，给予终身养老金"。虽然由于公司历史不长，职工年龄构成比较年轻，这一条款还未实行，但它确使职工感到老有所终。同时在40年代中期以前，民生职工只要不严重触犯公司纪律，事实上享受终身雇用，即使在抗战期间武汉失守以后，航线缩短，大量船只停运，人员过剩时也没有裁减职工，只有民生机器厂在抗战胜利后因业务萧条，一度有过解雇职工的记载。②

---

① 凌耀伦、熊甫：《卢作孚文集》，华中师范大学出版社，1991年。
② 熊甫、凌耀伦、马昌铭：《民生公司的企业管理与行为科学》，《中国社会经济史研究》1985年第2期。

第四节 民生精神

一、以服务社会为目的

卢作孚早年加入同盟会,是一名三民主义的忠实信徒①。在中国当时的历史条件下,"内忧外患是两个问题,却只需一个方法去解决它,这个方法就是将中国现代化"。卢作孚对中国的前途有深刻的认识,即世界现代化的潮流不可逆转,中国要走出困境,必须主动投入现代化事业。卢作孚的国家现代化思想不仅以当时先进国家为参照系,而且以赶超世界先进水平为最终目标。在此他对西方列强的支持已不抱任何幻想,他认识到:"最好是先进国家肯扶掖后进国家或后进民族,实际上却不会有这段事,必须后进国家或后进民族自行进入赛跑,跑向前去,乃至于跑向最前线去!"② 他强调落后国家要赶上先进国家不能亦步亦趋,而必须另辟捷径。他说:"如果我们跟在许多文明国家后面跑,凡他们经过的历程我们都经过,则我们的文明程度会永远落在后面。"如何改变这种局面呢?卢作孚已意识到后现代化国家所具有的一些优势,他表示:"我们尤其相信落后的民族……一旦他们有了觉悟,他们的进步比任何先进国家都迅速,因为他们省却了先进国家的许多困难,许多失败过程。先进国家的物质设备好不容易才进步到今天的程度,落后的民族一脚便踏到了这一步。""我们是在一张白纸上去着丹青,因此他的美丽是可以完全如我们的意,比世界任何国家更值得努力"。在教育救国的理想破灭后,他转向实业救国的道路,希望通过举办实业并逐步扩及整个社会,以实现强国富民的远大理想。他公开宣称创办民生公司是"促进交通,便利人群,开发产业,富强国家",目的是:"第一,助成国家跑到世界前面去;第二,握着现代化武器——技术与管理;第三,造成现代的社会生活依赖关系"③,并通过开展"整个的生产运动,集团的生活运动和帮助社会的运动"④,"鼓起勇气,坚定信心,凡白种人做得来的,黄种人都做得来;凡日本人做得来的中国人都做得来"⑤。他认为只要"把我们所做的做好,世界上的人还是会敬佩我们的",从而逐步形成

---

① 卢国纪:《我的父亲卢作孚》,重庆出版社,1984年。
②③⑤ 《民生实业股份有限公司十一周年纪念刊》,重庆新民印书馆印刷,1936年。
④ 卢作孚:《民生公司的三个运动》,《新世界》1933年第19期。

了以建立新的集团生活为核心的、艰苦创业、振兴国家为职志的"民生精神",实现他的理想和追求。

他认为航运对国计民生的发展会产生重大影响。民生公司创办时,是几位同人"不在利益,而在事业……希望凭借这桩事业,做长时间的试验",实现"富强国家"的理想①。

卢作孚把民生公司的事业与社会、国家的利益紧密结合在一起。从1925年最初创办民生公司时,就提出了"服务社会,便利人群,开发产业,富强国家"的企业理念及"个人为事业,事业为社会"的价值取向。卢作孚说:民生公司"不是一个自私自利的组织,绝对是一个帮助社会的事业","个人的工作是超报酬的,事业的任务是超利益的"。"民生公司最后的意义决不是帮助本身,而是帮助社会"。他强调民生人"所共同努力的不仅仅在共同的利益,而更在帮助一般的社会。这范围是超乎事业的本身的"。

因此,他号召全体民生人从"今天以后,我们帮助社会的事情,要从适应社会各方面的需要上去着眼,去努力"。

正是这种植根于国家现代化理想和信念的超个人利益的企业文化价值观的民生精神,渗透到民生公司的经营管理、规章制度、思想教育、业余生活等各项活动之中,作为民生公司发展壮大的精神支柱,成为全体民生人的共识和追求目标,成为调动民生人积极性的原动力,使每一个民生人都有一种强烈的社会责任感和使命感,有一个为社会、为国家服务献身的光荣感、自豪感,才使民生公司在为发展我国的民族航运事业中创下了种种奇迹。②

卢作孚认为:中国人有两种美德,是可以战胜世界任何民族的,"一个是勤,一个是俭",它们是"两个有力的拳头,也是两把锋利的刀"。我们应"将就以前两把刀,铸成现代的大炮,不但要与现代国家比齐,还要超越它",为此就必须"大胆生产,小心享用","大胆生产之谓勤,小心享用之谓俭"③。要勤于工作,为企业创造更多的利润;又要节省支出,增加积累,加速企业的发展。

在卢作孚的号召和榜样作用影响下,公司全体员工上下一致,同心协力,把事业一步步推向前进。在与日商日清公司、美商捷江公司竞争最激烈的日子里,民生公司全体员工表现出顾全大局的牺牲精神,主动提出"勒紧裤带"、"为公司争气"的响亮口号,纷纷表示缓领、少领工资;高级船员亦表示"不

---

① 卢作孚:《一桩惨淡经营的事业——民生实业公司》,民生实业公司铅印单行本,1943年。
② 刘重来、周鸣鸣:《试析卢作孚与民生公司的企业文化精神》,《重庆社会科学》2005年第8期。
③ 卢作孚:《大胆生产 小心享用》,《北碚月刊》1937年第1期。

问发薪多少",也要帮助公司渡过难关①。民生公司正是以这种服务公司、献身事业的精神,挤垮了捷江公司,也迫使日清公司将航运主力撤出川江,奠定了民生在川江的优势地位。抗战时期,面对航运事业出现的困难局面,尤其是抗战中后期通货膨胀日益加剧的严峻形势,民生公司全体员工不论待遇好坏,不争报酬多少,勒紧裤带过紧日子,股东连续几年亦没有分得红息,公司每年以很高的积累率用于扩大生产规模,更新轮船和技术设备,为战后公司船队走向海洋奠定了基础。黄炎培先生对此有客观的评价:"在民生公司,作孚先生而能培养出第二卢作孚,公司各个人员负起责任,愿做卢作孚",完全"是为着这一条整个的长江求出路,为着这一群整个的中华民族求出路,决不是为总经理,也不单是为股东,更说不到为自己。有的人,情愿牺牲了大薪水,来民生公司做事,拿小薪水,简直觉得:如为个人谋发财,不配来当民生公司职工;更几乎使股东觉得,如为个人来发财,不配来当民生公司股东"②。

在 1937 年抗日战争爆发后,民生公司作为一家私营航运企业,挺身而出,勇担国难。卢作孚宣布:"国家对外的战争开始了,民生公司的任务也就开始了",并号召"民生公司应该首先动员起来参加战争"。

爱国对于民生的每一位职工绝不是一句空话,而是融入他们生命个体中被称为信仰的那种思想、情感和意志行动。爱国将领冯玉祥盛赞"民生公司是爱国的公司"。1944 年,一家美国杂志言道:"卢先生全部活动的推动力,是为了他的祖国和他的同胞服务,而不是为了个人的利益和地位。"

在以爱国主义为宗旨的民生精神鼓舞下,民生公司上下一条心,英勇地投入到抗战运输中去。在整个抗日战争中,民生公司集中所有的轮船抢运撤往大后方的工厂、学校和人员,运送抗日军队、武器到前线,为拯救国家危亡,抢运抗战物资,转移物资设备,做出了巨大牺牲,付出了沉重代价:共有 16 艘船舶被炸沉炸毁,69 艘船舶被炸伤,117 名员工英勇牺牲,76 名员工伤残,为战时运输和后方的工业建设做出了巨大贡献,建立了不朽功勋。

著名作家陈祖芬在一篇文章中记述了一件民生人为了国家和人民的利益,45 名员工从容赴死的真实故事:

1949 年 9 月初,重庆大火,37 条大街小巷化成焦土。民生公司的损失首当其冲。公司裏理用拖轮把两个装炸弹的船拖开,否则炸弹爆炸,那里的几万市民都会被炸死。拖轮第三次回到码头时起火,裏理以身殉职。公司 45 名正在上班的员工,奋力转移被大火围住的 2000 多百姓,员工自己无一人出逃。

---

① 凌耀伦:《民生公司史》,人民交通出版社,1990 年。
② 黄炎培:《北碚之游》,载《北碚游览指南》,北碚月刊社,1942 年。

45名员工从容赴死。

烧焦的仓库警卫，双手还死死抱住一支同样烧焦的枪。

没有老板在场，没有人下令要他们赴死，但是每一名员工都以生命承担起一份责任，民生的责任。每一名员工都是民生的形象代言人，每一名员工都是民生公司。我就是民生！

卢作孚认为："人生的快慰不在享受幸福，而在创造幸福；不在创造个人的幸福，供个人享受，而在创造公众幸福，与公众一同享受。"在他看来，"人的成功不是要当经理，总经理，或变成拥有百万千万的富翁，成功了自己"，而是要看他能否"成功所做的事业，使事业能切实帮助社会"[①]。卢作孚主持制定的《民生公司章程》就鲜明地体现了这一思想。章程规定：公司将每年纯利的5%用于文化教育和社会公益事业。

1927年春，卢作孚到北碚出任江（北）、巴（县）、璧（山）、合（川）峡防团务局局长，他在清剿匪患的同时，对峡区进行乡村建设实验。在这里建成了四川第一条铁路——北川铁路；组建了当时四川最大的煤矿——天府煤矿；创建了西南最大的纺织染厂——三峡织布厂；创立了中国唯一最大的民办科研机构——中国西部科学院；在四川率先架建成了乡村电话网络；开辟了被誉为重庆北戴河的北温泉公园。他在这里修公路、开运河、办农场、建工厂、辟公园、修建体育场、改造旧城市，并在城镇中设医院、建立图书馆、博物馆以及各种学校。

抗战胜利后，为表彰卢作孚率领民生公司为抗日战争做出的卓越贡献，国民政府授予卢作孚一等一级奖章。

北碚一直匪患严重、盛行赌博，按照卢作孚的描述，北碚是具有非常典型的内地乡土社会的特征："第一是赌博，赌博愈多愈大便愈有希望。第二便是庙子，唱戏，酬客，一年大闹一两个月，是他们的面子。你要在场上去办一桩什么建设事业，绝对找不出一文钱来。他们却是每天可以有千块钱以上的输赢，每年可以有万块钱以上的戏钱、席钱的开支。"

卢作孚在北碚的建设主要从两个方面展开：一是兴办了一些新的经济事业。相继开办了北川铁路公司、天府煤矿公司、三峡染织厂，促成洪济造冰厂利用水力。二是创造文化事业和社会公共事业。创办地方医院、图书馆、公共运动场、平民公园、嘉陵江日报馆、中国西部科学院、兼善中学及其附属小学校、各类民众学校等。经过卢作孚的努力，北碚成为乡村建设的模仿区，后来成为抗战中国区绝无仅有的"世外桃源"。在抗战中，北碚聚集了近20个国家一流

[①] 卢作孚：《卢作孚文选》，西南师范大学出版社，1989年。

的科研机构，3000多位专家学者。李·约瑟称之为"此间最大的科学中心"。

二、实行现代化的集团生活

卢作孚认为"农业民族是最安定的民族，亦是最散漫的民族"，而在这种小农社会中形成的生活方式也必然具有自己的特点，对此，卢作孚分析道，"中国人只有家庭，没有社会，家庭就是中国人的社会"，这对近代中国的经济发展产生了消极的影响。传统的小生产方式造成社会经济落后，依靠封建伦理道德维持的家庭关系和亲朋邻里关系又造成一种狭隘的生活方式，这种生活方式使人们互怀戒备之心，缺乏互相帮助的精神，每每使事业半途而废，阻碍着社会的进步。

卢作孚提出了他的改革传统理论，即实行一种现代化的集团生活。他指出："中国当前的途径非常明了，不管是社会组织抑或是物质建设，只有迈步前进，追逐现代或更超越现代，不然便会受现代的淘汰。虽然继续安眠在农业社会里，继续安眠在家庭和亲戚邻里朋友的集团生活里，是我们非常情愿的，然而周围的形势绝不允许。"

他说："自有人类以至于现在，无论为何种国家，何种民族，乃至于任何时代，人都不能离开社会生活，更不能离开集团生活，人都受社会生活的支配，更受集团生活强有力的支配"，[①]"现代文明因为有了科学方法，适用在社会上，便有了科学的组织方法。社会愈进化，便是组织愈扩大。一个组织形成一个集团。凡在现代文明当中成功的人群，都是有了组织的训练的，亦都是有了集团生活的习惯的"。他认为"谁无集团的训练谁就失败。成功绝非个人只有集团。民生公司便是一个集团"。因此，他要求每一个民生人都要"习惯于集团的生活"。而这种"集团生活"最重要的是"在这个集团当中应该抛去个人的理想，造成集团的理想，应该抛弃个人的希望，集中希望于集团"，[②]"个人都去解决集团的问题，个人的问题都让集团去解决"。[③]要妥善处理个人与集团的关系，使每个民生人都能以集体利益为重，顾全大局，从长远利益考虑问题，努力做到"为了事业忘却了自己，为了增加事业的财富忍受自己的困苦。如果整个公司的人有这一种精神，可以建设一桩强固的事业，如果整个民族有这一种精神，更可建设一个强固的国家了"。[④]

卢作孚所说的现代集团生活，其实质是要从观念上更新人与人之间的关系准则，建立起一种全新的社会道德标准。[⑤]他指出，"我们的事业必须成为群

[①②③④] 卢作孚：《卢作孚文选》，西南师范大学出版社，1989年。
[⑤] 刘重来、周鸣鸣：《试析卢作孚与民生公司的企业文化精神》，《重庆社会科学》2005年第8期。

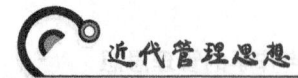

的力量"。他认为,"民生公司是一个集团,我们在这个集团当中,应该抛去个人的理想,造成集团的理想;应该抛去个人的希望,集希望于集团"。他对企业中的人际关系作了这样的分析:"从工厂的小工起,以至于各级职员和工人,无一不为事业努力,他们之在公司中是一群工作的分子,不是一群亲戚朋里的关系。"①

民生公司十分注意集团的活动,强调培养"群"的观念。"以团体的工作,团体的讲学和团体的娱乐乃至于一切生活包围了他们。"

总公司办事处及各轮,均有定期召开的主干会议、各处股小组会议、各分部或投资事业联合会会议、调船会(总公司总经理每日上午召集有关处负责人商讨本日事宜的会议)和朝会等,用会议方式处理事务,集思广益,群策群力。特别是总公司的朝会,每周一、三、五日上午 8~9 时举行,全体人员参加,或由各处股报告工作情况,或由总经理作形势报告,或由事先预定的人作读书报告,或由新同事作自我介绍,人人均有发言机会,人人均得与闻公司方针大政及营业状况,从而使每个职工均感到自己在公司中的存在,有一席地位。②

民生公司的培训,其要旨就在于通过准军事训练和集团生活的锻炼,来培养忠于职守的责任感,以技能训练来提高他们的工作兴趣和业务技能以及工作中的投入和专注精神。

卢作孚对职工训诫:"人生的快慰不在享受幸福,而在创造幸福;不在创造个人的幸福,供个人享受,而在创造公众一同享受③。"他将"服务高于一切"作为民生公司的最高信条,要求全体员工本着为客人服务,为货物服务的精神,将公司的这一宗旨尽可能地向外传播,树立公司的良好形象。针对厂内青年职工集中的特点,卢作孚制定了以青年职工为重点对象的厂训、厂歌,并将有关民族意识、爱国精神、职业道德等内容穿插其中。由公司专人创作的歌曲《争先少年进行曲》,歌词为:"争先复争先,争上山之巅,上有金碧之云天,下有锦绣之田原,中有五千余年神明华胄之少年。嗟我少年之不发愤,何以对彼开辟之前贤?嗟我少年之不发愤,何以慰此佳丽之江山。"④民生公司正是根据这些原则培养职工的共同价值观,塑造了当时闻名全国的"民生精神",归结起来就是"服务社会、便利人群、开发产业、富强国家"。为使这种精神渗透于企业员工的内心世界,民生公司不仅在各种集会上如朝会、读书

---

① 卢作孚:《中国的建设问题与人的训练》,生活书店,1934 年。
② 熊甫、凌耀伦、马昌铭:《民生公司的企业管理与行为科学》,《中国社会经济史研究》1985 年第 2 期。
③④ 卢国纪:《我的父亲卢作孚》,重庆出版社,1984 年。

第十二章　卢作孚的管理思想

会、纪念会、讲演会反复宣讲，在文娱活动中如歌咏赛、篮球赛大力渲染等，还将民生精神尽可能地付诸视觉效应，在轮船舱内、职工宿舍床单上都印有"作息均有人群至乐，梦寐勿忘国家大难"的醒目大字①。作为公司的"掌舵手"卢作孚本人更是以身作则，身体力行，将强烈的爱国心和艰苦创业的坚强意志融入"民生精神"，成为整个公司学习的楷模。正是有了这种共同的价值观，民生公司才从一个小公司起家，而后几年间在帝国主义列强的夹缝中迅速崛起，发展成为近代中国最大的民族资本航运企业。

民生公司的培训是强制的，而且是全方位的。包含职业操守的、技术的、人格的等方面。培训已经超越了一般意义上的职业训练，从某种意义上甚至可以说是在缔造新的国民。卢作孚说："故每个青年中学生，都应该认清学校培养人才，是盼望社会成功，而不是盼望个人成功；盼望为社会谋出路，不是为自己谋出路。而且在目前的社会之下，我们自己无出路可言。我们的出路是建立在社会的出路上的。"因而卢作孚将培训所遭遇的困难和抵制，归结为来自"旧社会"的抵抗，而不是工人的个人性抵抗。②于是，这种培训就成功地激发了工人们与"旧社会"决裂并与其作斗争的热情，工厂成为工人们获得自尊的场所，在民生的工作成为他们体面生活的证明。

为增进职工间的互相了解，增进友谊，养成良好风气，民生公司还大力开展各种团体活动。如集团旅行、参观、体育活动。职工在集团活动中得到快慰和精神依靠。正如卢作孚所说："快乐，只有在社会中寻求。只有将个人的活动全部安放在社会中间……取得社会的赞同，取得社会的欣赏……个人的活动全为社会的感情所紧紧包围……乃是人生无穷的快乐。"

民生公司以"服务社会、便利人群、开发产业、富强国家"为宗旨，传达在"个人为事业服务，事业为社会服务"，"超个人成功的事业，超赚钱主义的生产"，"大胆生产，小心享用"三个口号上，落实在"整个的生产运动"、"集团的生活运动"、"帮助社会的运动"三个运动上③。公司不但奉此为经营企业的准则，并根据这些原则培养职工的共同价值观，塑造"民生精神"。民生精神的魅力和巨大感召力，源于中国优秀传统文化的深厚根基。卢作孚从小就受到中国传统文化中的"天下兴亡，匹夫有责"、"天下为公"、"兼善天下"、"先天下之忧而忧，后天下之乐而乐"等儒学思想的影响。卢作孚说"吾人做好人，必须使周围都好，只有兼善，没有独善"④。他以"兼善"

---

① 卢国纪：《我的父亲卢作孚》，重庆出版社，1984年。
②③ 凌耀伦、熊甫：《卢作孚文集》，华中师范大学出版社，1991年。
④ 卢作孚：《卢作孚文选》，西南师范大学出版社，1989年。

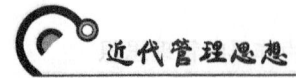

为名,创办了北碚兼善公司、兼善公寓、兼善餐厅、兼善中学,以"兼善"作为他造福社会、造福国家的事业宗旨。民生人公而忘私、为而不有、廉洁勤俭、锲而不舍、积极奋进等道德情操和进取精神中都有着中国优秀传统文化的印迹。民生公司正是有了这种共同的价值观和"民生精神",才从一个小公司起家,10年间便崛起于川江,争雄于列强,发展成为旧中国最大的一家民族资本航运企业。

补充资料:社会生活与集团生活(1934年6月16日)

人们是不能离开社会而生活的。有人说共同生活即是社会,这意义不很明了。一位研究社会学方法者说:"社会是存在于相互压迫的关系上,而为人们所不能反抗的。"这在平常成了习惯,顺应社会的时候,自不易察觉社会给予我们的是压迫力量。例如中国以前的习惯是男子长服,女子短服。假使有男子着了女服,社会上立马可以给予他一种压迫,不是干涉,即是嘲笑。又如以前留学生到欧美,不能留长辫,而回到中国,又必须饰以假发。这都是社会给予压迫,迫使如此。一个人如果有不合于社会规定的行动,其受压到最难堪时,可以到自杀的程度。

再从习惯上来看,为什么我们一定要宴客,而宴客又一定要不愿意的鱼翅、海参?这也是暗地里有社会相互压迫的力量在,从来没人敢于反抗的。又穿得必须好,也因为穿坏了支持不过压迫的力量。好像你穿好了,而你的社会地位即可提高一样。这种力量,在有钱时还不十分感觉,到了没钱的时候,便可明显的看出来了。每一种生活,都有一种相互压迫的力量,人们即在此力量之下活动。从我们的观察,人与人之间,不仅仅是在相互压迫,还有相互影响的力量。个人行动,每每可以影响到群众里去。试看,每逢演剧演到忠臣孝子悲苦壮烈的情形,每每可使观者落泪。作战的军队,某一个士兵挺身前进,全队的士气为之一振。这都可以证明是影响的力量所致。

因此,我们知道,我们的要求待遇,享受提高,都是为整个社会力量所驱使,而不是各个人的自由。都是社会潜伏着的压迫,或者影响的力量,在暗地逼促着我们如此。

再如公司的朋友,以前或者是在本地服务,家庭开支,油盐柴米,什么都加以预算,洗衣煮饭,什么都自服贱役。及到进了公司,一旦所处的社会不是从前的社会,便受了现在社会的压迫和影响,也就忘却了当时生活情况,而被征服于现在的社会之下了。

就每一个人说,也是一样的。我们是穿的布衣,然而别的公司或别的轮船的职工穿的是哔叽或洋服,这一种压迫和影响的力量真大,当然一部分的人,被征服而不能抵抗了。某一年,北碚地方人士,天天要求唱戏。问他们的理由,乃是"周围各场都已唱过戏,独有北碚未曾举行,好像是很寒碜样"。由此,便可见社会的力量,每一个人,天天都在被压迫着,被影响着,不过在顺应的生活情况下,苦不自知罢了。

有些学者,他忘却了自身是在一种奖励个人发展的社会压迫之下,而主张"个性",这实在是错误。人只有成型的社会性,没有成型的个性。个人先天带来的只有可能性。

更强有力的社会生活是集团生活。自有人类以至于现在,无论为何种国家,何种民族,乃至于任何时代,人都不能离开社会生活,更不能离开集团生活。人都受社会生活的支配,更受集团生活强有力的支配。

集团生活,可从两方面来解释:第一,集团生活是有生活的相互依赖关系。每一个人要依赖那个集团,而那个集团也要依赖每一个人。第二,集团生活是有两个以上彼此由比赛而斗争。中国人几千年到现在,是与其他任何民族一样没有离开集团生活的,惟集团之方式不同耳。中国人的集团生活,第一个就是家庭,家庭生活是永远相互依赖的。要不是你依赖着家庭,即是家庭要依赖着你,绝对不容许脱离或解散的。有重重叠叠的道德条件,严格的限制着,以致人们不能不忠实努力于家庭。

中国人这种道德观念,完全集中于家庭。所以此外无论何种集团,都要借家庭的意义去维持,如"君,父也","臣,子也","官吏,民之父母","四海之内皆兄弟",各种不同的关系,都要借家庭名义去解释,可以证明家庭的道德条件,是强有力的道德条件,深入人心地,维持着家庭的关系,乃至于家庭以外的社会关系。

不特此也,每一个家庭,还要与其他的家庭比赛斗争。提高门阀,正是家庭与家庭斗争的方式,因而促进了很多人的发奋。分子的地位提高了,他的家庭集团亦随之而高。社会是赞许成功者的,这愈足以促进集团间的比赛。

家庭集团既是在强有力的道德条件之下支配着,于是每一个分子,不得不努力拼命,以求比赛的胜利。故披星戴月的,胼手胝足的,十年寒窗的,都是为了家庭。至于营营求官,孜孜为利,乃至于为匪为盗,也莫不是为家庭而不顾一切。一个集团到了强有力时,集团以内的分子如何对外,是每每不须选择手段,无所用其顾忌的。

除了家庭而外,因亲戚朋友、邻里的关系,也成了集团生活,人们也依赖此集团而生活。有了这个集团,即使无职业、无能力,也可以赖此集团而生存。由父族、母族的关系，而造成亲戚的关系。由同学、同事的关系，而造成朋友的关系。由邻里的关系，而造成直系、皖系。这各种方式的集团，可以由做寿、吊丧的人数，而看出他们的比赛情形，由这一群人和那一群人，相互的争权夺利，而看出他们的斗争情形。

由此证明了中国人是有集团生活的，不过集团的方式有区别而已。要是社会永远不变更，保持在此种方式之下，安眠于此种情况之中，未尝不是中国人的幸福。

然而现代不许可你了。帝国主义不断的向你进攻，由"九一八"而"一·二八"，而热河，而……我们又应该怎样办呢？日本派起军队占了东三省，是看得见的，但，他派的生铁、棉纱占据了华北以及长江下游，我们看见没有？奉天失守，热河失守，我们看得见的，海关每年损失的数万万，我们又看见没有？要是终于安眠在旧有集团生活之下，终必迄于灭亡而后已的。

情况如此，新意义的集团生活，明显地重要起来了。集团生活中包括"工作"、"学问"、"娱乐"三个要素。今天以前，是属于家庭的。今天以后，超过了家庭而成为社会的了。本于"有集团就该互相依赖"的条件，所以每一个集团的分子，都要为此集团努力拼命，以求生存。

世界既成了现代的世界，任何人都逃不出现代的集团生活，而且还需要忠实努力拼命以求胜利。尤其显明的，需要形成最大的集团，才有最大的力量去比赛斗争。这种集团，最低限度也应扩大到以一国为单位而后止。世界上各个集团在比赛斗争，因而每个集团都有它的强有力的道德条件支配着，而每个集团的分子，无不努力拼命以为此集团。

先前说过，中国的人不能再安眠于以往的情况当中了。除立马起来反对现代之外，只有跟着人家向前飞跑之一法。最低限度，也要跑去赶着先进的国家，才可以说上生存。再进一步，以占有全世界人口四分之一的"中华民国"，只要集团生活能够扩大，努力向前，将来改造世界，未始不是我们的责任，这是我们最急切而应认识的一个问题。

资料来源：凌耀伦、熊甫：《卢作孚文集》，北京大学出版社，1999年。

第十三章 企业文化管理

管理学界的"企业文化"热出现在 20 世纪七八十年代,而中国近代企业家较早认识到文化在企业管理中的重要作用,20 年代以后,一些企业形成了完善的企业文化。

第一节 近代企业文化及其特点

一、早熟的近代企业文化

自 20 世纪 20 年代开始,中国民族企业纷纷引进西方"科学管理"制度,各企业内部普遍进行管理革命,出现了如刘鸿生、荣氏兄弟、永安、永久黄等一系列企业集团。而西方"科学管理"实际上是以古典管理理论为基础,将人看作是简单的"经济人",推行"胡萝卜加大棒"的政策,很少对工人的心理、愿望以及人际关系进行了解,不仅在西方已经激起工人不满,传入中国后更是遭到工人和工头的普遍反抗。同时,民族企业资金短缺、规模小、技术落后,在与资金雄厚的外国资本和国家资本的竞争中处于不利地位。民族企业求生存发展,只有在经营管理和技术上下功夫。范旭东、卢作孚、宋棐卿、刘国钧、荣德生等一批著名的民族企业家,一方面积极实践科学管理法,另一方面挖掘传统文化的精华教育职工,培育共同的企业价值观,塑造独具特色的企业精神,真正开始了创建企业文化的过程。许多企业将其精神层面的内涵总结为某某精神,如民生公司的"民生精神"、永安公司的"永安精神"、美亚织绸厂的"美亚精神"、上海商业储蓄银行的"海光精神"、"永久黄"化工集团的"海王精神"等,形成各具特色的企业文化。

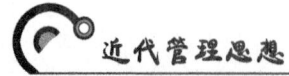

二、近代企业文化的特点

(一)服务社会的价值观

近代中国处于半殖民地半封建社会的大动荡、大转型时期,面临列强的侵略,爱国主义和民族主义高涨。企业家们在对企业精神的提炼与塑造中,提倡爱国主义、服务精神,强调企业要为国家发展、社会进步做贡献。这些企业的经营宗旨、企业精神都以企业家的济世救国、服务社会的人生价值观为起点,定位于拯救国家危亡、推动社会进步、关心社会福祉。① 卢作孚对职工的训诫"人生的快慰不在享受幸福,而在创造幸福;不在创造个人的幸福,供个人享受,而在创造公众的幸福,与公众一同享受"是典型表达。

(二)富有浓厚民族特色

很多企业精神体现了中华文化中的价值理念。有的体现为中华文化中的"和"、"合"精神,如周学熙华新纱厂的"互助合作"的"华新精神",郭氏兄弟的永安企业集团的"彼此同心、团结合作、民望相助、勿以小我忘大我"和"同号相连,同舟共济"的"永安精神",蔡声白的美亚织绸厂的"和衷共济"的"美亚精神",要求全厂"同心协力,互相攀助,精益求精,日增月盛"等。有的体现为自觉效力于团体的牺牲奉献精神和兢兢业业、一丝不苟的敬业精神,范旭东要求团体"合众力以为力","合众智以为智",并把"我们在行动上宁愿牺牲个人顾全团体"作为四大信条之一。有的体现为传统文化中的艰苦创业和勤俭节约的精神,如民生公司的"大胆生产、小心享用",上海银行的"勤俭节约、守份知足"等。

(三)重视职工精神道德的培养和塑造

大成纺织染公司的经营者刘国钧,在1935年建厂之初就提出"工管工自治化,工教工互助化,工资等级化,华厂日厂化,出品日货化",要求职工能本着生命共同体的概念,在工作上互相监督,在技术上互相帮助、互相学习。在精神方面,刘国钧提出"忠信笃敬"作为"厂训",告诫全厂人员必须恪守。他还印制"格言联璧",发给职工人手一册,要大家奉为座右铭,内容均为先贤关于为人处世的箴言。② 在刘国钧的熏陶下,大成厂的职工皆能以改善生产技术,减少原料浪费,作为日常行事的共同准则,而且职工之间关系颇佳,从未有过工潮事件,这在当时工潮不断的纺织业来说,实为罕见。

---

① 汪永平、贺宏斌:《中国近代民族企业的企业文化探析》,《中国社会经济史研究》2007年第4期。
② 刘国钧:《经营大成纺织染公司的经验》,载中国民主建国会常州市委员会:《常州市工商业联合会工商经济史料丛刊》,文史资料出版社,1987年。

很多企业提倡劳资合作，比较注重职工的福利待遇与个人发展，营造和谐的企业内部文化氛围。民生公司认为为员工谋利益，要全面考虑个人、家庭当前乃至未来的需要，在实际生活中为职工提供了奖励工资、膳食金、工伤救济金和抚恤金及养老金等高水平的福利待遇，成为近代中国职工福利待遇最好的企业。由于很多企业家都能够知人善任，任贤为能，因此企业员工便产生了"知恩图报"和"士为知己者死"的传统文化心理。如面对范旭东的重用，侯德榜一再勉励自己，"吾人今日只有前进，赴汤蹈火，亦所弗顾"，"只有责任所在，拼命为之而已"。永利秘书长任可毅也说"旭东先生以诚待我，我也以诚待他，投我以木瓜，报之以琼瑶"。

（四）企业家以人格魅力赢得工人的尊重和追随

许多企业家体现出传统士人追求人格超拔、品行清廉的形象，他们通过"超凡魅力"，把个人的理想、信念和价值观定格、上升为企业的价值系统，进而影响员工。荣氏兄弟、张謇、卢作孚和范旭东等，一生创造了辉煌的物质成就，但并不贪图荣华富贵，而是勤俭节约，把对物质需求降到了很低的水平，饭食极为简单，衣服甚至是破旧的，连烟盒、信封都翻过来再利用。"作为一个创造了令人眼花缭化成就的全国闻名人物。他却从未抛弃在普通人民中艰苦一生所形成的简朴习惯与谦逊品德"和"他生活之简单、朴实规律和恬静都是大家所羡慕的"是他们高洁品行的最真实写照。他们超越金钱物欲，具有丰富而又高尚的情操，从而使他们在企业事务中超凡脱俗。

第二节　东亚公司的企业文化

一、东亚精神

宋棐卿（1898~1956），山东青州人。1918年赴美学商，1932年在天津建成东亚毛呢纺织股份有限公司，1934年推出"抵羊"牌毛线，迅速打败中国毛线市场上的国内外竞争对手。1935年，"抵羊"牌毛线的销量达到110万磅，占国产毛线产量的89%。在公司迅速壮大的同时，东亚公司的经营业务也开始多样化，于1940年建立麻袋厂，于1943年建立化学厂，还开设香港分公司、上海分公司、北平分公司、济南办事处等，并于1947年7月1日举办公司成立15周年庆典之际更名为东亚企业公司，成为一个庞大的多元化企业集团。

东亚公司的成功与其优秀的企业文化有着密切的联系。宋棐卿将西方的先进管理方法与中国的传统思想相结合，创造了颇具影响的"东亚文化"。有论者指出：正是这种文化使东亚公司的成就一天比一天增加，事业一天比一天发展①。"东亚精神是统率整个企业的灵魂，是东亚企业文化的核心，是东亚人的理想信念、价值追求、意志品格和行为准则的集中体现，是推动东亚兴旺发达，阔步前进的精神动力"②。"东亚精神"是主要以基督教徒教义和中国儒家学说的结合而发展起来的企业价值观③，实际上形成一个庞大的价值观体系，其中包含两个重要的价值观念，即服务精神和劳资一体。④

服务精神在"东亚精神"中占有重要的地位，堪称东亚公司的核心价值观。东亚公司的"四大主义"——"人无高尚之主义，即无生活之意义。事无高尚之主义，即无发展之能力。国家无高尚之主义，即无强盛之道理"，就是以服务精神为指导的。宋棐卿提出，"我们每天辛辛苦苦，忙忙碌碌，不是毫无目的，毫无意义，乃是为了个人，为了股东，为了人才，为了社会，使他们都得到利益"⑤。东亚公司宣扬"以生产辅助社会进步，使游资、游才互助合作，实行劳资互惠，为一般平民谋求福利"。这些涵盖了公司宗旨、做事为人的准则，成为企业、员工共同遵守和践行的指南。

宋棐卿在1948年4月7日的一次对职工训话中解释了何为服务精神："耶稣圣训中有句话说'不要受人的服事，乃是要服事人'。所为服事人，就是无代价为旁人服务的意思。童子军的信条也有'日行一善'一项，广义的解释，也就是服务精神，为人服务要眼光广大，抬手举手之微，不算服务。为一二少数人帮忙，也不算服务。我们服务的代价，是要因我自己而使社会团体受到益处，即使很少，也算尽了为人的责任"⑥。

社会服务是东亚公司的服务精神的重要内容。在东亚公司初创时，宋棐卿就针对公司如何服务社会做出提议并载入了公司章程中，该规定为：公司的公积金按周息六厘（千分之六）的定息提出来作为公司的慈善基金，捐助社会上的孤儿院、医院和学校⑦。据当年的档案记载，最初的几年中这笔支出以当时流通的银洋计，就达十数万元之多。东亚公司认为：我们不要以为这类的服务，是冤枉，是吃亏；我们经营事业若是没有社会帮忙，不能成功。我们所得

---

① 宋美云：《近代天津企业文化：兼收并蓄》，《天津日报》2004年12月21日。
②⑤ 邓卫生、刘志满：《东亚企业文化》，天津社会科学院出版社，1995年。
③ 天津社会科学院历史研究所：《天津历史资料》（第二十辑），1984年。
④ 何青山：《近代天津东亚公司企业文化研究》，福建师范大学博士论文，2010年。
⑥ 《总经理的话》，《东亚声》1948年第22期。
⑦ 宋允璋、王维刚：《他的梦——宋棐卿》，香港明文出版社，2006年。

的余利,都是从社会得来的;我们至少要用一部分到社会上去,并且我们帮忙社会,就是我们的天职;我们若不尽天职,人生就没有意义,我们的事业,也就没有存在的价值了[①]。

"东亚精神"的另一个价值观念是劳资一体。东亚公司认为,资方劳方是一体的、联合的,并且是同一目标,互相协助的。劳方就是资方,资方就是劳方。二者在目的上,没有分别。其原因在于:第一,双方都要生产,即资方的资本必须通过生产以增加收益,劳方的劳力也必须通过生产以获取价值,双方的利益都要靠生产来维持。劳方资方都要增加生产,目的相同,所以可以说劳方就是资方,资方就是劳方。第二,双方互相代表。即资方虽然有资本,但限于时间、才力,必须通过工人才能增加利益,劳方虽然有工作的能力,但缺乏工作的场所、设备、原料等,因此必须获得资方的帮忙,代表他们去实行,并且劳方所得的代价报酬,亦要有人替他们分配,保管,才不致损失。资方代表劳方处理这些事的,所以,劳资双方互相代表,这方面替那方面做事,那方面替这方面做事,彼此协助。第三,双方原属一体。在现代生产事业中,资方不能单独地经营,劳方亦不能单独地工作。两者必须联合起来成为一个组织,然后才能进行。劳方,资方,同在一个组织中,本是一体的两个部分,没有什么轻重的分别,并且这两方面必须有圆满的关系,才能保持整个组织顺利的发展,一个身体的各关节、各器官,虽然责任不同,功用不同,但都要彼此合作,均等发展,方能保持整个身体的健康。即是同处一体需要合作,所以亦就可以说劳资的地位相同,没有分别。东亚公司"绝对不承认这两方面是互相对立,彼此冲突的"[②]。

二、东亚公司的"精神训练"

宋棐卿虽然留学美国西北大学商学院,熟谙当时风靡西方的科学管理法,但其管理之道的独特之处却在于,在重视对员工的"科学管理"的同时十分重视对员工的"精神训练",并"以传教士的方式来教育职工"[③]。宋棐卿认为,"公司就像一个人一样,要表现出欣欣向荣的精神气,不能让人看成是一群乌合之众,而是一群干事业的同志,同道"[④],所以,宋棐卿十分重视对员工的"精神训练"和人格培养,其目的在于培训员工共同的价值取向和企业内部和谐氛围以及团体意识,强化员工对企业目标的共同追求,从而增强企业

---

① 天津东亚毛呢纺织有限公司:《东亚精神》(甲种本),1945年。
② 《劳方就是资方》,《东亚声》1947年第3期。
③ 马侠夫:《宋棐卿和东亚公司》,载《天津文史资料》(第六辑),天津人民出版社,1980年。
④ 宋允璋、王维刚:《他的梦——宋棐卿》,香港明文出版社,2006年。

内部的凝聚力和对外的竞争力①。

东亚公司为职工精神训练而创立文化训导制度，形成环境氛围。东亚公司厂区除设立其标志性的"抵羊"石雕外，进门的山墙上书写有作为"厂训"的孔子之言"己所不欲，勿施于人"和取自《圣经》的训导"你愿人怎样待你，你就先怎样待人"的大字。饭堂则书有"军事纪律，基督精神"大字标语。每次生产的班前会，由车间管理员做15分钟的"精神训导"，要求职工以做"艰难之事"、"服务社会"、"效忠国家"为做事之本；以"不怨天尤人"、"不谄上骄下"为做人之规；做到忠己、忠家、忠国，师法"公而忘私"。职员每周有一次"同人聚餐会"，宋棐卿主持宣讲东亚精神。公司有厂歌，歌词是"东亚全体员工，爱国岂敢后人，携手工业途上，齐心向前奋斗……精诚团结不分上下，打起无畏精神，努力纺织生产，共期早日复我中华。"

宋棐卿认为，"我们当有各种刊物，共同协助发展我们之事业"，因此东亚公司十分重视企业报刊的编辑出版。早在1934年就出版了《方舟》，1936年又出版了《抵羊声》。1947年6月又创办企业内刊《东亚声》（双周刊），该刊声称"为了各部工作上的易于联络，为了职工团结力的坚实，求使上下一气、步伐整齐，本公司每一个职工，以及每一个股东，都应该随时明了公司的动态。不过这样数千人的一个团体，怎能使每一个人都知道这团体内各个角落的详情，是一个很值得研讨的问题。经过研究再再，决定出版这本小刊物《东亚声》，内容包括所有本公司内一切活动消息，供给大家作为如何改进个人工作的阶梯"。声明"本刊的出发点，即是注重阐述道德与人格修养方面的"。②

宋棐卿亲自主持审定《东亚声》，广告部和人事部共同负责具体的稿件接收、编辑、发行等事务，各级领导和广大员工亦积极参与，有30余人担任《东亚声》的特约记者，各部组、各小团体也设立了特约记者。所以"《东亚声》是属于每一位职工的"，加上《东亚声》在介绍公司动态的同时还刊载文艺、小品、翻译文字、珍闻、漫画、格言、新技术等丰富多彩的内容，并要求投稿者"来稿务求简练通俗适合大众阅读者为原则"，可读性强，因此"员工普遍阅读"，甚至发生过这样一件事情："工友郝润华，在事务部任三轮车夫，为人忠诚、秉性和蔼，尤好读书。日前郝君送何清儒主任赴工商大学，于休息间阅读《东亚声》，非常入神，为何主任窥见，对其用功，颇加鼓励。归途，郝君对何主任表示：'《东亚声》真好，全是教育人的话'"③。由此可见《东亚声》

---

① 邓卫生、刘志满：《东亚企业文化》，天津社会科学院出版社，1995年。
② 《创刊的话》，《东亚声》1947年第1期。
③ 《郝君润华好学不倦》，《东亚声》1947年第6期。

在员工中的影响。

《东亚声》处处充满对道德与人格修养的阐述，处处充满对员工进行精神训练的良苦用心；它详细记载了东亚公司内部的文化生活，塑造了一个个企业英雄人物，描绘了一场场企业的仪式和典礼，对于公司内部的各个职工业余团体作了尤为详尽的记载；它充满了浓郁的基督宗教气氛，如它详细记载了东亚基督徒团契和东亚公教信友协进会的基本情况和各种活动，对于牧师和神父的历次讲道全文刊载，甚至借刊登翻译作品之机宣扬"科学讲不通，奇妙示神迹"[①]。

公司重视丰富职工业余文化生活。宋棐卿是天津基督教青年会董事，他仿效基督教青年会做法，在公司内部也建立了职工青年会，宋亲任总干事。下设德、智、体、群四部，其中德育部设有读书会、道德研究会等团体。智育部专门办夜校，提高工人文化水平，依不同对象，按初中、高小、扫盲、女工，分甲、乙、丙、丁四个民众教育班。对优秀的练习生，由公司出资送天津市青年会深造，成绩优秀者有优先提升的机会。公司还建立有话剧团、合唱团、国剧社、国术社，各种体育运动队就有30多个。这在企业云集的天津，也是不多见的。这一切都是为使职工"人格得以提高，知识得以培养，身心得以锻炼，精神得以焕发，据以联络感情，增加工作兴趣"。使这些活动成为"补充"职工"身心"的"生力培养素"、"精神寄托所"和"人格整理部"。

东亚公司职工的工资水平高于其他大多数企业，有固定的年终一个月薪金奖励。凡有特殊贡献的，则有特殊的奖励。尤其他实行"职工股东化"，向职工赠股，使职工视企业为家，有了"主人"的感觉。东亚公司的各项福利，也优于其他企业。如免费供餐、洗澡、理发、住宿，一般疾病有厂内免费医院；职工子弟免费上东亚小学，升入中学、大学的依照成绩，可获得一定的奖金；婚、丧、嫁、娶，公司派人看望，并给予1~3个月工资补助；孕产期有特定补贴；生病或生活遇有困难，或给予补贴，或给予借款；退休有养老补助金等。公司建有家访制度，聘一女职员任"家访专员"，要求衣着朴素，常年分别走访；还设有"来访室"，了解职工诉求，解决各种困难。此外，还在北平郊外置地，与其他单位合作建立疗养院，为患有慢性疾病的职工提供疗养场所，或分批次组织职工前往度假。这些为精神训练提供了特质基础。

三、"东亚文化"的基督教色彩

东亚公司的企业文化受到了基督文化的重大影响，宋棐卿把基督教徒教义

---

① 《鳗鱼生活史：造物者的一幕杰作》，《东亚声》1947年第6期。

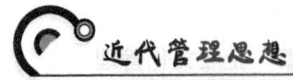

和中国的儒家学说结合起来,以基督精神去开发、培养东亚公司企业精神,因而是一种极具特色的企业文化。"东亚精神",主要有以下要点①:

(一)博爱

所谓"神爱世人",博爱是最基本的基督精神。博爱精神在"东亚精神"中占有首要的地位,东亚公司甚至将其看作是公司发展的基础。对"博爱"的含义,则用《圣经》中的一句话来解释:"爱是不嫉妒,不自夸,不张狂,不做害羞的事,不求自己的益处,不轻易发怒,不计算人的恶,不喜欢不义,只喜欢真理。凡事包容,凡事相信,凡事忍耐,爱是永不止息。"② 东亚公司认为,"无论什么事,凡是有爱的精神的必是善事与可以举办的事;无论什么工作,只要以爱的精神去做,一定可以做好;无论哪种生活习惯,只要是本着爱的意义而养成的,一定是有益的;无论哪一件关于人格的事,只要以爱为基础去培养,自然是高尚的"。东亚公司亦用基督所教义的"爱人如己"、"你愿人怎样待你,你就怎样待人"来解释厂训,并将后者以巨型格言的形式与"己所不欲,勿施于人"一起悬挂于东亚公司的山墙之上。而《东亚铭》中"有功而不以为功者谓之真功。有功而以为有功者谓之夸功。无功而以为有功者谓之争功。无功而谤他人之有功者谓之嫉功",则直接体现了《圣经》中"爱是不嫉妒,不自夸,不张狂,不做害羞的事"的思想。

(二)服务

服务由博爱引申而来,亦是基督精神的重要内容。

(三)平等

基督教的平等精神源于神与世人订立的契约。既然世人所为都是上帝的安排,都是为了荣耀上帝,那么就没有尊卑贵贱的差别,而是一律平等,一律重要。东亚公司非常重视这一点,据此宣传"职业神圣"、"劳工神圣"、"劳资互惠"、"劳方就是资方",认为"凡是职业,没有不是神圣的",没有"尊卑之分,高下之别",体力劳动并不卑贱,而是与脑力劳动一样重要,"劳工是光荣"。因此,"我们从事自己的职业,要抱着一种信心,我们做一件事,便忠于一件事,将全副的精神,集中这件事上"③。同时,平等是为了团结,特别是劳方和资方的团结,"我们公司的一项主义,就是要实行劳资互惠。我们承认劳方资方的工作责任,各有不同,但是我们绝对不承认这两方面是互相对立,彼此冲突的",而认为"劳方就是资方,资方就是劳方,二者在目的上,

---

① 林立强:《试论民国时期基督教对企业精神的影响——以"东亚精神"为个案》,《福建师范大学学报》(哲学社会科学版)2010年第2期。
② 宋允璋、王维刚:《他的梦——宋棐卿》,香港明文出版社,2006年。
③ 《服务与信心》,《东亚声》1948年第15期。

没有分别",认同这一点,就可以产生关心共同问题、减少利益损失、增加团结精神三大效果,有利于劳资互惠目的的充分实现,所以,"查本公司一贯之主张,向本上下一致之精神,不分阶级与派别;上至股东董事,下至工友,各有份内责任,所进行任何事件之成功与失败各均有份,非专赖某人或某部之力也"①。

此外,"东亚精神"中包含的"基督精神"还有"忍耐、受苦、勇敢、自省悔改、忠诚无私、联合放光"② 等,一起成为其重要而独特的组成部分。

附：东亚铭

1. 主义：

人无高尚之主义,即无生活之意义；

事无高尚之主义,即无存在之价值；

团体无高尚之主义,即无发展之能力；

国家无高尚之主义,即无强盛之道理。

2. 公司之主义：

我们要实行以生产辅助社会之进步；

我们要使游资游财得到互助合作；

我们要实行劳资互惠,我们要为一般贫民谋幸福。

3. 作事：

人若不作事,生之何益？

人若只作自私之事,生之何益？

人若不为大众作事,生之何益？

人若只为名利作事,生之何益？

若无事作,要我作什么？

若无艰难之事作,要我作什么？

若不服务社会,要我作什么？

若不效忠国家,要我作什么？

4. 为人：

能事者必不怨天尤人,怨天尤人者必不能作事；

真人才不必谄上骄下,谄上骄下者必非真人才。

---

① 《本公司十五周年纪念日致同仁书》,《东亚声》1947年第3期。
② 《宋总经理讲道：现在的基督徒应当如何》,《东亚声》1947年第6期。

5. 人格:
不忠于己者焉忠于人，不忠于夫妇者焉忠于友；
不忠于亲族者焉忠于社会，不忠于家者焉忠于国；
公而忘私者我们要师法，先公后私者我们要征集；
先私后公者我们要规劝，有私无功者我们要力戒。

6. 尽责:
事成而不获罪于人者为理想之人才；
事成而不得已而获罪于人者为有用之才；
事不成而仅图不获罪于人者为无用之才；
事不成而又获罪于人者为危险之人；
不待命令而自动工作者为中坚分子；
等待命令而即工作者为忠实分子；
接到命令而懒于工作者为无用分子；
有令不作反讥作者为是非分子。

7. 功绩:
有功而以为无功者谓之真功；
有功而以为有功者谓之夸功；
无功而以为有功者谓之争功；
无功而谤他人之有功者谓之嫉功。

8. 过失:
从心无过圣贤也，闻过则改君子也；
闻过不改庸人也，闻过则怨小人也。

9. 耶稣圣训:
不要受人的服事，乃是要服事人。

第三节 "北范南吴"的企业管理

一、"永久黄"团体

范旭东（1883~1945），湖南湘阴人，1901年随其兄赴日本学习，1908年考入京都帝国大学理化科化学系，学应用化学。辛亥革命爆发后，范旭东返回祖国，在民国政府财政部任职。1913年范旭东由财政部派遣去欧洲考察盐政，通过对德、奥、意等国的考察，深感中国盐质不纯，用途不广，因此决定"中国必须自己制造一种标准的精盐，抵制进口精盐的倾销"；并且"中国必须自己能利用盐制纯碱，抵制洋碱进口，保证中国化学工业的发展。"[①] 从欧洲归国后，便投身于创办实业的活动中。

碱，号称工业之母，它既是生活必需品，也是化工基础原料。20世纪初，中国没有制碱工业，碱业市场长期被英商卜内门公司垄断。第一次世界大战爆发后，欧亚交通阻塞，碱源中断，外商囤积居奇，市价倍增，国计民生大受影响，范旭东决定用盐制碱。

范旭东1914年在天津塘沽创立久大精盐公司，1917年创立永利制碱公司，1922年创立黄海化学工业社，这就是开创了中国化学工业的"永久黄"团体。"永久黄"团体不仅在中国化工界拿第一，在亚洲拿第一，永利用苏尔维法制碱，在世界上属于第31家，而在亚洲还是第1家。而且曾几次获得世界荣誉，1926年，他们生产的"红三角"纯碱在美国费城的万国博览会上获得最高荣誉金质奖，被称为"中国近代工业进步的象征"。1930年，"红三角"纯碱在比利时工商博览会上再获金奖。由于其产品在国际上领先，长期在日本等国市场畅销。

氮气工业是基本化学工业，在农业和国防上占极其重要的地位。为筹办硫酸铵厂，1934年他改组永利制碱公司为永利化学工业公司。范旭东争取上海4家银行进行投资，国内由他统筹，国外由侯德榜率领科技人员进行设计、购置设备。经过30多个月的奋战，一座远东第一流的现代化硫酸铵厂在南京落成，1937年2月正式出货，填补了中国化肥工业的空白。

抗日战争爆发后，天津沦陷，久大、永利两厂遭日军劫占，南京硫酸铵厂也遭到日军的轰炸。范旭东拒绝与日军合作，把企业内迁四川，建设华西化工基地。

抗日战争爆发后，范旭东率"永久黄"各企业与机构西迁四川，久大在自贡自流井设厂，永利在自贡五通桥新辟化工基地，范旭东命名为"新塘沽"。在此期间，永利川厂试验成功"侯氏碱法"。1943年范旭东提出宏伟的战略"十厂"规划，并于1945年与美国华盛顿进出口银行达成1600万元的信用借款协议，后因种种原因而功败垂成。

二、久大精神

在久大公司20周年时，公司期刊《海王》杂志发表评论指出：久大同人

---

① 全国政协文史资料研究委员会：《化工先导范旭东》，文史资料出版社，1987年。

齐心协力，共同创业，"积下二十年功夫"，形成的团结协作和奉献精神以及奋斗成绩，"这或者就是局外人所称的'久大精神'"。① 范旭东自己说：久大公司在创办之初，"大家有个信念，就是'公私行为务求明朗公正'，这一点在这三十年万幸勉强支持住了"；后又说道："久大整个机构，自成一种风气，自股东以至全体同事，事业心都非常之重，不大计较一己的得失。"② 1934年时，由《海王》杂志社发起，在"永、久、黄"团体内进行了广泛的团体"信条"征集与讨论，最后确定"永久黄"团体的共同"信条"是："（一）我们在原则上绝对的相信科学；（二）我们在事业上积极的发展实业；（三）我们在行动上宁愿牺牲个人顾全团体；（四）我们在精神上以能服务社会为最大光荣。"③ 这些可以说是"永久黄"团体企业文化的核心内容。

"永久黄"集团的实业发展道路源于范旭东的工业救国理想，为了国家和民族利益，是范旭东创业的精神动力。他创业之始，"就抱定为国家做事之宗旨"。④ 与范旭东并肩创业的同事总结说："（范）先生的热忱爱国，迥异常人"，"'牺牲小己，供献国家'为先生最大信条。"⑤

范旭东创办久大精盐公司，目的是改良盐质，"使人民有干净的盐吃，有便宜的盐吃"，同时"为中国化学工业奠定基础。"亦即"以富国而便民用。"⑥ 久大公司的创办，"为中国食盐开一新纪元。"⑦ 在此后的企业经营过程中，范旭东和"永久黄"团体管理层非常注重培养"服务社会"的企业文化。使团体成员感觉到："我们团体为了服务社会而存在，这是我们的光荣；"⑧ 提示员工"不要忘了各人的责任，尤其不要忘了我们是为中国实业前途奋斗。"⑨ 久大公司成立20周年时，专门举办厂史展览，范旭东号召"久大同人应本一贯之精神，再接再厉，为中国食盐界辟一明坦之道。"⑩

范旭东所创办的化工企业都是技术含量高的基础工业，他深刻认识到科学技术对于工业发展具有重要意义。他说，"中国今日若不注重科学，中国工业有何希望"⑪。相信科学、重视科研成为他创业的理念，并把它作为企业发展

---

① 《久大二十周年纪念述怀》，《海王》1935年第31期。
② 范旭东：《久大第一个三十年》（续），《海王》1944年第3期。
③ 《本团体信条》，《海王》1934年第1期。
④ 《永裕盐业公司之今昔》，《海王》1934年新年特刊。
⑤⑥ 《久大在精盐公司二十年来之回顾及将来之展望》，《海王》1934年新年特刊。
⑦ 《回溯既往策励将来》，《海王》1935年第31期。
⑧ 《黄海图书馆》，《海王》1935年第31期。
⑨ 《值得纪念的去年》，《海王》1934年新年特刊。
⑩ 《久大二十周年纪念盛况纪略》，《海王》1935年第33期。
⑪ 侯德榜：《追悼范旭东先生》，《科学》1945年第28卷第5期。

的信条之一。创办久大、永利后，他认识到：如果不用科学方法提高效率，将会因成本过高、技术落后而被洋货淘汰。1922年，他在久大实验室的基础上，成立黄海化学工业研究社，聘请哈佛大学化学博士孙学悟任社长，全面加强化工科学技术的研究，这是我国近代第一家民营研究机构。范旭东在《创办黄海化学工业研究社缘起》中说道："近世工业非学术无以立其基，而学术非研究无以探其蕴，是研究一事尤当为最先之要务也。"① 他十分重视这个科研机构，认为它是企业发展的神经中枢。并带头把久大、永利两公司每年发给创办人的酬金全部捐给黄海。黄海社广聘学者，不仅承担永利、久大技术难题的攻关任务，还搞其他专题研究，服务于社会。

范旭东在借用西方先进管理方法的基础上，吸收了中国传统的儒家文化中任人唯贤、知人善任的人才观。由于范旭东对人才的重视和广为延揽，各方面专家云集，分布于"永久黄"集团的各个重要工作岗位。当时一批企业界的优秀人士如阎幼甫、傅冰之、孙学悟等留学回国人才都聚集在"永久黄"的麾下，范旭东依据各人的特点和优势合理地安排岗位，使得人尽其才，物尽其用。范旭东为了发展化学工业，历尽艰辛，把留学国外的侯德榜从外国企业中挖回来，共同钻研制碱法。产品的研发一度陷入困境，很多人都对侯德榜产生怀疑甚至不信任，但是范旭东仍继续相信侯德榜并力排众议给予他大力支持。在范旭东的鼓励下，侯德榜最终突破技术难关，摸索出苏尔维制碱法的奥妙，在万国博览会上获金奖，为中国人争光，把英国纯碱赶出了中国市场，为中国化工业做出重大的贡献。

范旭东不仅广招贤才，而且积极培养人才。永利制碱厂建成投产后，为加强生产技术力量，特成立艺徒班，学制三年，专门招收一些职业学校和高级中学的毕业生加以培训，使之成为工厂的技术骨干。此外，他还坚持从永利、久大两公司拨出一定数额的经费，选派优秀人员出国深造，培养化学工业所需的高级人才。②

工作上重用，感情上沟通，生活方面关心，加上范旭东克己奉公、以身作则的优良个人品质的榜样作用，使公司管理、科研人员以及大批员工激发了"士为知己者死"的传统和耿忠奉献精神。他的高级助手们表示："我们都愿意跟随范先生"；"旭东先生以诚待我，我也以诚答他，'投我以木瓜，报之以琼瑶'"。③ 团体员工对范旭东"无不有亲切钦敬之感，故追随工作至二三十年

---

① 陈歆文：《中国化学工业的奠基人——范旭东》，大连出版社，2003年。
② 邸彦莉：《范旭东与"永久黄"工业团体》，《历史教学》2005年第4期。
③ 《纪念范旭东先生》，《海王》1945年第2期。

者比比皆是。"① "而干部人员,几于全部与公司有同样长期间之历史,在国内实少先例。"② 优良的个人品质同高尚的创业主旨以及卓越的管理才能结合在一起,使范旭东不仅是"永久黄"集团事业上的领导,更是"永久黄"团体精神上的领袖和该集团企业文化的灵魂,从而有力地促进了团体事业的发展。

"永久黄"团体的刊物《海王》在企业文化的建设中发挥着重要作用。该刊于1928年创刊,一开始是小报式的单张,出了40期后,从1932年第5期起改为8开,每期8页,从1934年起增加到16页,也有超过30页的。《海王》雅俗共赏,内容丰富,有科学论文、调查报告、旅行日记、管理经验,也有时论、杂文、诗歌,从工业、农业、菌学到哲学、文学,包罗甚广,有一个栏目叫"家常琐事",刊登"永久黄"团体包括各分支的各种动态,生动活泼,有闻必录,范旭东说可以看得人"眉飞色舞"。范旭东身为总经理,亲自给《海王》写的短评、杂文、游记就有近百篇。因为他希望读者"去信仰文莫去信仰名",所以经常换笔名,用过"常青"、"阿三"、"劳人"等。1943年,他曾写下《海王万岁》一文:"《海王》是团体的重要分子,是团结这个团体的胶着力,我们有了错处,受它的潜移默化,自然改悔;误入了迷途,它像暗夜的灯塔般指点方向。"

三、吴蕴初的企业和他对科学教育事业的贡献

从第一次世界大战至抗日战争时期,我国民族资本创办的生产化工原料企业除了范旭东在天津创办的"永久黄"团体外,还有吴蕴初所创办的上海天原系统化工系统,时称"北范南吴"③。

吴蕴初(1891~1953),江苏嘉定人。1911年毕业于上海兵工学堂化学专业。1923年4月,他创办的天厨味精制造厂成立,这是中国第一家国产味精厂。1926~1927年,吴蕴初的味精制造技术先后获得美、英、法等国的专利,开创了中国化工产品在国际上获得专利的先河④。1928年5月,天厨公司之专用商标"佛手"牌获得全国注册局批准⑤。天厨味精问世后,打破了日货"美女"牌味精长期霸占我国调味品、鲜味剂市场的局面。在中国城乡市场上很快与日货"味之素"形成抗衡之势,并远销南洋各地,引起国内外强烈反响。吴蕴初研制谷氨酸钠(味精)的成功,在中国化工史上具有重要而深远的意

---

① 《范公旭东生平事略》,《海王》1946年第17~19期。
② 《久大三十年》,《海王》1944年第31期。
③ 《当代中国》丛书编辑部:《当代中国的化学工业》,中国社会科学出版社,1986年。
④ 陈正卿:《味精大王吴蕴初》,河南人民出版社,1998年。
⑤ 上海市档案馆:《吴蕴初企业史料:天厨味精厂》,档案出版社,1992年。

义，吴氏因此被称为中国"味精之父"。

随着天厨味精产品的畅销，吴蕴初又根据所产味精的化工原材料需要，在上海相继创办了天原电化厂、天利氮气厂、天盛陶瓷厂等"天"字号化工企业。1929 年 10 月，为解决国内尚无生产味精的主要原料——盐酸问题，吴蕴初购得法国远东化学公司的全套盐酸生产设备，在上海成立天原电化厂股份有限公司。1930 年 11 月，天原电化厂在上海开工，成为中国第一家电解化学工厂。后来，吴蕴初搜集国内外有关电解工业的资料，于 1934 年自制电解槽获得成功，在国内化工界传为奇闻。这使天原厂成为国内第一家设备基本国产化的化工原料企业，并开创和拓宽了"中国民族化工企业自力更生的发展道路"[1]。

1935 年春在上海龙华镇建成中国第一家化工陶器厂——"天盛陶器厂"[2]，吴蕴初兼任总经理。该厂用绍兴白泥制成盐酸吸收瓶、硝酸凝缩瓶、陶管等几十种化工专用器皿，从而填补了中国化学陶瓷工业的一项空白。

1935 年底在天原电化厂旁建厂投产，天利氮气厂成为我国第一家合成氨工厂。至 30 年代中期，吴蕴初所创办和掌握的天厨、天原、天盛、天利四厂成为当时中国南方最大的化工企业集团，填补了中国味精、氯碱、化学陶瓷工业的空白，成为当时中国屈指可数的大企业，吴蕴初因此成为 30 年代上海民族工业骄子、中国化工企业巨头。抗战后吴蕴初的企业内迁，奠定了四川现代大型化工企业的基础。

吴蕴初在发展化工企业的同时，还为社会举办科学教育事业做了大量工作。[3]

（1）加入并捐助中华化学工业会。在旧中国化工科技情报工作十分落后、尚无专门情报机构的情况下，只有中华化学工业会和中国化学工程学会出版的两种学术杂志[4]，吴蕴初对中华化学工业会的发展做出了重要贡献。

（2）创办中华工业化学研究所。1929 年 2 月，吴蕴初在上海创办了"中华工业化学研究所"，任董事长，其"成果令人鼓舞"[5]，持续了 20 年。该所出版的《化学工业》杂志，是中国第一家化学工业杂志。

（3）设立清寒教育基金会和蕴初奖学金，并赞助各类学校办学。1931 年，

---

[1] 陈正卿：《味精大王吴蕴初》，河南人民出版社，1998 年。
[2] 上海市档案馆：《吴蕴初企业史料：天原化工厂》，档案出版社，1992 年。
[3] 王友平：《吴蕴初与近代中国民族化工工业的兴起》，《四川师范大学学报》（社会科学版）2008 年第 1 期。
[4] 《当代中国》丛书编辑部：《当代中国的化学工业》，中国社会科学出版社，1986 年。
[5] 上海市档案馆：《吴蕴初企业史料：天厨味精厂》，档案出版社，1992 年。

吴蕴初集资5万元成立清寒教育基金会,奖励成绩优秀而家境贫寒的学生深造。

(4) 建立蕴初基金会,扶持化工教育。1945年,吴蕴初以"取之社会,用之社会"为宗旨,决定"把自己的全部工业投资股票集中起来,组织一个资产管理委员会,请社会贤达和化工界名流来共同主持",每年红利"25%用于社会公益事业扶持化工教育和科研",他曾对好友钱昌照说:"我是个人奋斗出来的,大宗财产不愿意留给子女,那对他们并不是真正的爱护,决定成立一个基金会。"同年9月,吴蕴初正式向国民政府经济部呈文并获准成立"蕴初资产管理委员会"。《蕴初资产管理委员会简则》规定:"每年所得盈利半数用以发展业已投资之事业,以四分之一充社会公益事业费用,余四分之一充蕴初遗裔之无力者之教养费。"

补充资料:久大精盐公司二十年来之回顾及将来之展望

久大精盐公司之成立,于今二十载,备尝艰难苦困,历尽悲欢得失。兹略述如下,留备参考。

本公司自民国三年七月得由盐务署批准设立,当时资本仅五万元,投资诸君及在事同人均具有牺牲之精神,惟期改良盐质,以振起国民之新事业,亦即所以富国而便民用,初未深计营业之利益为何如。阅一年又四个月,第一厂成立,厂址即今之明星校舍。所出制品,洁白晶莹,为中国食盐界空前之成绩。方冀事业畅行,渐臻发达,乃因自由发售一案,发生障碍,转折延滞,至五年十月始在天津东马路开店发售。所幸制品一经上市,即蒙社会赞许,奖勉备至,公司营业,自是始有把握,遂于民国六七两年设置第二三两厂,长江各埠,亦相继成立支店,不仅无税洋盐无形杜绝,裨益国民卫生尤非浅鲜。起初公司制造原材料,向由地方灶户供给,制造上极形不便。七年冬间,投资十万元,购得盐滩三副。从此根本确定,可无再受人抑勒之虞。遂就滩建设东厂,扩充产量,同时在汉沽地方,与各家灶户订立长期合同,西厂原料亦得确定。计创立以来,为期不过五载,原料制品以至销地,皆有基础;资本总额亦已由五万元增至五十万元,制造能力增加六十倍以上,发达不可谓不速。九年,因感于工厂之化学实验室不敷应用,乃辟地数亩,营造现在之黄海化学工业研究社,并附设图书馆,综计所费不下十数万元,以构成塘沽工业之神经中枢,今日巍然独立之永利渤海两公司伟大事业,昔皆孕于此室。此事绩可谓盛矣。

民国十二年,吾国收回日人在青岛所营之盐田工厂,善后督办公署曾以处

第十三章 企业文化管理

理是案事宜相咨询公司尽智竭诚从事匡助,其后招商承办,卒得联合胶澳盐业公司、东纲公所,组织永裕盐业公司。中国产盐能成为国际商品,以永裕为嚆矢。虽几经波折,赖本公司为其中坚,卒底于成。此则本公司保持国家富源所效微劳也。旋因业务发展,公司乃在天津法租界自置地基建筑总办事处,楼宇崇闳,气象壮丽。民国十三年时局突变,交通阻滞,工厂先后停工凡两阅月。外则支店缺货,内则工友坐食,损失不赀,诚为本公司创办十年中最大之厄运。十四年春,营业稍见顺利,而五卅案起,延及各埠,船运停阻,前后亘两月余,虽营业不辍,然不利之影响亦匪浅鲜。迨至八月军阀肆虐,复有拘捕公司职员,追索所谓祸首股款之案发生。其后被没收之款,虽复布告发还,而公司之损失竟无着落,时政之苛,有如是者。十五年春间,京津战起,工厂工作,悉归停顿。三月初始渐恢复,而又以直隶省府与稽核所两机关发生争执,遂至封锁盐场,停止装载,原料断绝,存货阻运,延至七月始得解决,公司间接大受厥累。此后迄于十六年春,行销南北各埠之精盐,殊无显著之起伏,所幸永利事业于艰苦万状之中,渐告成立。是年纯碱产量大增,销路推广,其输出日本者亦不下万吨,创中国化学工业史上未有之先例。久大永利,同连理枝。永利之荣,即久大之誉也。冬十月,直隶省当局在塘沽设立所谓京榆一带芦盐食户捐饷局,公司运销外埠精盐又受阻碍,力争无效,至十二月遂被迫停工,十七年秋七月,时局再变,始得自然消灭。迄今思之,有余愤矣。十九年春,又发生征收产地税每担五角之案,公司几陷于绝境。前后亦历七月,始获撤销。此两次停工损失极巨。幸公司根基稳固,全体上下一心,以大无畏之精神与恶劣环境相奋斗,卒免颠覆,然亦疲矣。塘沽为华北各省海道出入之门户,自十五年海河淤塞后,尤为中外旅客货物往来必经之地,而轮舶码头殆皆外商所有,久大永利两厂,久有自置码头之计划。

公司鉴于该地之重要,一旦再归外人所有,恐无再有珠还之日,于是排除万难,集重资购该码头及房屋数百间,自庚子后……濒危之中而能打开局面之一新发展也。

二十年开始,政象宁静,制造营运,景象一新,精盐营业,春夏向称闲散,全年收获,重在秋冬,不意长江水患,适于秋间爆发,营业大受影响,继以九一八东北边警突发,举国震动,公司幸得支持。二十一年津沪变乱,营业阻滞异常,际兹国难,夫复何言。二十二年,热河沦陷,平津大受威胁,工厂地临海滨,军旅要冲,其时危险,诚不能形诸楮墨,赖工厂同人,持以镇静,虽日受飞机威吓,而业务仍进行,无一日间断,营业如常,世称勇敢。

外患如此,而政府忽有精盐登记案之令颁行,依引商旧例征收登记费每担八角,至是精盐始渐获政府保障,其在伪国之精盐则禁止内销,公司为扩张产额以应市需，特于西厂中恢复中五厂，复于东厂内，添设第七工厂，每日产量由百四十余吨，增加至一百八十余吨。

公司副产部分，如碳酸镁、牙粉、牙膏、漱口水等，业已经营多年，略具规模，今年将制造碳酸镁机器装妥，方冀达到大量生产之初步，前，殊可惜耳，然此类国产原料，虽不能完全杜塞舶来之物，然可挽回一部分外溢之利权，亦自有其相当价值也。

溯自久大开办之初，迄民国十三年间，资本由五万元增二百（？）十万元，销数由五万担扩充至四十余万担……苛税频兴，工厂停工，时逾半载，一方同业继起，南北各埠，次第成立者，不下数十家，而均步久大后尘，以通商口埠为销市，毫无自树，销地有限，而产量无穷，埋头内争，皆以侵蚀久大为目的，此十年间厥为久大公司最痛苦时期。其后销路，虽见恢复，但卖价因淮盐低落之故，仍不能提高，成本因原料转运，尤未克低减，故今后惟有大量生产，科学管理，加紧工作以求产业之合理化……务使品质精纯，颗粒均匀，干燥洁白，以博食户之欢迎；更就滩地改良盐质，精制卤液，以减轻工厂工作之烦难，是皆二十三年度，预定施行计划也。

政府既经明令精盐登记，行见开放施行，精盐行销，当可不再受恶势力之阻碍，此诚中国精盐事业之一线光明，非仅公司荣幸已也。

然永利工厂并不以此为满足也。外观世界之大势，内显本国之市场，仅维持现状，决不足以图碱业之独立，更进而计划扩张，期以一年半完成每日百五十吨之产量，而洁碱加增，亦为扩张工程中之一。但因地位及经济之关系，所有扩张工程之生铁大件，势必自铸，故同时将翻砂厂及铁工厂增修改建，计此项工程完竣之日，工厂从前须向美国购置价值万余元之烧碱大生铁锅，即行由工厂自行熔铸。同时用起重天车，凡铸成之大件，均可直接送上车床，其规模之宏与将来功效之大，定能如预期完成实现的。

资料来源：赵津：《范旭东企业集团历史资料汇编·久大精盐公司专辑》（上册），天津人民出版社，2006年。

第十四章 企业家理论

企业家理论是现代企业理论、管理理论的重要组成部分，而在中国近代民族工业的发展过程中，也出现有关企业家的理论。这些思想既有与西方企业家理论相契合的一面，又有鲜明的民族特征。

第一节 陆费逵等人的企业家理论

一、陆费逵的《实业家之修养》

陆费逵（1886~1941）是中华书局创办人，在他带领下，中华书局发展成为集编辑、出版、印刷、发行于一体的国内最大的两家民营出版企业之一。中华书局先后编辑出版《聚珍仿宋版二十四史》、《中华大字典》、《辞海》，刊印《四部备要》和《古今图书集成》等大部图书，深受学术界、教育界欢迎。随着书局的日益发展，陆费逵声誉益著，成为全国出版界的巨擘，故被推选为上海书业同业公会主席、中华工业总联合会委员等职。

陆费逵致力于实业实践的同时，思考如何才能成为一名优秀的实业家，所著《实业家之修养》于1914年11月由中华书局出版，以后多次重版，至1929年已出8版。该著可谓中国近代企业家理论的经典之作。

陆费逵指出，不是创办实业或独立经营者都能称为实业家，实业成功需要经验和机会，但最重要的是要有实业家之修养。他说："近数年来风气渐开，群知非实业不足以立国，于是有志实业者项背相望，然成功者什一，失败者什九，此其故何也？世界之上卒业于实业专门者，岁若干人，执事于工厂商店农场者又若干人。以小资本自营者又若干人。而此若干人之中，或失败焉，或埋没焉，或仅以自给焉，其能称为实业家者千百中尚无一人，此其故又何以？或以为前者坐无经验而败，后者因无机会而不获发展，固也。然经验以积久而得，机会亦未必不偶遇，彼有经验遇机会而仍不获成功，或虽成功而不能久大，能久大而不堪为训此，其故又何也？余尝渊渊以思，敏勉以求，得其所以然之故焉。一言以蔽之曰：无实业家之修养而已。"

陆费逵论述了实业家10个方面的修养，"实业家果需何种资格乎，以余所见，勤俭也，正直也，和易也，安分也，进取也，常识也，经验也，节嗜欲也，培精力也，殆无一可以或缺。"他强调"人苟能是十者，虽天资稍逊，未有不成功者也，十者缺一，虽天才卓绝而成功者，鲜矣。"

勤俭——"事业成于勤劳而毁于怠惰，生计裕于节俭而窘于奢侈，古今中外，不易之理也。"他指出，勤俭不仅是获取原始资金的先决条件，也是资本增值的关键所在，"盖实业界之人，初则以勤劳获资，迨有储蓄，则可以资本获资，劳力获资有限，资本孳息无穷。……富有资本之后尤非勤劳不足以维持资本而孳息焉"。

正直、和易——"正直和易二者，尤为立身处世之要件，盖作伪舞弊，一经为人觉察，在个人则身败名裂，不能厕身社会，在商店则信用坠落，初时或稍获意外之利，积久终必无人过问。"他举了一个现实的例子说明"正直"之重要，"吾国棉丝出口，每湿以水，冀分量之加多，外人初受其愚，今则多舍我购他国之货，意、日之丝，美、印之棉，早夺我席矣。""纵观古今成功之大实业家，未有不以正直著者。恒有朴讷之人，毫无特长，仅以正直之故，得人信用，致成大业。""和易"指和颜悦色，以和为贵，"平日与人相处，和易者人恒近之，傲狠者人恒远之。居下而和易可免倾轧，居上而和易可得人心。但不可胁肩谄笑，貌为谦和耳。失正直和易二者，行之至易，非有痛苦也，与彼不正直不和易者较，且可身心泰然，盖不正直则时时畏人知，精神之痛苦无穷，不和易则常与人龃龉，怨怒之损笔尤甚，利害善恶昭然若觌。"

安分——他首先强调实业家应是"不满足者"，"不满足者，人类之通性，而文明进步所由来也。……世界富豪，殆皆自觉不满足者。"但是他又认为这种不满足感不应导致经营上的轻率冒险，而只能在平时经营的稳重踏实中获得解决，因此他提出"安分"的原则。他认为，成功的大实业家，"其所以处彼现有之境，无不谨慎安分以保其地位，勤劳修养以靳其发展，信用渐著，资本渐多，能力渐大，自能渐次成功，以疗其不满足也。"他所说的"安分"具体是指尽职、忠诚、忍耐等素质品格。"所当为之事竭尽心力为之，不计报酬不求人知，尽职之谓也。"

进取——他说，"可安分而不可自画也"，他批评"世人每有安分守己惟求保现有之地位，不冀大发展者，是志行薄弱，非安分也"。他指出，"世界进化无穷，人之造就亦无穷，非努力进取不能登峰造极，非有登峰造极之人，

第十四章 企业家理论

则国家社会永无自由振也。""政治家努力进取以改良其群治,军事家努力进取以耀扬其国威,教育家努力进取以高尚其人民,实业家努力进取以充裕其生计。虽有政治家军事家教育家,而政治军事教育固莫由举,然则谓实业家为国根本,可也。也尝以富豪专制,为社会病,不知苟无富豪为生之若千万人,必无今日之幸福。""苟人人欲为富豪,努力进取,实业未有不发达,国势未有不增进者也。""实业家努力进取,以充裕其生计。夫财为万事之母,无财则百事俱废。"

而"进取之道有三:勇气、坚忍、准备是也。""商战如兵战,无勇气决不能赴前。"勇气是指遇到困难挫折要有坚忍不拔的恒心。而"无准备仍不能成功也。……各种事业无一不需预习,苟非习之有素,即遇机会,亦不能攫为己有也"。他又指出,"进取成功之道首在择业。天资高下,性情宜否,与职业有莫大之关系。其宜者乐之不疲,成功自易。若择业不宜己,徒以自苦,难望成功。不善筹划者不可习商业,心思不细密手足不灵敏者不可习美术手工,体格非极强者不可习制铁开矿,此其彰彰者也。"

常识、技术和经验——陆费逵所说的常识,范围很广,实指实业家所应具备的现代意识和科学知识结构。他说:"吾国实业界人物,最缺乏者厥为常识。惟其缺常识也,故观察力不足,从事虽久而经验不如人之深;惟其缺常识也,故补助科学不足,习业虽专而技术不及人之精。""实业家须有实业家之常识。""书札、算术、簿记、商品、实业地理、应用博物理化、外国语文、普通法规、财政学、经济学,以及手工图画,实业家之常识也。"关于技术,他说,"各种农工商业,皆有其特别技术。主一事者,须解其事之技术;制一物者,须精其业之技术。"他指出,"世人对于自己专任之技术,尚肯研究,同类之事,非己专任者,辄漠视之,此大误也。"至于"经验",他说"有常识矣,有技术矣,然如无经验,仍不能免失败。吾国人经营新事业,什九失败,虽多由资本不足,经营不善,然经验缺乏,实其最大原因也。""今者外商竞争激烈,尤非无经验者所可侥幸成事也。"他批评"吾国人有二误会:一则以为文人万能;一则以为留学毕业即可应用。"他认为学校教育必须和实践锻炼相结合,胜任的企业经营管理者才可能造就人,否则,"专门大学毕业,不过明学理及当然之法术而已,运用不熟,手目心思不失败也。"

"节嗜欲"和"培精力"是指身体的健康锻炼和日常生活的规律调节。"天下多嗜欲之人,康健福寿者,亦未有能成大功者也。"这也是指实业家要有健康积极的生活方式和旺盛的工作精力①。

---

① 陆费逵:《实业家之修养》,中华书局出版社,1929年。

二、穆藕初的企业家精神论

穆藕初思考着企业家和一般商人究竟有什么区别。① 在他看来,企业家首先是一种精神,这种精神,不仅是要诚信经营、团结合作、不断创新、追求完美,而且要有一种信仰来振奋精神。信仰是企业家精神的底端,他说,中国实业界"苟不得一潜势力以矫正之,惊醒之,正不知伊于胡底"②。当然,这一"潜势力"不是马克斯·韦伯从新教伦理所引申出的以赚钱为目的、"增加上帝的荣耀"的"天职"观,③而是"发明吾国固有学说,以救济人心"④。在穆氏看来,这种"天职"观念不复远求,在中国的传统文化就有"即孟子所谓'古之人修其天爵'。人不论托业何途,对于所立地位,皆有发达其业务之天职,必如是方可以无愧乎为职业家"⑤。

对于企业家来说,培养这种"天职"观,首先要"奋精神"。穆氏着眼于世界政体更替的规律,提醒国民对国家前途不应当纯抱悲观:"平心论之,此亦生存竞争之常态,不足为怪也。试检点世界变政诸国之旧史,每当政体变易,全国鼎沸,新旧两派,互相水火,历若干年,方始奠定。鉴于往事,知群情之不能翕然相容,而激起轩然之波澜者,诚为不易避免之一事,此殆进化之公例也。盖国民程度,须经过几何时日,受四方情势之包围,自然而然,每向愈上,久之终底于至善之地位。至善之地位,未可以一蹴几也,是以政治上、社会上所发现之种种恶现象,在过渡时代所不能免,仆以为无足怪者正在乎此。"⑥

在穆氏看来,企业家一定要振奋精神,没有必要悲观,况且"人无乐观即有死气,国民多数不作乐观,即为亡征"。因为悲观者往往处世无进取精神,志气消磨,愤世嫉俗,如果"各界中人诚能竭尽心志,积极进行,无论何项事业,皆足振兴。所患者,一辈持悲观主义之人,敷衍所事,奄奄无生气,但见每日每时愤事耳"⑦。

穆藕初指出,中国近代企业家精神缺失,企业家"无专业,常迁转在事业场里,随意变动,视自身如旅客,对职守如传舍,不负其应负之责任,不尽其当尽之心力",以致"百业之衰败,胥由乎此"。他所要唤醒的企业家"天职",就是要恢复华商固有的传统价值观,并融入现代企业精神,形成一种尽

---

① 向明亮:《近代中国企业家精神的发育与构建——以穆藕初为中心》,《湖北理工学院学报》(人文社会科学版)2013年第3期。
②④⑥ 穆藕初:《藕初文录》(上),商务印书馆,1926年。
③ 马克斯·韦伯:《新教伦理与资本主义精神》,陕西师范大学出版社,2006年。
⑤⑦ 赵靖:《穆藕初文集》,北京大学出版社,1995年。

心尽责的敬业精神和职业观,"世界上无论何种微细事业,业之者皆得提起精神,发挥其能力,扩大自家之责任,增高所业之地位,此盖不以泛泛之职司视之,而确认自己对于所事有绝大天职在"①。

企业家除了具备科学技术知识之外,必须有从事开拓创业所不可缺少的性格素质,如"健全之脑力、敏锐之眼光、灵活之手腕、坚固之信用、雄厚之力量"②,还应该定有革新精神,"不能拘泥陈旧之方式,以遗削足适履之讥。"

穆藕初还指出了我国实业家之所以失败有四种原因:"(甲)以实业界老辈自居,一意孤行,习非成是,虽有忠言不能纳,虽受挫折不能悟,视司事如奴隶,待工人如驴马。此失之于傲慢者一也。(乙)购货不问其优劣,只求其低廉,出品不究其良窳,但望其脱手。事前无预算,临事无研究,事后无觉察。对于事物,可以谓之为无管理,叩其身心,可以谓之为无精神。此失之于疏忽者二也。(丙)或则以侵蚀为能事,或则以豪奢为阔手,既大局之不顾,惟私便之是图。股东血本,视若粪土,自家责任,弃如弁髦。买卖出入,惟意所为,结党营私,毫无顾忌。此失之于舞弊者三也。(丁)不从实际上立脚,专向幻空中捉摸,望盈余之数于气运,托去取之权于神鬼,视贸易如赌博,作孤注之一掷,信用未立,不知抱惭;挪移术穷,终止歇业,此失之于侥求者四也。"③

穆藕初认为,企业家要以服务社会为己任,"世人咸知获利难,不知有钱而能用于正当之途为更难。各业苟有机会即可获利,惟用之于不偏不倚之途而适应社会之需要为可贵耳。"④换言之,企业家需要有一种家国情怀,企业经营不过是社会经营的一部分。穆藕初企业家精神的构筑融合了中西经济伦理思想,带有鲜明的时代特征和创新精神。中国近代企业家如市场观念、竞争观念、科学管理观念、创新观念等主要从西方移植过来,穆藕初主张这种文化的移植应以中国本土的商业传统和价值观念为基底,融合西方文化和中国本土文化,内涵应更为丰富,既包括介于传统与现代之间的经济伦理精神、企业精神、商业道德,又包括民族主义意义上的利权思想、国家主义、世界意识等。穆藕初企业家精神的论述,均着眼于企业家素质的整体提高以及中国实业的根本振兴,在中国近代企业家精神的发展史上具有拓荒的积极意义。⑤

三、卢作孚的管理人才论

卢作孚指出,管理人员除必要的打桩知识外,还应该"①对人群活动有

---

① 穆藕初:《藕初文录》(上),商务印书馆,1926年。
②③④ 穆藕初:《藕初五十自述》,商务印书馆,1926年。
⑤ 向明亮:《近代中国企业家精神的发育与构建——以穆藕初为中心》,《湖北理工学院学报》(人文社会科学版)2013年第3期。

热烈的感情；②对事务的努力有自己解决的毅力；③对难题有克服不已的勇气；④对于学习有孜孜不倦、研究不已的恒心；⑤对不良嗜好有疾恶如仇的决心；⑥对同事的危难有牺牲自己援救他人的魄力；⑦对公共卫生、公共秩序能绝对遵守规定；⑧头脑清醒，办事正确而迅速；⑨极富创造能力；⑩对身体锻炼有健全的习惯"。① 这与陆费逵的实业家修养异曲同工。

他还说："贤明的管理者不应处理纷乱的事务，陷自己入纷乱中，而应整理纷乱的事务，纳事务于秩序中。不要核定人如何活动，但应要求人如何活动。不应待人询问'事应如何处理'，而应问'人事正，如何办理'。明了事的动态乃能控制事的动态。不仅在消极方面防止弊病，尤应在积极方面建设秩序。"在他看来，"如不能建设秩序或不能坚强执行既经建造的秩序，即非良好的管理者，即令其为人才，亦非良好的管理人才"。

四、薛明剑论职员的十点修养

薛明剑提出了职员的十点修养，对象虽不是实业家而只是普通职员，但内容上与陆费逵有不少相似之处。这十点是"强健身体"、"负责治事"、"遏制欲念"、"勤劳谦和"、"须有恒心"、"利济群众"。以及特别值得一提的"精益求进"、"严以责己"、"坚韧不拔"、"爱惜物力"。关于"精益求进"，他认为，"际兹实业动榐之时，市况险恶之会，亟宜积益求进，以保兹大。一事一物，均宜详加研究，时时审察，使成本减少，而产额加增，方能立不败之地。""坚忍为在改革中之基础，而于管理工场为尤要。盖其工程愈繁则头绪愈多，挫折愈甚，非具不折不挠，毋怠毋荒之念，鲜能入其堂奥。"而"严以责己"则有助于协调公共关系，"苟责己轻约……不能收通力合作之效。"②

第二节 盛在珣的商业道德论

一、商业道德的作用③

讲究商业道德，是社会文明发展到一定阶段的客观要求，早在 20 世纪 20

---

① 凌耀伦、熊甫：《卢作孚文集》，华中师范大学出版社，1991 年。
② 《工场设计及管理》，华新书局，1927 年。
③ 钟祥财：《20 世纪中国经济思想述论》，东方出版中心，2006 年。

年代初有人就经营管理者的道德问题撰文指出，工商业的发展不能仅仅依靠技术进步，"健全之商业"应该做到商业技术和商业道德"二者交相为用"，"以技术为经，道德为纬"，使"商人为文明之传播者"，"舍一切旧习，脱一切羁束，而日就月将"。当时在上海开办的商业补习学校也以培育商业道德为宗旨之一，其主持人强调：学校的教学计划和课程安排，不仅要"使青年子公余之暇补习世界商业之知识与技能，且以增长商人之道德而稔知商业之习惯，俾他日肆应有余"。

1930年，商务印书馆出版了盛在珣编写的《商业道德》一书，显示出商业道德作为有一定系统性和社会影响的理论已初步形成。

盛在珣指出，商业道德水平的提高将促进人类文明的进步，"从事商业者之目的，虽不外增殖富资，但苟能于道德上时为留意，就积极的方面言，存博施济众之心，惟力是视，就消极的方面言，戒骄奢淫逸之风，持躬惟谨，则黄金虽非万能，而社会之进化，将因富资之递增而俱进矣"。

盛在珣对商业活动中不重道德的行为给予了批判。他指出："我国自海通以来，与外人通商贸易虽日臻繁盛，而商人习故蹈常，委靡不振。彼方力谋商业道德之发达，以培植根本，我则诈伪之端日滋，害群之马日众。循是以往，苟仍不加挽救，我国商人格无复可以取信于人，尚何以自立于商战之场哉？"

二、商业道德与法律的关系[①]

盛在珣从四个方面分析了道德与法律的关系："（一）法律末也，道德本也。此言法律之所以克保其威信者，实由于其正当，而善良之法律，常以道德为基础也。（二）道德乃一般的，而法律乃特殊的也。此言道德则一念可以概万象，法律则一法不足以包括各界也。（例如商事法规仅适用于商人）（三）道德经也，法律权也。此言道德乃人生日常所必需，不可须臾离，而法律则仅遇一朝纷争之起，赖以供救济者也。（四）道德力也，法律体也。譬诸道德犹动力，法律犹舟车也"。据此，他得出的结论是："商业道德，实为商事法规之根据。"

三、商人的道德修养[②]

盛在珣认为商人应达到15项素质要求：爱国、立志、良心、品格、勇气、节制、恒心、通达、公正、诚实、博爱、守分、恭敬、和婉、自重。他指出："古来道德之大经，厥惟忠孝。所谓忠者，非必忠于君之谓，忠于国者，亦可

---

①② 钟祥财：《20世纪中国经济思想述论》，东方出版中心，2006年。

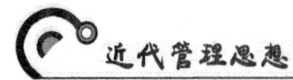

称之曰忠。近今世界各国，皆汲汲焉谋国力之发展，故处今之世，以忠于国为道德之大计。近今世界各国皆全力贯注于商业上之竞争，故处今之世，从事商业者，尤以忠于国为道德上之先务。"他认为处于日益激烈的经济竞争环境下，商业"常不能不恃国家之保护为后援，于是商人之爱国思想，益不可须臾离矣"，尤其是面对外国的商品倾销，"商人对于本国国民之间，宜明唇齿相依之理，存同舟共济之心，慎勿自相争夺，而使他人得收渔翁之利"。

四、与利益相关者的关系[①]

对于商业同行之间的竞争，盛在珣的看法是："商业之竞争，自有光明正大之选，若出于卑鄙之手段，殊有亏于德行，且足以生业务上之障碍。故同业者间，竞争虽必不可免，而友谊仍不可不保持。至说己之长，不可夸大，道人之短，尤宜切戒。若同业之拆货，不宜居奇而故高其价。凡兹数者，非特为道德上应守之训言，实亦商略上应取之手段也。"

关于商人与顾客的关系，盛在珣认为："无论就自爱爱人之何方面言，商人之待遇顾客，皆不可有背于道德。苟不如是，则信用不能确立，感情不能维系，即就金钱上言，虽或可以图一时之微利，而历时既久，其所失亦不止倍获也。"

盛在珣认为商人与所雇员工的关系是双向的。一方面，雇主要掌握正确的用人之道，如尊重下属的人格，充分信任有商业经营技能的人，大胆使用，提高其报酬，改善工作环境，"使其乐为效力"。而对普通员工则应公平待遇。另一方面，员工也应该做好本职工作，"负起责任，尽心谋营业之发展"，因为"为雇主尽力，即间接谋自身之利益也"。

五、陈维藩的相关思想[②]

稍后于盛在珣的另一位学者陈维藩在1936年出版了著作《商业道德论》，对商业道德问题进行了论述。

陈维藩认为："今日商业竞争时代，经营商业者，除具备商业常识外，亦应注重商业道德，方能战胜于商场"，对于种种不道德的商业行为，消极的方法是给予法律惩处，"积极方面，应从培养商人有商业道德着手"，因为，"先有道德之进修，而后本其资力、人力及劳力，谋正当之利得，商业振兴，国家之富强，可立待也"。

陈维藩认为，商业本无国界和人种之分。但在当时特定的历史条件下，中

---

①② 钟祥财：《20世纪中国经济思想述论》，东方出版中心，2006年。

国的商人必须具备明确的国家观念,并具体表现在"一、不抗税;二、不图法外之利益;三、提倡国货,不藉外货以妨国货;四、巩固商人团体,勿自相争夺;五、目光勿限于一隅,当注意远大之经营"。

陈维藩将商业同行间的道德归纳为四条:①遵守行规;②维护公共团体;③避免阴险竞争;④提倡互助互让。他具体分析了上述各条的利益所在,如遵守行规的好处有10项:"(1)营业之弊害,赖以矫正。(2)如有被累,得以保护。(3)倘有外界之侵害,得有保障。(4)消息灵通,市价划一。(5)巩固商人之信用。(6)减少劳资之纠纷。(7)免去彼此之嫉视及倾轧。(8)消灭欺诈之行为。(9)免除无谓之竞争与牺牲。(10)营业发达,可获莫大利益"。他还指出,互助互让的利益各有5条。互助之利为:"(1)团体之基础,得以巩固。(2)团体之业务,得以发达。(3)免去同业之隔阂。(4)同业间如发生意外事件,可得公同应付之益。(5)可解除营业之窒碍"。互让之利为:"(1)减少同业之纠纷。(2)消灭同业之倾轧。(3)避免同业间之阴险竞争。(4)养成互让之美德。(5)商誉可以增高。"

陈维藩把商人对顾客的道德概括为7条:"(1)维持交易上之信用;(2)广告宣传必须诚实,切忌夸张饰伪;(3)货品质地要一律,严禁掺充假冒;(4)根据市场需求划一定价,防止任意抬价;(5)合理陈列货品,以吸引顾客注意,便利顾客购买;(6)对所有顾客一视同仁;(7)进行必要的商品性能、使用知识的介绍。"此外,他提醒说:"诚恳亲切,至为美德,深望从事商业者,每值待遇顾客时,常铭记之。"

陈维藩断言:"为商人者,经营商业,既不可醉心于新法,妄事变迁,亦不宜株守旧章,无志进取,则其不能不遇斟酌,所谓斟酌者,即顺应潮流,合乎时代,随机应变,定其所愿望之目的,而后惟日孜孜,进行不息,苟能参透斯理,其营业之发达,可断言也。"这就要求商业经营者以创新精神带动经济的增长,在促进社会文明进步的同时实现自身企业的发展。

第三节 近代企业家精神

一、源自实用理性精神的实业救国行为

以儒家思想为主体的中国传统文化,其心理结构的主要特征是"实用理

性"。"修身齐家治国平天下",便是体现了实用理性精神。[①] 这种理性精神的特点是它关注社会现实,极少作纯粹抽象的思辨,孔子的"君子欲讷于言,而敏于行"、"听其言而观其行",直观地表达了这种理性精神。强调"实用"、"实际"、"实行",注重对现实生活的乐观进取和清醒理智,是这种实用理性的思维方式与行为模式。企业家精神一般是指以资本主义经济合理主义为主导的敢于向风险挑战,勇于掌握新的事业机会的创业精神。而在中国近代,企业家精神是在实用理性这一传统文化背景作用下产生与发扬的。

张謇在民族危机四起之际毅然放弃仕途,认定"非振兴实业不足以利用厚生而正民德",从而投身于发展近代实业。儒家的积极入世观念,重视行动的实用理性,无疑在张謇从一位士人转化成一名出色企业家过程中产生了正面的影响。"保民利权"、"设厂自救"的神圣使命使他毅然肩承创办大生纱厂的重担。在实业初见成效后,他又自觉地担负了改造家乡的重任,先后出资兴办了南通师范学校、女子师范学校、聋哑学校、养老院、博物苑等地方教育和社会福利事业。张謇的实业活动和社会教育活动有力地推动了南通地方经济和社会文化的发展,推动了南通的城市近代化。

荣宗敬、荣德生兄弟投身于经营近代工业者行列,既有经济上的原因,又与"实业救国"思潮直接相关。荣宗敬回忆最初设厂的内心动机时说,他眼见"生齿日繁一日,舶来品日盛一日,不禁兴起创办实业思想,维时吾国商办事业无多,而洋粉洋纱运销与吾国者,为数至巨,窃思衣食为人生要需,解决衣食问题,莫如多办面粉厂与纺织厂"[②]。荣德生在其晚年更急切地指出:"中国要富强,非急速变成一个工业化国家不可"。"实业救国"精神激发了荣氏兄弟旺盛的事业心,他们筚路蓝缕,在20世纪20年代建立起一个实力雄厚,横跨面粉、纺织两行业的企业集团,占当时中国面粉和棉纺工业之鳌头。

卢作孚在经办民生轮船公司的过程中,始终以"救国"、"保障航权"作为争取社会各界支持和职工努力工作的号召。卢作孚把他的事业精神称作"事业中心论",希望公司"每一个人都依赖着这个事业,一直到老;而每一个人的努力,亦一直到老为着这桩事业、这个目标,纯在造成一个社会,而非为着个人"。[③]"事业中心论"基本上是"实业救国"思想的具体化。

儒家思想中的实用理性,对近代中国企业家精神的产生起到了显而易见的催生作用。他们的开拓之力,带动了中国民族资本主义的兴起。

---

① 李泽厚:《中国古代思想史论》,人民出版社,1985年。
② 荣宗敬:《总经理自述》,载《茂新福新申新总公司卅周年纪念册》,1929年。
③ 童少生:《回忆解放前的民生轮船公司》,载《工商经济史料丛刊》(第一辑),文史资料出版社,1983年。

二、理想主义色彩

有理论认为,不以营利为第一目的的人不能算是企业家,而中国近代民族实业家在创业过程中表现出了执着的事业追求和崇高的自我牺牲精神。不少人不以营利为根本的或首要的或唯一的目的。他们在一定程度上超越了资本逐利的本性,展现出他们"非自私"的一面,体现了理想主义色彩。

张謇取"天地之大德曰生"之义,将其企业命名为"大生",卢作孚将轮船公司名之曰"民生",竺梅先和金润庠将造纸厂名之曰"民丰"、"华丰"。创办宝元通公司的肖则可,"视成业重于逐利,以利群富国为天职",在企业内部实行职工生活半供给制,高福利待遇,贯彻"劳资一体"的理念,使公司变成全体职工集体共有的企业,在宝元通公司范围内,肖则可部分地实现了自己设想的社会形态,被称为"划地为域的好人社会"。这些直接体现出他们寻求社会和谐,谋求民生幸福的社会理想。

三、优良的道德素养

近代企业家把中华民族艰苦朴素、勤劳节俭、以身作则、谦虚谨慎等传统美德加以发扬光大。如张謇曾以自己的切身体会说道:"要举办大事业,必须痛下决心,预备吃苦。"他创办大生纱厂,自议创至开车,历时44个月,其间为了筹集股金,他往来于上海、南通、海门等地,常常"旅费乏,鬻字",前后5年的生活费仅靠书院薪俸维持,未挪用厂中一文钱。在他已成为大实业家后,生活依然十分俭朴,衣服总是补丁加补丁。荣氏兄弟谈过他们创业成功的要诀在于"同心合力,刻苦耐劳,勤俭从事"。他在与家人的书信中强调:"当悟人生信用,作事一而二,二而一,若人格无亏,则事即艰厄,不至失败;即失败而非堕落,反是则事败而人亦随之矣"。卢作孚作为一个拥有巨大资产的公司的总经理,他本人就没有公司一文钱的股票,他常常身兼数职,却只拿一份工资,其他的薪金收入全部捐献给公司或科学教育事业。他的生活非常俭朴,平时他总是与公司职工穿着同样的粗布工作服,生活不宽裕,家庭内的一些手工针线和织补活计常由妻子亲手操持。即使在家庭生活拮据时,卢作孚也从不愿"沾"公司的一点光。正如一位外国学者评价的那样:"作为一个创造了令人眼花缭乱的成绩的全国闻名人物,他已将童年时期的许多事物忘记,然而他却从未抛弃他在普通人民中艰苦一生所形成的个人简朴习惯和谦逊品德……他是一个没有个人享受要求的现代企业家,一个没有钱的大亨。"

补充材料：实业上之职业教育观

我职业教育社举行第一届周年纪念大会，承黄任之、沈信卿两先生推重，嘱备演词，固辞不获，勉将鄙见所及者为诸君子扬榷陈之。

夫职业之解释有二：一就人事上言之，凡社会中人，各出其本能以就多方面谋生之途，统谓之职业。如农人之务力田，工人之务劳作，商人之务贸易等皆是。一就天良上言之，世界上无论何种微细事业，业之者皆得提起其精神，发挥其能力，扩大自家之责任，增高所业之地位。此盖不以泛泛之职司视之，而确认自己对于所事有绝大天职在。此"天职"二字并非新名词，即孟子所谓"古之人修其天爵"者是。人不论托业何途，对于所立地位，皆有发达其业务之天职，必如是方可以无愧乎为职业家。世人不察，以致无专业，常迁转在事业场里，随意变动，视自身如旅客，对职守如传舍，不负其应负之责任，不尽其当尽之心力，我国百业之衰败，胥由乎此。凡若此者，乌足以职业家之徽号字之。其人对于所业既如去来无定之行客，则吾人于其所业之业，当以行业名之。职业与行业之异点容易区别，一则久于其业，始终不迁；一则徒为糊口计，惟利禄之是求，此外概置不顾。其居心之不良固无待言，且以其时常变动，故不暇研究本业盛衰得失之原因。无研究，故无进步，其能力之薄弱，如出一辙。呜呼！以为谋不忠、无甚进步之行业家，尸位于百业中。陷百业于颓败，处此生存竞争之时代，尚何有保留残喘之余地乎？

振兴实业、救济现社会困状之呼声日高，振兴职业教育，力谋实业发展之主张一致，风声远播，响应甚捷。吾人提倡此职业教育说仅及一载，而职业教育之声已洋洋乎盈耳，几乎合全国各学校其入于职业教育之一途矣。何君子豹变之神速也？虽然，名者实之宾，窃愿教育界之提倡职业教育者从实之一方面进行，勿从名之一方面进行也。从实之一方面进行奈何？即无论举何事业，行实地之研究是也。仆纱业中人也，请以纱业论。欲求纱业之逐步发达，得永立于不败之地，必须行精密之调查，取最善之处置。举凡原料出数之多寡，品质之优劣，以及社会需求之状况，酌盈济虚，固商工业家应尽之天职。而改良物质，振兴农产，亦属纱业中人所应注意之一要事。此外如工厂之管理方法亦非常重要，全厂工人至少有千人以上，如何而使各工人不空费时间、不耗费材料、且能爱护机件、尊重厂规，惟日孜孜，尽心工作，彼微物细故间，往往发生至大之关系。凡处理其事者，又乌得一日疏忽之。

至于制造方面，如何使造费节减以增进事业之繁昌，如何使出品精美以投合主顾之需要，必一一无憾，然后销路日畅，而信用日厚。苟其一厂如是，各厂皆然，则文明之竞争斯起，而棉业之发展随之矣。互相竞争，互相进步，循环精进，靡有已时，夫然后我国纱业立足于颠扑不破之地。振兴纱业之道如是，振兴他业之道亦何独不然。如凡百农工商矿各业，在在准此手法以行之，实业救时之主张始克遂。然而此种种大问题，岂彼游移不定，视职业如传舍，视自身如行旅而不知责任者所能为力欤？

至于教育事业亦何莫不然。夫"教育"二字含义甚广，须将教育二字分别言之。教为一事，育又为一事。育成之一事，比之教授事项尤为重要。鄙见以为教授尚非甚难之事，至育成之事，谈何容易。然惟其不容易，愈不可以不讲求。小学重育，高小以上诸学校亦未尝不重育。育之为业，不尚口而尚躬行，不限之于讲堂以内，而讲堂以外至广至繁之地方在皆为育之事业活动之范围。西谚谓"世界为大学校"，不其然欤？乃世多忽忽，教育界中人往往除课堂外，误以为责任已尽，无所事事，去育之本旨远矣，宜乎各学校所产出之新人物，不能见容于实业界，所如辄左，而绝其生活之途也：智慧学术，固不可少，然立身处世之大道理，又焉得而忽诸。但欲求脚跟未定之教员，培成实业界需要之人才，乌何哉？职业教育确为今日要务，然教育界中人往往轻视职守，虽认教育事业为一种职业，而见异思迁，致无何成效之可言。鄙见以为不应泛视教育事业为一种职业，当以一校中事，为自己确定之职业，既身任之矣，则必苦心从事，坚持到底，勿起迁动之念，并宜随时保存稳重严肃气象，为诸生表率，随时温习研究，毋抛荒旧学业，更吸收新智识。如是以言教育，庶乎近矣。有此笃志教育家，庶可以言职业教育。然尚有一层之误会，足为职业前途障碍者，即狭视职业教育范围。盖彼辈但知教导诸生能制出诸种物件，窃自欣慰，以为已尽职业教育之能事。岂知制造物品非但仅求其能模仿物品之形式而已，更须精密思考如何方能使出品精美，如何方合用户心理，如何可以不浪掷工作时间、如何可以不耗费各种原料，必于此数者一一进求，无复遗憾，然后可以与人角胜于市场。否则人巧我拙，人贱我贵，吾未见其有济也。虽然，果使如上所云，一一办到，尚属职业教育上表面工夫，而真正职业教育之精神，尚在其里面。里面云何？即除上项所云各要点一一办到外，而对于灌输此职业知识能力之诸少年，更努力育成其耐劳习惯、持久性质、克己复礼工夫、斩除一切巧取幸获之观念，夫然后职业教育，始进于完美无疵之地步。吾知诸大教育家，当确认斯言为职业教育上急须注重之一事，而确立斯业之根基也。社会生活日益迫促。世人每以生活途穷，时势逼人，入于莫可奈何之穷境。吾则以为不尽然，凡真有学识经验者，社会之中正多斯人盘旋之余地。人曰求事，事曰求人，在失业者，方嗟叹活计之难寻，在事业界，方忧虑需要人才之无多也。人亦求自奋而已，孔氏有云："不患人之不己知，患己之无以见知于人也。"西谚云："世界不问汝为谁，但问汝能作何事。"窃谓此语非常适用于吾国职业界。吾国各业之不振，皆由于缺少适用人才，并缺少独树一帜之人才耳。教育界诸君子实负斫削人才之重任，操左右国运之大权。现时之纷纷扰扰，皆前此旧教育之遗孽也。由是以观。则今后之人才，能否适用于实业界，能否挽救今日社会生计之困状，则叩诸今日教育界造因如何而可知。诸君子多贤明，职业教育采何方针，当胸有成竹，无待鄙人之喋喋矣。

资料来源：赵靖：《穆藕初文集》，北京大学出版社，1995年。

参考文献

[1] 白吉尔：《中国资产阶级的黄金时代》，上海人民出版社，1994年。

[2] 曹丛坡：《张謇全集》，江苏古籍出版社，1994年。

[3] 陈歆文：《中国化学工业的奠基人——范旭东》，大连出版社，2003年。

[4] 陈真：《中国近代工业史资料》，三联书店，1961年。

[5] 陈争平：《近代张謇的企业制度创新及其现实意义》，《清华大学学报》（哲学社会科学版）2007年第1期。

[6] 陈正卿：《味精大王吴蕴初》，河南人民出版社，1998年。

[7] 程莉：《周学熙资本企业家族式管理之成败分析》，《池州学院学报》2008年第6期。

[8] 程业炳、韦文联：《张元济在商务印书馆的人力资源管理思想》，《科技与出版》2014年第1期。

[9]《大生系统企业史》，江苏古籍出版社，1990年。

[10] 代常健：《王云五管理思想及其根源》，汕头大学博士论文，2009年。

[11]《当代中国》丛书编辑部：《当代中国的化学工业》，中国社会科学出版社，1986年。

[12] 邓卫生、刘志满：《东亚企业文化》，天津社会科学院出版社，1995年。

[13] 邱彦莉：《范旭东与"永久黄"工业团体》，《历史教学》2005年第4期。

[14] 杜恂诚：《中国传统伦理与近代资本主义——兼评韦伯〈中国的宗教〉》，上海社会科学院出版社，1993年。

[15]《范旭东企业集团历史资料汇编》，天津人民出版社，2006年。

[16] 费惟凯：《中国早期工业化——盛宣怀与官督商办企业》，虞和平译，中国社会科学出版社，1990年。

[17] 冯英：《析严复的经济自由主义思想》，《黑龙江社会科学》2002年第5期。

[18] 冯云琴：《官商之间——从周学熙与袁世凯北洋政权的关系看启新内部的官商关系》，《河北师范大学学报》（哲学社会科学版）2003年第4期。

[19] 甘厚慈：《北洋公牍类纂》，台北文海出版社，1966年。

[20] 高生记、崔晓庆：《编辑出版家——张元济》，《沧桑》2002年第8期。

[21]《工场设计及管理》，华新书局，1927年。

[22]《工商经济史料丛刊》，文史资料出版社，1987年。

[23]《工商经济史料丛刊》，文史资料出版社，1983年。

[24] 龚郭清：《价值重建与制度改革——论龚自珍政治改革思想》，《天津社会科学》2012年第2期。

[25] 顾炎武：《日知录》，商务印书馆，1933年。

[26] 郭士浩：《启新洋灰公司史料》，三联书店，1963年。

[27] 郭太风：《王云五评传》，上海书店出版社，1999年。

[28] 郭太风：《王云五在商务印书馆推行科学管理的功过是非》，《东华大学学报》（社会科学版）2001年第1期。

[29] 郝庆元：《周学熙传》，天津人民出版社，1991年。

[30] 何青山：《近代天津东亚公司企业文化研究》，福建师范大学博士论文，2010年。

[31] 侯德榜：《追悼范旭东先生》，《科学》1945年第28卷第5期。

[32] 胡寄窗：《中国近代经济思想史大纲》，中国社会科学出版社，1984年。

[33] 胡卫清：《周学熙实业思想述论》，《学术月刊》1992年第10期。

[34] 胡义：《企业：权威制度与市场制度的结合》，《工业技术经济》2004年第2期。

[35]《化工先导范旭东》，文史资料出版社，1987年。

[36] 黄汉民：《荣氏家族企业的公司制度变革》，《近代中国》2005年第15辑。

[37] 江满情：《论刘鸿生的同业合并思想及其实践》，《安徽史学》2006年第3期。

[38] 江满情：《中国近代股份有限公司形态的演变——刘鸿生企业组织发展史研究》，华中师范大学博士论文，2003年。

[39] 蒋国杰：《留学生与西方科学管理思想在中国的传播》，《徐州师范

大学学报》（哲学社会科学版）2007 年第 5 期。

［40］金铮、邓红：《论卢作孚对民生公司的有效管理》，《近代史研究》1990 年第 3 期。

［41］李福英：《张之洞与张謇企业战略管理思想比较》，《湘潭大学学报》（哲学社会科学版）2006 年第 5 期。

［42］李桂荣：《刘鸿生企业经营管理思想研究》，贵州师范大学博士论文，2006 年。

［43］李华兴、吴嘉勋：《梁启超选集》，上海人民出版社，1984 年。

［44］李秀芳、石培玲：《梁启超自由主义经济观探析》，《西安交通大学学报》（社会科学版）2001 年第 3 期。

［45］李岫：《论中国近代企业家的特点》，《中国经济史研究》1994 年第 3 期。

［46］李玉：《晚清公司制度建设研究》，人民出版社，2002 年。

［47］李泽厚：《中国古代思想史论》，人民出版社，1985 年。

［48］《梁启超文集》，线装书局，2009 年。

［49］梁启超：《中国近三百年学术史》，东方出版社，1996 年。

［50］林尔蔚：《商务印书馆前期经营管理思想》，《上海大学学报》（社会科学版）1987 年第 3 期。

［51］林立强：《试论民国时期基督教对企业精神的影响——以"东亚精神"为个案》，《福建师范大学学报》（哲学社会科学版）2010 年第 2 期。

［52］凌耀伦：《卢作孚集》，华中师范大学出版社，1991 年。

［53］《刘鸿生企业史料》，上海人民出版社，1981 年。

［54］刘厚生：《张謇传记》，上海龙门联合书局，1958 年。

［55］刘念智：《实业家刘鸿生传略》，文史资料出版社，1982 年。

［56］刘文兵：《近代中国企业管理思想与制度的演变》（1860～1949），台北国史馆，2001 年。

［57］刘重来、周鸣鸣：《试析卢作孚与民生公司的企业文化精神》，《重庆社会科学》2005 年第 8 期。

［58］龙汉武：《卢作孚行为科学管理思想及其实践》，《四川师范大学学报》（社会科学版）2000 年第 6 期。

［59］卢国纪：《我的父亲卢作孚》，重庆出版社，1984 年。

［60］陆费逵：《实业家之修养》，中华书局，1929 年。

［61］吕庆广：《荣氏企业文化的建构与特色》，《江南大学学报》（人文社会科学版）2006 年第 5 期。

[62] 罗炳良：《盛世危言》，华夏出版社，2002年。

[63] 马斌：《张謇的责任意识及其当代价值》，《苏州大学学报》（哲学社会科学版）2008年第6期。

[64] 马伯煌：《刘鸿生的企业投资与经营》，《社会科学》1980年第5期。

[65] 马克斯·韦伯：《新教伦理与资本主义精神》，陕西师范大学出版社，2006年。

[66] 马敏：《商人精神的嬗变——近代中国商人观念的研究》，华中师范大学出版社，2006年。

[67] 《茂新、福新、申新系统荣氏企业史料》，上海人民出版社，1980年。

[68] 穆烜、严学熙：《大生纱厂工人生活调查（1899~1949）》，江苏人民出版社，1994年。

[69] 《藕初五十自述》，上海书店，1991年影印本。

[70] 潘必胜：《荣氏企业组织研究》，《中国经济史研究》1998年第2期。

[71] 潘君祥：《近代中国国货运动研究》，上海社会科学院出版社，1998年。

[72] 潘树国、孔苏婧：《龚自珍人性论思想浅析》，《盐城工学院学报》（社会科学版）2008年第4期。

[73] 《清史稿》，中华书局，1977年。

[74] 《荣德生与企业经营管理》，上海古籍出版社，2004年。

[75] 荣敬本、荣勉韧：《梁溪荣氏家族史》，中央编译出版社，1995年。

[76] 《荣氏企业史料》，上海人民出版社，1980年。

[77] 沈家五：《张謇农商总长任期经济资料选编》，南京大学出版社，1987年。

[78] 宋美云：《近代天津企业文化：兼收并蓄》，《天津日报》2004年12月21日。

[79] 宋允璋、王维刚：《他的梦——宋棐卿》，香港明文出版社，2006年。

[80] 岁有生：《论周学熙的人事管理思想》，《广播电视大学学报》（哲学社会科学版）2008年第2期。

[81] 孙毓棠：《中国近代工业史资料》，科学出版社，1957年。

[82] 汤可可：《荣氏企业的资本运筹与扩张》，《江南论坛》1998年第3期。

[83] 汤可可：《张謇与近代公司制度创新》，《江南大学学报》（人文社

会科学版）2007 年第 1 期。

[84] 唐文起、马俊亚、汤可可：《江苏近代企业和企业家研究》，黑龙江人民出版社，2003 年。

[85] 《弢园文录外编》，上海书店出版社，2002 年。

[86] 童少生：《抗战中的民生实业公司》，《西南实业通讯》1940 年第 2 期。

[87] 汪永平、贺宏斌：《中国近代民族企业的企业文化探析》，《中国社会经济史研究》2007 年第 4 期。

[88] 王处辉：《中国近代企业组织形态的变迁》，天津人民出版社，2001 年。

[89] 王培：《晚清企业纪事》，中国文史出版社，1997 年。

[90] 王友平：《吴蕴初与近代中国民族化工工业的兴起》，《四川师范大学学报》（社会科学版）2008 年第 1 期。

[91] 王云五：《工商管理一瞥》，商务印书馆，1943 年。

[92] 王云五：《岫庐八十自述》，台湾商务印书馆，1967 年。

[93] 王稚文：《出版家——张元济》，《辽宁大学学报》（哲学社会科学版）2001 年第 6 期。

[94] 吴汝纶：《李文忠公全集》，文海出版社，1980 年。

[95] 《吴蕴初企业史料》，档案出版社，1992 年。

[96] 吴则虞、余滋兰：《包世臣的学术思想》，《光明日报》1962 年 5 月 11 日。

[97] 夏东元：《盛宣怀传》，四川人民出版社，1988 年。

[98] 夏东元：《郑观应集》，上海人民出版社，1982 年。

[99] 夏国祥：《梁启超经济思想新论》，《财经研究》1998 年第 8 期。

[100] 向明亮：《近代中国企业家精神的发育与构建——以穆藕初为中心》，《湖北理工学院学报》（人文社会科学版）2013 年第 3 期。

[101] 熊甫、凌耀伦、马昌铭：《民生公司的企业管理与行为科学》，《中国社会经济史研究》1985 年第 2 期。

[102] 徐鼎新：《民族资本企业经营管理经验初探》，《社会科学》1980 第 3 期。

[103] 徐敦楷：《民国时期科学管理思想在中国的传播与运用》，《中南财经政法大学学报》2010 年第 2 期。

[104] 徐立亭：《荣氏兄弟与荣氏企业》，《中外企业家》1997 年第 7 期。

[105] 徐卫国：《论清末新政时期的经济政策》，《中国经济史研究》1997

[106] 徐雪筠等：《上海近代社会经济发展状况》，上海科学出版社，1985年。

[107] 许涤新、吴承明：《中国资本主义发展史》，人民出版社，1990年。

[108] 许康、陈晓辉：《我国科学管理先驱者杨杏佛的效率观》，《科学决策》2005年第11期。

[109] 许康、劳汉生、李迎春：《20世纪30年代"中国的泰罗"——曹云祥生平与事业》，《自然辩证法通讯》1999年第6期。

[110] 许康、史晓斌：《杨东莼对"合理化"的介绍——科学管理法传入中国源流探索之五》，《科学学与科学技术管理》1997年第3期。

[111] 许康：《首先以管理之眼看世界的中国人》，《中外管理》2010年第5期。

[112] 许康：《五四前后关于科学管理的其他译著》，《科学学与科学技术管理》1995年第8期。

[113] 《严复集》，中华书局，1986年。

[114] 《严复文选》，上海远东出版社，1996年。

[115] 严克勤、汤可可等：《无锡近代企业与企业家研究》，黑龙江人民出版社，2003年。

[116] 颜节礼、朱晋伟：《荣氏家族企业的诚信理念、社会责任及启示》，《商业经济与管理》2011年第7期。

[117] 《颜元集》，中华书局，1987年。

[118] 杨华山、王辉：《郑观应论近代企业管理体制及其成本思想》，《台州师专学报》1999年第4期。

[119] 《杨杏佛讲演集》，商务印书馆，1927年。

[120] 《洋务运动》，上海人民出版社，1961年。

[121] 叶盛：《水东日记》，中华书局，1980年。

[122] 《叶适集》，中华书局，1961年。

[123] 尹乐永：《论魏源的变革思想》，《湘潭大学学报》（社会科学版）1986年第1期。

[124] 《饮冰室合集》，中华书局，1989年。

[125] 余焕新：《论管理思想的古为今用》，《江西教育学院学报》2010年第4期。

[126] 虞和平、夏良才：《周学熙集》，华中师范大学出版社，2011年。

[127] 虞和平：《周学熙集》，华中师范大学出版社，1999 年。

[128] 《原富》，商务印书馆，1933 年。

[129] 张国辉：《洋务运动与中国近代企业》，中国社会科学出版社，1979 年。

[130] 《张季子九录》，中华书局，1931 年。

[131] 张顺昌：《冯桂芬：近代中国行政体制改革第一人》，《中共贵州省委党校学报》2010 年第 3 期。

[132] 张小强：《盛宣怀、张謇、陈启源企业道路的比较》，《贵州教育学院学报》（社会科学版）1998 年第 3 期。

[133] 张孝若：《南通张季直先生传记》，中华书局，1930 年。

[134] 《张元济全集》，商务印书馆，2007 年。

[135] 《张元济书札》，商务印书馆，1981 年。

[136] 张元济：《张元济日记》，商务印书馆，1981 年。

[137] 张远鹏：《从刘鸿生对大中华火柴公司的经营看企业家的主体作用》，《南京师范大学学报》1992 年第 1 期。

[138] 张忠民：《近代中国公司制中的"官利"与公司资本筹集》，《改革》1998 年第 3 期。

[139] 张忠民：《20 世纪 30 年代上海企业的科学管理》，《上海经济研究》2003 年第 6 期。

[140] 赵波：《穆藕初科学管理思想及其实践论略》，《商业研究》2005 年第 9 期。

[141] 赵靖：《穆藕初文集》，北京大学出版社，1995 年。

[142] 赵筱侠：《包世臣经济思想研究》，《鲁东大学学报》（哲学社会科学版）2008 年第 6 期。

[143] 赵友良：《中国近代会计审计史》，上海财经大学出版社，1996 年。

[144] 郑剑顺：《传统人才观向近代人才观转型的思想先驱——略论冯桂芬的人才观》，《世纪桥》2001 年第 4 期。

[145] 《中国民族火柴工业》，中华书局，1963 年。

[146] 钟祥财：《20 世纪中国经济思想述论》，东方出版中心，2006 年。

[147] 朱晋伟、金其桢：《民族实业家荣氏兄弟的企业发展战略》，《苏州大学学报》（哲学社会科学版）2006 年第 6 期。

[148] 朱启丹：《家族关系对荣氏企业经营发展的影响》，《企业研究》2012 年第 7 期。

[149] 朱荫贵：《引进与变革：近代中国企业官利制度分析》，《近代史研

究》2001年第4期。

[150]《朱子语类》，中华书局，1999年。

[151] 邹进文、姚会元：《近代股份制的"中国特色"——试论清末股份企业的"官利制"》，《中国经济史研究》1996年第4期。

[152] 左上：《试论民族企业家刘鸿生的商标意识》，《知识产权》2011年第3期。

后 记

书稿完成。这一刻,有一种轻松感,还有些许成就感。让笔信马由缰,写几行自由而散杂的文字。

四年多以前,当吴照云教授策划"中国管理思想精粹丛书"时,我自告奋勇申请了《近代管理思想》的写作任务。个人觉得,近代蕴藏着中国管理思想的富矿。在世代更迭、东西交融的大背景下,近代实业家在经济民生这一领域筚路蓝缕创办企业,开拓了中华民族顽强前行的道路。作为研究者应该是理性的,但我怀着崇敬之心去探求他们的事迹、演绎他们的思想。如今书稿成型,希望我的理解能得到我所崇敬的前辈们的认可。当然,限于能力,谬误之处在所难免,恳请方家指正。

岁月匆匆,从接受任务至今,不觉已数易寒暑。深秋时节,即将把书稿发往出版社,仿佛自己是一个手握镰刀收割庄稼的农民。回想起来,阅读整理资料时也曾挑灯夜战,设计框架结构时也曾苦思冥想。想起了老师吴照云教授的一句话:一件事,只要坚持总会有收获。

天空澄明,阳光洒进窗户。幸逢盛世,再幸遇恩师,又幸遇江西财经大学中国管理思想研究学术创新团队的同仁。书稿写作中,老师的指导及与同仁们的交流让我体验愉悦,整理资料和学习他人的研究成果让我体验充实,写作及有所发现时我体验了心灵的自由。我心存感激,感谢很多人,毋须一一点明吧,相信你们懂的。

此刻完稿,一切皆好。

余焕新

2014 年 10 月